Karl Heinz Knöppel

Die Offenbarung des Johannes

Betrachtungen für die Gemeinde

BUNDES-VERLAG

Sofern nicht anders angegeben,
wurden die Bibelzitate der Lutherbibel, revidierter Text 1984,

Umschlag: Dietmar Reichert, Dormagen
Gesamtherstellung: Breklumer Druckerei Manfred Siegel KG
ISBN 3-933660-27-0
Bestell-Nr. 208 827

Karl Heinz Knöppel
geboren 1928, seit 50 Jahren glücklich verheiratet, hat mit seiner Frau neun Kinder und lebt in Siegen. 1947-1951 Theologiestudium, anschließend Bundesjugendsekretär und Pastor in Hessen und Berlin. Ab 1973 Präses des Bundes Freier evangelischer Gemeinden. Mitarbeit im Hauptvorstand der Deutschen Evangelischen Allianz, mehrmals Präsident der Vereinigung Evangelischer Freikirchen. 1977 erhielt er den theologischen Ehrendoktor. Im Ruhestand nutzt er seine Zeit für Vorträge, schreibt Bücher und pflegt manche Hobbys.

»Was habt ihr da für ein Gerede … Ihr sagt: Es dauert so lange, und es wird nichts aus der Weissagung. Darum sage zu ihnen: So spricht Gott, der Herr: Ich will diesem Gerede ein Ende machen … Sage vielmehr zu ihnen: Die Zeit ist nahe, und alles kommt, was geweissagt ist!«

(Hesekiel 12,21-23)

»Selig sind, die das Heimweh haben,
denn sie sollen nach Hause kommen!«

Johann Heinrich Jung-Stilling, 1740-1817

»Ich danke meinem Gott, der gewollt hat, dass ich zeitlebens ein Mann der Sehnsucht sein sollte. Du hast mich vor der Torheit bewahrt, das Zufällige für das Wesentliche, den Weg für das Ziel, die Wanderschaft für das Vaterland zu halten.«

Johannes Amos Comenius, 1592-1670

INHALT

Die zweite Vision
Offenbarung Kap. 4-6

Die dritte Visionsgruppe
Offenbarung Kap. 7-9

Die vierte Visionsgruppe
Offenbarung Kap. 10-14

Die fünfte Visionsgruppe
Offenbarung Kap. 15-18

Die sechste Visionsgruppe

Offenbarung Kap. 19-20

Die siebente Vision

Offenbarung Kap. 21-22

VORWORT von Peter Strauch

Während ich diese Sätze schreibe, wird im Irak noch gekämpft. 24 Stunden am Tag berichtet der Nachrichtensender CNN darüber. Wieder einmal beherrscht der Nahe Osten die Medienwelt. Und es wird weitergehen. Die gesamte Region ist wie ein Pulverfass. Nach den Ankündigungen des Wortes Gottes nehmen die Spannungen weiter zu, um sich schließlich auf dem Boden Israels zu entladen. Jerusalem wird zum Taumelbecher für alle Völker, lesen wir bei Sacharja.

Wer allerdings heute darüber spricht oder schreibt, macht sich sektenverdächtig. Nicht einmal in evangelikalen Kreisen ist es noch selbstverständlich, das prophetische Wort der Bibel zu lesen und auszulegen. Zwar bekennen sich viele zu der Hoffnung, dass Jesus Christus wiederkommt, aber Aussagen über die vorausgehenden Zeichen erscheinen in ihren Augen eher spekulativ und unseriös. Vielleicht zeigt sich darin die Folge einer überzogenen Aktualisierung prophetischer Aussagen in der Vergangenheit. So manche Auslegung des prophetischen Wortes wurde schließlich durch die politischen Ereignisse überholt und musste korrigiert werden. Doch solche Spekulationen sucht man in diesem Buch vergeblich. Es ist gerade die Verknüpfung von konkreter Bibelauslegung und zurückhaltender Deutung politischer Ereignisse, die mich hier beeindruckt. Das Wort Gottes sagt nichts über das »Wann«, aber es weist uns auf die vorausgehenden Zeichen hin, und wir sind geradezu verpflichtet, sie zu beachten. Das Wort des 2. Petrusbriefes gilt nach wie vor: »Umso fester haben wir das prophetische Wort, und ihr tut gut daran, es zu beachten; denn es ist ein Licht, das an einem finsteren Ort scheint.« Nach meiner Überzeugung war die Zeit endgeschichtlich noch nie so aktuell wie heute, und was immer man auch darüber sagt und denkt: Das Heil Gottes ist uns jetzt näher als damals, als wir zum Glauben kamen (Röm 13,11).

Ich habe den folgenden Text mit großer Aufmerksamkeit gelesen. Karl Heinz Knöppel schreibt, dass er Anfang der 60er Jahre im

Gemeindedienst die »Offenbarung des Johannes« zum ersten Mal entdeckte und auslegte. Inzwischen haben wir das Jahr 2003, und man spürt beim Lesen dieses Buches, dass die darin enthaltenen Aussagen über Jahre gereift sind. Ich erinnere mich gut, dass Karl Heinz Knöppel vor seiner Pensionierung sagte, er freue sich besonders, dass er dann Zeit haben werde, sich gründlicher mit dem prophetischen Wort zu beschäftigen. Das Ergebnis liegt nun vor, und ich hoffe, dass es von vielen gelesen wird.

Und noch etwas Persönliches: Etwa 18 Jahre arbeitete ich an der Seite von Karl Heinz Knöppel in der Zentrale des Bundes Freier evangelischer Gemeinden. Hin und wieder waren wir gemeinsam unterwegs, und es fand sich Zeit für persönliche Gespräche. Ich machte mir damals viele Gedanken, ob ich der Arbeit gewachsen sei und zukünftigen Herausforderungen standhalten könne. Das spitzte sich weiter zu, als es um die Frage seiner Nachfolge als Präses des Bundes Freier evangelischer Gemeinden ging. Ich konnte mir kaum vorstellen, dass dies mein Weg sei. Aber Karl Heinz Knöppel machte mir Mut – nicht mit den so oft gehörten Mut-Mach-Sätzen, sondern in dem er persönlich von sich erzählte. Auch er kannte diese Selbstzweifel. Aber er lebte in dem Vertrauen, dass Gott uns mit seiner Berufung auch stets die notwendige Ausrüstung gibt. Das Wort von der »Dienstgnade« hörte ich, wenn ich mich richtig erinnere, zum ersten Mal von ihm. Mögen die Herausforderungen und Anfechtungen auch noch so groß sein, Jesus ist immer noch größer.

Das gilt auch für die in diesem Buch beschriebene Zeit. Nein, die Weltgeschichte wird nicht einfacher. Die Spannungen nehmen weiter zu, und das Böse reift aus. Aber wir haben nicht den geringsten Grund, den Kopf hängen zu lassen. Im Gegenteil: »Kopf hoch«, sagt Jesus, gerade dann, wenn dies alles beginnt zu geschehen (Luk 21,28). Wer ihm gehört, ist in den besten Händen – in Zeit und Ewigkeit. Diese Erfahrung wünsche ich allen, die dieses Buch lesen.

Im April 2003 — Peter Strauch

EINLEITUNG

Die christliche Hoffnung ist wie ein weites, schönes Portal, durch das wir einmal eintreten sollen in Gottes ewiges Reich. Diese Hoffnung schafft Vorfreude auf das Ziel unseres Glaubensweges. Aber welch eine Verarmung ist es, wenn aus diesem großartigen Portal eine Art von Notausstiegsluke für den Notfall von Krankheit und Sterben wird!

Das Hoffnungsgut der Bibel ist wie eine Vertikale, die senkrecht nach oben weist hin zu dem kommenden Gott. Verliert ein Mensch diese Beziehung nach oben, verfällt er leicht der horizontalen Ebene der Zeit und Welt, denn ohne die Hoffnung auf Christi Wiederkommen bleibt uns nur die Sisyphusarbeit, selbst die Erde retten zu müssen.

Das ist mit viel Mühe versucht worden. Aber diese Versuche haben die Weltprobleme noch unlösbarer gemacht, die Resignation größer und das Dunkel dichter. Gott aber schenkt uns das prophetische Wort als ein Licht für unseren Weg in die Zukunft.

Wir gehen ja zunächst keinen glückhaften Zeiten entgegen, sondern welterschütternden Ereignissen. Denn eine Welt ohne und gegen Gott gerät mehr und mehr aus den Fugen und wird zum Opfer der bösen Macht. Die Bibel kündet ein antichristliches Weltreich und seinen Diktator an und beschreibt seinen Aufstieg und Sturz durch den wiederkommenden Christus. Gott kommt zurück auf seine Erde, zerbricht die bösen Mächte und gibt unserer Erde noch eine Zukunft.

Jesus hat seine Gemeinde mit Brautleuten verglichen, die der Hochzeit entgegengehen. Dementsprechend sollte die Gemeinde sein wie ein Saal, der erwartungsvoll zum großen Fest geschmückt wird. Verliert die Gemeinde Gottes die Freude auf das kommende Fest, wird sie zu einem »Siechenhaus« mit vielen »Pflegefällen«.

Warum nur haben so viele Christen den Schatz der Hoffnung verloren? Der Grund für die fehlende Freude der Hoffnung liegt auch in der Regel in der verlorenen Liebe zu Jesus. Wenn Christen, die wenig von der christlichen Hoffnung wissen, vom Wiederkommen Jesu hören, empfinden sie das, wie wenn sich die ungeliebte Tante angemeldet hat. Sie ist reich und hat viel Einfluss und von ihr möchte man auch einmal erben. Sie sieht alles und ihre scharfe Zunge kritisiert jeden Missstand. Sie wird gefürchtet, aber nicht geliebt. Darum macht der ungeliebte Besuch Angst. Und das Schlimmste ist: Sie hat nicht einmal gesagt, wann sie kommt, denn es soll eine Überraschung werden eine schlimme Überraschung! Doch wer als Christ die Nachricht vom Kommen Jesu so hört, hat falsch gehört.

Der Ruf Jesu an die Seinen lautet ja nicht: Erschreckt, denn der harte Richter steht vor der Tür! Sondern: »Siehe, der *Bräutigam* kommt!« Es wartet also das Hochzeitsfest! Was muss das für eine Braut sein, die sich nicht mehr auf die Hochzeit freut!

Manche empfehlen, doch bitte keine konkreten Aussagen zur Zukunft zu machen außer der, dass Jesus irgendwann einmal wiederkommen und alles vollenden würde. Es wurde auch behauptet, der Glaubende könne getrost auf alles Detailwissen verzichten und wolle von der Zukunft nichts Bestimmtes wissen oder empfangen. Die Zukunft sei eine entscheidende Dimension des christlichen Glaubens, gerade weil der Christ nichts über sie wisse. Zu diesem Ergebnis kann einer kommen, der das prophetische Wort sorgfältig studiert hat und doch keinen Zugang fand. Aber reicht das eigene Nichtverstehen, um auch anderen zu empfehlen, zu keinen Ergebnissen zu kommen?

Häufiger gibt es eine vorschnelle Kapitulation vor dem nicht immer leicht zu verstehenden prophetischen Wort. Ohne sich der Mühe des Studiums zu unterziehen, zog man sich auf Schlagworte zurück und machte aus der Unwissenheit eine Tugend. Es ist uns sicher nicht erlaubt, mehr wissen zu wollen, als die Heilige Schrift sagt, und jedes Spekulieren ist vom Übel. Aber es ist ebenso verkehrt, wenn wir die vielen prophetischen Aussagen zur Zukunft missachten und orientierungslos in die kommenden Ereignisse gehen.

Die Fülle biblischer Aussagen sollte weder relativiert noch verkürzt werden. Das gilt selbstverständlich auch für das prophetische Wort. Wären die vorgenannten Einwände gegen die Beschäftigung mit dem prophetischen Wort schlüssig, müssten sie auch für andere Lehrwahrheiten gelten. Aber welch verheerende Folgen hätte das! Hat Gott uns wirklich die vielen Aussagen zur Zukunft gegeben, damit wir *nicht* auf das prophetische Wort Acht haben sollen?

Manche verweisen darauf, dass es keinen »Endzeitfahrplan« geben dürfe. Das ist wahr. Aber zu einem Fahrplan gehören die Angabe von Stationen *und* Uhrzeiten. Terminangaben für die Erfüllung der Prophezeiungen sind uns verboten, denn der Herr sprach: »Es gebührt euch nicht, Zeit und Stunde zu wissen« (Apg 1,7). Aber die Stationen auf dem Weg zum Ziel nennt uns die Bibel in Form der *»Zeichen der Zeit«*. Jesus ermahnt uns dringlich, die Zeichen der Zeit zu beachten (Mt 16,3).

2. Petrus 1,19 ermutigt zur Beschäftigung mit diesem Wort, denn »dadurch wissen wir noch sicherer, dass die Voraussagen der Propheten zuverlässig sind, und ihr tut gut daran, auf sie zu achten. Ihre Botschaft ist für euch wie eine Lampe, die in der Dunkelheit brennt!« (nach: Gute Nachricht Bibel).

Die Offenbarung stellt das Hören auf diese prophetische Botschaft unter den Zuspruch: »Glückselig ist, wer da liest und die da hören die Worte der Weissagung und behalten, was darin geschrieben steht, denn die Zeit ist nahe« (Offb 1,3).

Ist das Ziel des Glaubens denn unwichtiger als der Glaubensweg? – Comenius betete:

»Du hast mich vor der Torheit bewahrt,
den Weg für das Ziel,
die Wanderschaft für das Vaterland zu halten.«

Zum Gebrauch des Buches

Wichtige Voraussetzung zum Verstehen der Offenbarung ist die Kenntnis des Buches. Darum sei dem Leser dringend empfohlen, die zur Betrachtung anstehenden Kapitel vorher zu lesen.

Wer nach Hilfe bei den »Vorfragen« zum Verständnis der Offenbarung Ausschau hält, der möge mit den ersten Seiten beginnen. Hier anzufangen und dann systematisch weiterzugehen, ist der beste Weg, um sich mit dem prophetischen Wort vertraut zu machen. Das prophetische Wort der Bibel ist ein wahrer Schatz auf unserem Weg zum ewigen Ziel. Gott segnet, die darauf hören (Offb 1,3).

Wichtig zum Verstehen der Offenbarung ist auch die Kenntnis der Weissagungen der Propheten des Alten Testamentes, vor allem die des Daniel. Aber z.B. auch Jesaja 11; 19,21ff; 24; Hesekiel 36-39; Joel 4; Micha 4; Habakuk 2,14; Sacharja 12-14 künden Ereignisse an, die noch auf ihre Erfüllung warten.

Vorfragen

Der Verfasser und die Entstehungszeit

Wer ist der Mann, der sich in Offenbarung 1,9 als »Johannes, euer Bruder und Mitgenosse an der Trübsal und am Reich« vorstellt, und der gleich zu Anfang betont: »Dies ist die Offenbarung Jesu Christi!«? Er will nichts anderes sein als Diener und Knecht des Herrn (V. 1), dass allein Jesus durch ihn bezeugt werde.

Die altkirchliche Überlieferung hat in ihm den Apostel Johannes gesehen. 165 wurde in Rom Justin der Märtyrer hingerichtet. Er und auch der Bischof von Lyon, Irenäus (170 n.Chr.), der aus Smyrna stammte, haben sich so geäußert. Sie schreiben, dass der Apostel Johannes diese Offenbarung während der Verfolgung durch Kaiser Domitian um das Jahr 90 auf der Insel Patmos empfangen habe.

Für die Verfasserschaft durch den Apostel Johannes spricht auch die enge Verwandtschaft zu typischen Wortbegriffen des Johannesevangeliums und der Johannesbriefe. Beispiele sind:

»Wort Gottes«, Joh 1,1 und Offb 10,13.

»Wasser des Lebens«, Joh 7 und Offb 21,6; 22,17.

»Lamm Gottes«, Joh 1,29 und Offb 5,6; 22,1.

»Blut Jesu Christi«, 1. Joh 1,7 und Offb 5,9; 7,14; 12,11.

Kritische Hinweise auf Stilunterschiede verkennen die unterschiedlichen Situationen, aus denen geschrieben wurde. Und wessen Stil ändert sich denn im Lauf der Jahre nicht? Die tiefe Harmonie zwischen den Büchern wiegt schwerer als formale Unterschiede.

Gleichwohl wurde das Buch von der Ostkirche erst später anerkannt, fand dann aber doch Aufnahme in das Grunddokument unseres Glaubens.

Die Reformatoren hatten wenig Zugang zu diesem Buch. Luther hat sich in den Vorreden zu den Schriften des NT (1522 n.Chr.) zur Offenbarung geäußert und gemeint, dass sie nicht von den Aposteln stamme, und begründete es mit einer dogmatischen Wertung. Auch Zwingli erlaubte sich die Behauptung, dass sie »kein biblisches Buch« sei. Die Reformatoren waren beim prophetischen Wort zurückhaltend; einerseits, weil sie in den Vorstellungen des Kirchenvaters Augustinus (354-430 n.Chr.) vom Tausendjährigen Reich lebten, andererseits weil sie sich gegen die Täufer abgrenzen wollten und darauf bedacht waren, schwärmerisch-politische Vorstellungen abzuwehren. Bei ihnen verkürzt sich der weite Raum der Prophetie darauf, dass Christus »am lieben, jüngsten Tag« wiederkommt, das Ende der Erde bringt und Gericht hält. Das geht leicht ein, aber bei dieser Betrachtungsweise fallen weite Bereiche des Wortes Gottes weg oder werden vergeistigt. Bis in unsere Zeit hinein laufen Abwertungen der Offenbarung auf eine Relativierung der Botschaft dieses Buches hinaus. Aber fällt nicht gerade das unter die Worte von Offenbarung 22,18-19: »Wenn jemand etwas hinzufügt, so wird Gott ihm die Plagen hinzufügen ... und wenn jemand etwas wegnimmt von den Worten des Buchs dieser Weissagung, so wird Gott ihm seinen Anteil wegnehmen vom Baum des Lebens und der heiligen Stadt!«?

Das Buch trägt den Titel »Offenbarung des Johannes« und begegnet uns unter dem besonderen Anspruch: »Dies ist die Offenbarung Jesu Christi!« Johannes ist der Empfänger und Schreiber, der Geber aber ist Jesus Christus selbst. Darum heißt es in Kap. 1,3: »Selig ist, der da liest und die da hören die Worte der Weissagung!« Das unterstreicht das hohe Gewicht dieses Buches.

Das große Thema des Buches lautet: Jesus Christus kommt bald und wird sein Reich aufrichten! Er hat den Sieg und ist der Herr über alle und alles!

Welchen Weg er nimmt, um den Satan und alles Böse zu beseitigen, darüber gibt das Buch Aufschluss. Es kündet vom großen Kampf zwischen Gott und Teufel und zeigt besonders den Ausgang des Ringens, das unsere Welt in Atem hält.

Besonderheiten des Buches

Die Offenbarung nimmt in der Bibel eine Sonderstellung ein. Auffällig ist die prophetische Sprache des Buches mit ihren großen Visionen und Bildern.

Kein anderes Buch der Bibel ist so prophetisch gehalten. Sie lässt uns Wesenhaftes und Hintergründe erkennen und berichtet von Ereignissen und Dingen, die sonst nicht im Neuen Testament stehen. Nur das Buch Daniel kommt in einigen Partien der Botschaft der Offenbarung nahe.

Die Offenbarung ist ein entsiegeltes Buch, auch wenn manchmal zu hören ist, die Offenbarung sei ein »Buch mit sieben Siegeln«. Weil es am Fleiß des Suchens und Lernens in der Schrift fehlte und darum an der Gesamtkenntnis des prophetischen Wortes, mangelt es häufig auch am Verständnis des nicht mehr versiegelten Buches. Auffällig ist, dass der erhöhte Herr selbst *in direkter Rede* spricht: »Ich, Jesus, habe meinen Engel gesandt, euch dies zu bezeugen für die Gemeinden« (Offb 22,16). Zum Ende der Apostelzeit ergriff Jesus noch einmal selbst das Wort.

Das Buch preist die selig, die es lesen, hören und behalten (Offb 1,3). Der erhöhte Herr öffnet mit diesem Buch »seinen Knechten« den Blick in die Zukunft, um ihnen »zu zeigen, was bald geschehen soll« (Offb 1,1). Dem Propheten Daniel wurde einst gesagt: »Versiegele die Worte bis auf die letzte Zeit!« (Dan 12,4). Aber am Schluss der Offenbarung lesen wir: »Versiegele nicht die Worte der Weissagung in diesem Buch, denn die Zeit ist nahe« (Offb 22,10). Wir sollen hineinsehen in den Ratschluss Gottes und die Vollendung seiner Wege.

Einst sagte der Herr seinen Jüngern: »Ich habe euch noch viel zu sagen, aber ihr könnt es jetzt noch nicht ertragen« (Joh 16,12). Nun aber will er seine Gemeinde erkenntnismäßig weiterführen. Psalm 103,7 bekennt: »Er hat seine Wege Mose wissen lassen, die Kinder Israel sein Tun!«

Auffallend sind vor allem die vielen großartigen Lob- und Anbetungsworte, die Doxologien. Es ist bei aller Gerichtsankündigung doch das Buch der Anbetung dessen, der regiert und siegt. Auch darin liegt eine auffallende Ähnlichkeit mit dem Buch Daniel.

Auffällig ist ebenso die Adressierung an die »sieben Gemeinden in der Provinz Asien«, denen sieben kurz gefasste Briefe gesandt werden. Sie sind von ungemein dichter Aussage und erfüllt von der Liebe Jesu, die sich um die Heiligung seiner Gemeinden müht. Der historische Treffpunkt der Hirtenbriefe galt also zuerst den Gemeinden des Gebietes der Provinz Asien. Aber die Zahl »sieben« (es gab in Kleinasien mehr als sieben Gemeinden) gilt auch als Zahl der Vollkommenheit.

Darum liegt es nahe, dass diese sieben Gemeinden stellvertretend für die anderen nicht erwähnten Gemeinden stehen. Hier wiederholt sich, was auch sonst in der Bibel gilt: Gott sprach zu bestimmten Zeiten in eine konkrete Situation. Aber der historische Einschlagspunkt des Gotteswortes »sargte« das ewige Wort nicht historisch ein. Gott redet in die Zeit mit Worten, die ewig bleiben. Denn »des Herrn Wort bleibt in Ewigkeit« (1. Petr 1,25).

Es gibt keinen qualitativen Unterschied zwischen dem Wort, das er zu seiner Erdenzeit sprach, und dem, was er als der Auferstandene durch Apostelmund den Gemeinden gab. Es ist derselbe Herr, der damals auf den Bergen Galiläas und Judäas redete und heute zu uns auch durch die Offenbarung spricht.

Drei Vor-Exkurse

1. Unterschiedliche Endzeitaussagen im Neuen Testament

Die Endzeitreden Jesu in den drei ersten Evangelien (Mt 24; Mk 13; Lk 17,20ff; Lk 21) und der zweite Petrusbrief reden deutlich vom Wiederkommen Jesu, sagen aber nichts von der ersten Auferstehung und der damit verbundenen Entrückung der Gemeinde Jesu. Eben das ergänzt Paulus eindringlich in 1. Thess 4 und 1. Kor 15. Die Offenbarung aber gibt noch viele weitere Auskünfte.

Weil die Endzeitaussagen des Neuen Testamentes verschieden sind, meinen manche Kritiker Widersprüche zu sehen, und insbesondere wird die Offenbarung relativiert. Aber die Erklärung liegt darin, dass die biblische Prophetie auf dem Weg zur Erfüllung immer genauer wird. Es ist so, wie wenn wir uns einem Hochgebirge nähern. Von weitem sieht es aus, als lägen die Berge fast nebeneinander im gleichen Abstand zum Betrachter. Beim Näherkommen aber zeigen sich die Entfernungsunterschiede. So malt unser Herr in den Evangelien ein Gesamtbild seiner Zukunft. Ähnlich ist es im 2. Petrusbrief. Jesus selbst hat gesagt: »Ich habe euch noch viel zu sagen, aber ihr könnt es jetzt nicht ertragen. Wenn aber der Geist der Wahrheit kommt, wird er euch in alle Wahrheit leiten« (Joh 16,12f). Eben das geschah durch die Botschaft des Paulus und zum Schluss durch die Offenbarung des Johannes. Mit dieser führt der Herr die bisherige Prophetie fort.

2. »Die letzten Tage« und »der Tag des Herrn«

Die Prophetie nennt den Begriff der »letzten Tage« (Mi 4,1; 2. Tim 3,1; Jak 5,3) und meint damit das Ende dieser Weltepoche. In der

Pfingstpredigt (Apg 2,17) verkündigte Petrus: »Das ist's, was durch den Propheten Joel gesagt worden ist (3,1-5): Und es soll geschehen in den letzten Tagen, da will ich ausgießen von meinem Geist.« Mit Pfingsten sind nach der apostolischen Schau die letzten Tage angebrochen. Diese eilen ihrem *letzten Tag* entgegen, dem »Tag des Herrn«. Das ist im AT der Tag, an dem Gott kommt und richtet (Jes 2,12; 13,6ff; Jer 46,10; Hes 30,3; Joel 2,2; 2,11; 3,4; Am 5; Zef 1,14 u.a.). Im NT ist es der Tag, an dem Jesus Christus wiederkommt (1. Kor 1,8; 5,5; 2. Petr 3,10; 2. Thess 2,2). Darum wird er auch der *»Tag Christi«* genannt (Phil 1,6; 1,20).

Der Tag des Herrn ist mehr als ein 24-Stundentag. Wie ein Tag viele Stunden hat, so gehören viele Ereignisse zum Tag des Herrn. Er ist einerseits Tag der Rache, des Zorns und des Gerichtes über alles Böse. Andererseits bringt er eine herrliche Zukunft. In diese Zukunft schaute Johannes.

Der Tag des Herrn trägt also ein doppeltes Gesicht. Den unbußfertigen Menschen ist er ein dunkler, schrecklicher Tag (Am 5,18.20; Joel 2,11; Offb 6,15-17). Er ist wie die Wolke, die zwischen Israel und den Ägyptern stand, als sie das Rote Meer durchzogen. »Dort war die Wolke finster, und hier erleuchtete sie die Nacht!« Gerichtsdrohend hing sie vor den Feinden Gottes, und lichtgebend war sie dem Volk des Herrn. Als dann der Morgen graute, »schaute der Herr auf das Heer der Ägypter aus der Feuersäule und der Wolke!« Paulus hat das in 1. Korinther 10 näher erklärt und gesagt, dass Christus mit Israel gezogen ist. Darum deuten Feuersäule und Wolke auf ihn.

Denen aber, die auf den Herrn warten, ist er der Tag der Rettung. Denn »der Tag Christi« bringt die Ereignisse, von denen Offenbarung Kap.19-20 berichten. Das herausragende Ereignis ist das Wiederkommen Jesu in Herrlichkeit. Dann erfüllt sich das Wort: »Es sind die Reiche der Welt unseres Herrn und seines Christus geworden, und er wird regieren von Ewigkeit zu Ewigkeit« (Offb 11,15).

Das erste Ereignis am Tag des Herrn ist nach 1. Thessalonicher 4,15 und 1. Korinther 15,51ff die Entrückung der Gemeinde. 2. Petrus 3,10 erwähnt als letztes Ereignis am Tag des Herrn das Vergehen von Himmel und Erde. Daraus könnte geschlossen werden, dass der Tag des Herrn den Zeitraum von der Entrückung der Gemeinde bis zum Ende des Tausendjährigen Reiches umfasst.

3. Wann wird die Gemeinde entrückt?

Wird es vor der *»großen Trübsal«* sein, die Jesus angekündigt hat (Mt 24,21) oder an ihrem Ende beim sichtbaren Wiederkommen Jesu? Oder wird er seine Gemeinde aus der Trübsal heraus entrücken?

Manche sind überzeugt, dass die Gemeinde nicht in die große Trübsal kommt, denn im Schreiben an Philadelphia (Offb 3,10) steht geschrieben: »Weil du das Wort von meiner Geduld bewahrt hast, will ich auch dich bewahren *vor* der Stunde der Versuchung, die über den ganzen Weltkreis kommen wird, zu versuchen, die auf Erden wohnen.« Aber wahrscheinlicher ist die Übersetzung: »Weil du bewahrt hast das Wort von meiner Geduld, werde auch ich dich bewahren *aus* der Stunde der Versuchung.«

Andere meinen, dass der Herr seine Gemeinde aus der Trübsal heraus entrücken wird, worauf auch 2. Thessalonicher 2,1-3 deutet. Auch Israel hatte in Ägypten die ersten Plagen mit erleiden müssen, wurde aber von den weiteren verschont.

Ich würde es sehr angenehm finden, wenn die Gemeinde keine Zeit der Trübsal erleiden müsste und vorher entrückt würde. Aber das ist nicht sicher. Auch die anderen Überzeugungen lassen sich nicht zweifelsfrei belegen.

2.Thessalonicher 2,1ff spricht vom Tag des Herrn und der Vereinigung der Gemeinde mit Christus: »Was nun *das Kommen unseres Herrn Jesus Christus angeht und unsere Vereinigung mit ihm*, so bitten wir euch, liebe Brüder, dass ihr euch in eurem Sinn nicht so schnell wankend machen noch erschrecken lasst, als sei der Tag des Herrn schon da. Lasst euch von niemand verführen in keinerlei

Weise; denn zuvor muss der Abfall kommen und der Mensch der Gesetzlosigkeit offenbart werden.« Dies erste Ereignis am Tag des Herrn steht also im festen Zusammenhang mit der antichristlichen Zeit.

Der Streit, ob die Gemeinde vor oder aus der Trübsal errettet werden wird, entscheidet sich also an der Frage, ob die »große Trübsal« die sieben Jahre des Antichristen meint oder die letzten dreieinhalb Jahre seiner totalen Machtausübung. Von dieser zweiten Hälfte sagt Offenbarung 16,1-21: »... der fünfte Engel goss aus seine Schale auf den Thron des Tieres, und sein Reich wurde verfinstert, und die Menschen zerbissen ihre Zungen vor Schmerzen und lästerten Gott im Himmel ... und bekehrten sich nicht.«

Es erscheint mir wahrscheinlich, dass die Gemeinde in die Trübsal der sieben Posaunen hineingeraten wird. Darin wird sie nicht umkommen, weil der Herr seine Gemeinde in dieser endzeitlichen Not bewahren wird. So finden wir in den Gerichten der Offenbarung bei der 5. Gerichtsposaune den Hinweis, dass nur denen geschadet werden darf, »die nicht das Siegel Gottes an ihren Stirnen haben« (Offb 9,4). Ebenso wahrscheinlich ist es, dass sie die *große* Trübsal der Zornschalen nicht mehr mit erleiden muss.

Es gibt die Möglichkeit einer Verständigung zwischen den Überzeugungen, ob die Gemeinde vor oder aus der Trübsal entrückt wird. Die Brücke zwischen den Überzeugungen kann in der Antwort auf die Frage liegen, auf welchen Zeitraum sich die angekündigte große Trübsal bezieht.

Wer diese auf die Gesamtzeit des Antichristen bezieht (zweimal 3 $^1/_2$ Jahre), kann sich darauf berufen, dass Kapitel 7,9ff von der großen erretteten Schar aus allen Völkern berichtet und sagt, dass sie »gekommen sind aus der großen Trübsal ...« Danach müsste sich die große Trübsal auch auf die ersten dreieinhalb Jahre des Antichristen beziehen. Aber das muss nicht ausschließen, dass das Wort von der großen Trübsal noch stärker auf die Zeit der Zornschalen bezogen werden kann. Wer also die große Trübsal auf die zweite Phase antichristlicher Herrschaft bezieht, kann sagen, dass der Herr seine Gemeinde vor dieser Trübsal entrückt. Es ist eine Frage der Begrifflichkeit, denn der Sache nach ist das Gleiche gemeint, nämlich die Entrückung der Gemeinde zwischen den beiden Gerichtszyklen.

Auch die ersten dreieinhalb Jahre liegen unter dem Leidensdruck der Posaunengerichte. Ob Gott es übers Herz bringt, seine Gemeinde in das Leiden zu bringen? So wird fragen, wer im Leiden nur Last sieht. Aber die Bibel kennt das Leiden auch als notwendige Läuterung: »Ich will dich auserwählt machen im Ofen des Elends« (Jes 48,10). Das haben ungezählte Christen erfahren müssen. Der Vater im Himmel hat seinen geliebten Sohn sogar ans Kreuz gegeben und ließ ihn über das Kreuz zur Herrlichkeit gehen (Hebr 5,7-9). Seine Gemeinde sollte auch damit rechnen, dass sie über ein Golgatha zur Vollendung gehen muss.

Manche meinen, dass die Entrückung erst mit dem sichtbaren Wiederkommen Jesu zusammenfällt, weil Matthäus 24,30f im Zusammenhang mit dem Wort von seiner sichtbaren Ankunft steht: *»Er wird seine Engel senden mit hellen Posaunen, und sie werden seine Auserwählten sammeln von den vier Winden, von einem Ende des Himmels bis zum andern.«* Aber dies Wort kann sich auch auf die Erwählten aus den Juden beziehen.

Ich bin überzeugt, dass uns der Herr in der Frage, ob er seine Gemeinde vor, aus oder am Ende der Trübsal entrücken wird, noch keine endgültige, unwiderlegbare Antwort geben will. Aber er will, dass wir allezeit wachen. Wichtig ist, dass wir zu jeder Zeit bereit sind, ihn zu empfangen.

Auch in der Offenbarung, die die Entrückung der Gemeinde nur indirekt oder im Bild der *»Hochzeit des Lammes«* nennt, ist eine Terminierung nicht eindeutig möglich. Am wahrscheinlichsten erscheint mir die Meinung, dass die Entrückung zwischen den »Posaunen« (1. Kor 15,52) und den »Zornschalen« erfolgt. Aber jeder Versuch einer Festlegung und Terminierung fällt unter Jesu Wort:

»Es gebührt euch nicht, Zeit und Stunde zu wissen, welche der Vater seiner Macht bestimmt hat« (Apg 1,7). »Von dem Tage aber und von der Stunde weiß niemand, auch die Engel im Himmel nicht, auch der Sohn nicht, sondern allein der Vater« (Mt 24,36).

Auch respektable Christen haben sich mit ihren Berechnungen geirrt. Hans Hut, ein vorbildlicher Christ der Täuferbewegung, erwartete das Wiederkommen Jesu zu Pfingsten 1528. Einer der pietistischen Väter, Johann Albrecht Bengel, errechnete den 18. Juni 1836 für den Tag des Wiederkommens des Herrn und den Anbruch des Tausendjährigen Reiches. Solche Bemühungen müssen grundsätzlich verkehrt bleiben und bringen das prophetische Wort in Misskredit. Wohl sagen uns die Zeichen der Zeit, dass Jesu Kommen nahe ist. Aber den Tag seiner Ankunft zu wissen, steht uns nicht zu.

Schlüssel zum Verstehen der Offenbarung

Die Ergebnisse der Auslegung der Offenbarung hängen von der Antwort auf die Frage ab, worauf die Prophezeiungen des Buches zielen.

Die Antworten sind wie Schlüssel und deren sind manche angeboten worden.

1) Die »zeitgeschichtliche Auslegung«
beherrschte die Theologie der letzten 200 Jahre. Eine liberale Theologie geht davon aus, dass Johannes, wer immer er gewesen sei, nur für die Gemeinden seiner Zeit geschrieben habe. Ihnen habe er den Untergang des christusfeindlichen Kaisertums verkündigt. Das »Tier« sei Domitian gewesen, dem der wiederkommende Herr das Ende bereiten würde. Darin aber habe sich Johannes geirrt, und somit seien seine prophetischen Aussagen durch die Ereignisse korrigiert worden. Sie hätten also für die nachfolgenden Jahrhunderte keine Bedeutung mehr. Was bleibe, das seien die Trost- und Mahnworte sowie die Doxologien.

Dieser Ansatz gibt gute Hinweise zum Verstehen der damaligen Zeit. Aber ein Schlüssel, der uns die Offenbarung öffnet, ist das nicht. Denn mit dieser Methode wird die Botschaft der Offenbarung zeitgeschichtlich »begraben«. Hier wird zukunftsöffnende Prophetie grundsätzlich in Frage gestellt. Es ist zwar richtig, dass dies Buch die Christen zur Leidensbereitschaft und Treue ruft und vor allem zu einer Nachfolgeethik ermutigt, aber das ist nicht alles. Die Offenbarung zeigt auch das Geschichtshandeln Gottes.

2) Die »kirchen- oder weltgeschichtliche Auslegung«
trägt der Wahrheit Rechnung, dass Gott der Herr der Geschichte ist und seiner Gemeinde auf dem Weg durch die Zeiten prophetisches Geleit gibt.

Diese Auslegungsmethode meint in der Offenbarung die Geschichte der Kirche in der Auseinandersetzung mit der Weltgeschichte zu sehen. Wohin dieser Schlüssel führen kann? J. A. Bengel vertrat diese Überzeugung. Er sah z.B. in Offenbarung 12 das Jahrhundert Karls d. Gr. und meinte in Offenbarung 13 das Mittelalter erkennen zu können. Das Ende dieser Geschichtsepoche setzte er mit dem Jahr 1836 an. Aber Christus kam 1836 nicht zurück auf seine Erde. Ich kann die vielen Fakten der Kirchen- und Weltgeschichte nicht mit der Offenbarung harmonisieren.

Bei Luther finden wir in seiner kurzen Auslegung der Offenbarung ein ähnliches Verfahren:

In den Engeln, die die Gerichtsposaunen blasen (Kap. 8-9), sah er z.B. beim zweiten Engel den Gnostiker Marcion, die Manichäer und Montanus, die ihre »Geysterei rhümen über alle Schrift und fahren wie dieser brennende Berg zwischen Himel und Erden; als bey uns der Müntzer und die Schwermer«. Der dritte ist Origines, der »durch die Philosophia und vernunfft die Schrift verbittert und verderbet hat wie bey uns die Hohenschulen bisher getan«. Dieser Schlüssel unterstreicht, dass Gott Geschichte macht und regiert. Die Schwäche liegt in dem geschichtlichen Standort des Auslegers, der das Kommende nicht kennt und nicht berücksichtigen kann.

Andere meinten die Geschichte der Gemeinde Jesu in den sieben Sendschreiben wieder zu finden. Was nach den Sendschreiben berichtet werde, weise in die Zeit nach der Entrückung. Aber als Jesus dies Buch gab, gab es alle sieben Gemeinden gleichzeitig, und bis zum Ende wird es gleichzeitig gesunde, kranke und tote Gemeinden geben.

Gegen diesen Ansatz spricht auch, dass alles, was dann nach Kapitel 3 kommt, die Gemeinde kaum betreffen würde. Die Kirchengeschichte in die Sendschreiben pressen zu wollen, ist dem Kenner der Geschichte nicht möglich.

3) Die »reichsgeschichtliche Auslegung«

kam mit Prof. Auberlen[1] auf. Er erkannte in der Offenbarung Entwicklungsabschnitte des Reiches Gottes und Wesensmerkmale des Kampfes zwischen Weltreich und Gottesreich. Er sah tiefere Deutungen der Ereignisse. Diese Methode legt den Nachdruck auf den Kern der Botschaft, vernachlässigt aber, dass die Offenbarung auch Ereignisse der Geschichte anspricht.

4) »Die christozentrische Auslegung«

betont zu recht, dass Christus selbst Anfang, Mitte und Ziel ist. Darum soll alles helfen, auf Jesus selbst zu sehen. Er selbst ist unsere Hoffnung und verspricht sein baldiges Kommen. Dieser christozentrische Ansatz gilt für jede christliche Auslegung (Joh 5,39), trifft aber nicht das Besondere der Offenbarung.

5) Die »endgeschichtliche Auslegung«

ist überzeugt, dass die Offenbarung den Endkampf zwischen Gott und Satan schildert, also die Ereignisse am Tag des Herrn. Ich bekenne mich zu dieser Auslegung der Offenbarung aus folgenden Gründen: Als Johannes dieses Buch empfing, war er *»im Geist an des Herrn Tag*« (1,10). Das muss nicht der Sonntag sein, denn im NT wird der Sonntag der »erste Tag der Woche« (Joh 20,19; 1. Kor 16,2) genannt. Der Begriff *»Tag des Herrn*« wird von den Propheten gewählt, wenn sie von den letzten Dingen und dem Kommen Gottes reden. So weist dieser Begriff auf den kommenden Tag Christi. Das wird untermauert durch den Gang des Buches, in dem die antichristliche Zeit weit ausgreifend beschrieben wird. Die Posaunengerichte führen bereits in die *»Stunde der Versuchung«* (Offb 8 bis 9). In Kapitel 11,7 wird der Antichrist erkennbar als das *»Tier aus dem Abgrund«*. Er hat viele Vorläufer (1. Joh 2,18f) und ist lange zuvor in der Geschichte wirksam. Aber es wird vor allem der

[1] Carl August Auberlen (Prof. der Theologie in Basel, Dr. der Philosophie) führt diese im 3. Teil (Kap. 2 B III) seines Buches *Der Prophet Daniel und die Offenbarung Johannis,* Basel [2]1857, aus.

Endkampf zwischen Christus und Antichristus beschrieben. Diese »Betrachtungsweise ist zugleich die älteste und ursprünglichste.«[2]

Aber der »endgeschichtliche Schlüssel« wirft auch Fragen auf: Wie konnte die Offenbarung in den vielen Jahrhunderten vor ihrer letzten Erfüllung zu den Gemeinden sprechen? Viel! Denn das Muster des großen Kampfes, in dem die Christusgemeinde steht, ist zu allen Zeiten gleich gewesen und geblieben.

Ein Beispiel gibt Johannes im 1. Johannesbrief 2,18 (2,22; 4,3) mit seinem Wort vom Antichristen: »Wie ihr gehört habt, dass der Antichrist kommt, so sind nun schon viele Antichristen gekommen.« Wie der kommende Antichrist seine Vorläufer hat, so haben auch andere Ereignisse ihr Vorlaufendes. So ist die große Trübsal zukünftig, und doch hatte jede Zeit ihre eigene Trübsal. Jesus selbst ist nicht nur der Herr der Zukunft, sondern handelt im Lauf der ganzen Geschichte in gleicher Hirtentreue und nach ähnlichem Muster. Darum gibt die Schilderung der letzten Ereignisse nicht nur heute Zukunftsprophetie, sondern tröstete und stärkte die Gemeinde auf jeder Strecke ihres Weges durch die Zeit.

Zwar wurde die Offenbarung lange vor ihrer letzten Erfüllung gegeben, aber noch zu Apostelzeiten. Johannes war der letzte Apostel, und auch dieses Buch sollte zur »Apostellehre« (Apg 2,42) gehören. Nie hätte ein später gegebenes Buch die Autorität in Anspruch nehmen können: »Dies ist die *Offenbarung Jesu Christi.*« – »Ich bin Johannes, der solches gesehen und gehört hat« (1,1; 22,8). Deswegen stellt der Jünger, der im Evangelium nicht seinen Namen nennt, hier seinen Namen betont heraus. Gottes Wort kommt durch Apostelmund mit großer Autorität zu uns.

Die Gemeinden warteten damals mit starker Naherwartung auf Jesus. Unserer Zeit aber gilt die Botschaft von Jesu Wiederkommen mit Macht, weil sich die angekündigten Zeichen erfüllen. Ob wir die Alarmzeichen verstehen und in hoher Bereitschaft leben?

[2] Richard Schmitz, *Die Offenbarung Johannes. Ein Durchblick durch das letzte Buch der Bibel,* Witten 1952, S. 21.

Zusammenfassung

Von der zeitgeschichtlichen Methode lernen wir die Hintergründe der Zeitgeschichte zu sehen.

Die kirchengeschichtliche Auslegung macht auf Gottes Handeln in der Geschichte aufmerksam.

Die reichsgeschichtliche Auslegung lehrt uns auf das Wesen der Dinge zu achten.

Die christozentrische Auslegung legt den Nachdruck zu Recht auf Christus selbst.

Aber alles spitzt sich zu auf die endgeschichtliche Deutung der Offenbarung. Sie richtet unsere Blicke auf den wiederkommenden Herrn und auf kommende Ereignisse am nahen *Tag des Herrn.*

Aufbau des Buches und Skizze

Die Botschaft der »Offenbarung« erreicht uns einerseits in klar verständlichen Texten und andererseits in Bildworten und Visionen. Miteinander geben uns die verschiedenartigen Formen ein grandioses Gemälde der Zukunft des Volkes Gottes und der Erde. Es ist das Wort Jesu an seine Gemeinde am Ende der apostolischen Zeit und es ist wichtig, es zu verstehen.

Abgesehen von den großen Kernworten der Offenbarung erscheint der Aufbau des Buches undurchsichtig und verwirrend zu sein. Wiederholen sich nicht viele Gesichte? Schließt das nicht zeitlich aufeinander folgende Ereignisse aus? Um solcher und ähnlicher Fragen willen sprechen manche von einem Buch mit sieben Siegeln. So empfand ich es auch, vermisste den erkennbaren Aufbau und stand hilflos vor diesen Kapiteln. Es dauerte lange, bis mir der Aufbau klar wurde. Das geschah, nachdem ich mich mit der Gemeinde (Berlin-Moabit) in den Jahren 1962-63 knapp 2 Jahre lang mit diesem Buch befasst hatte.

Der aufgefächerte Halbbogen zeigt die Gerichtszyklen, die sich über die Erde ergießen: »Es ist gekommen der große Tag ihres Zorns, und wer kann bestehen?« (6,16f) Die Welt hat sich der Versöhnung verweigert und bleibt in der Rebellion gegen Gott. Darum bricht er seinem Reich gewaltsam Bahn und gebraucht dazu schwere Gerichte. Diesen »Zorn Gottes« nennt die Offenbarung siebenmal.

Jeder »Fächer« wächst aus einem Zwischengesicht, einer Vision, die dem Seher den Einblick in den Himmel freigibt. Dort oben »fallen die Würfel«, und im Himmel entscheidet sich, was auf Erden geschieht.

Jeder »Gerichtsfächer« besteht aus einer Siebenergruppe. Es ist auch eine symbolische Zahl, die etwas Abgeschlossenes und Vollendetes anzeigt. Das sechste Siegel führt bis direkt an das Ende (6,12-17), ebenso die sechste Posaune (10,5-7). Es fällt auf, dass das 7. Siegel und die 7. Posaune keinen eigenen Inhalt haben, sondern sich jeweils zu einer neuen Gruppe öffnen. Das 7. Siegel enthält alles bis zum Ende, wo Gottes Zorn erfüllt ist.

Gottes Gerichte zielen auf die Neuausrichtung der Schöpfung und streben der Erfüllung des Wortes zu: »Siehe, ich mache alles neu!« (Offb 21,5). Soweit ein erster Überblick.

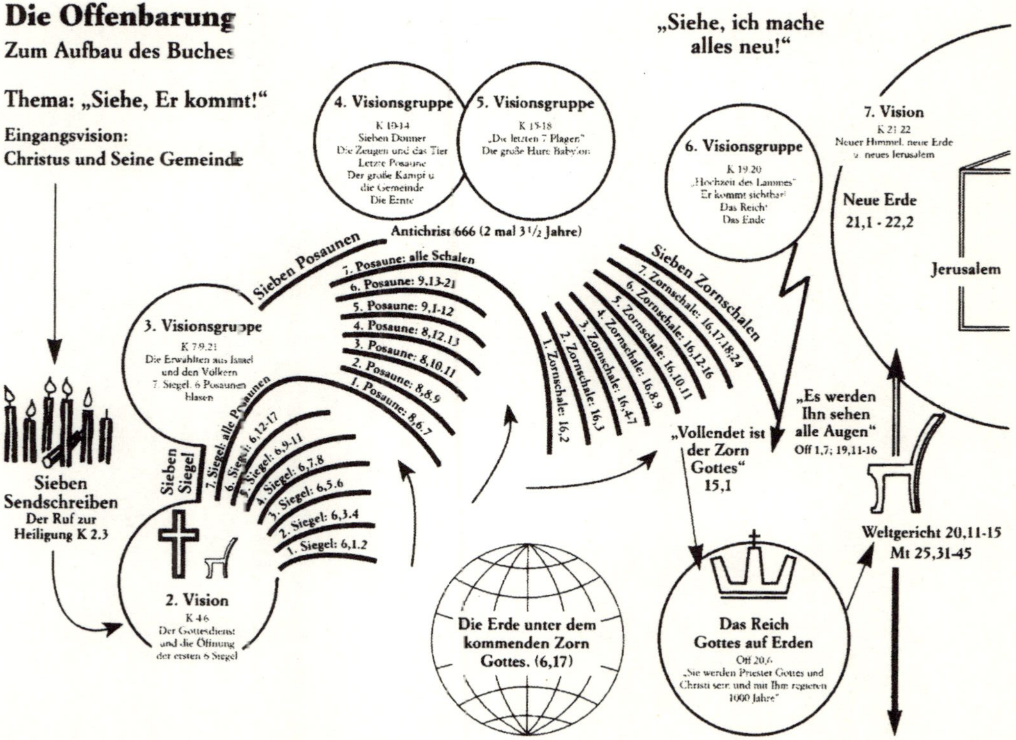
Die Offenbarung
Zum Aufbau des Buches
Thema: „Siehe, Er kommt!“
Eingangsvision:
Christus und Seine Gemeinde
Sieben Sendschreiben
Der Ruf zur Heiligung K 2.3
2. Vision
K 4-6
Der Gottesdienst und die Öffnung der ersten 6 Siegel
Sieben Siegel
1. Siegel: 6,1.2
2. Siegel: 6,3.4
3. Siegel: 6,5.6
4. Siegel: 6,7.8
5. Siegel: 6,9-11
6. Siegel: 6,12-17
7. Siegel: alle Posaunen
3. Visionsgruppe
K 7-9.21
Die Erwählten aus Israel und den Völkern
7. Siegel. 6 Posaunen blasen
Sieben Posaunen
1. Posaune: 8,6.7
2. Posaune: 8,8.9
3. Posaune: 8,10.11
4. Posaune: 8,12.13
5. Posaune: 9,1-12
6. Posaune: 9,13-21
7. Posaune: alle Schalen
4. Visionsgruppe
K 10-14
Sieben Donner
Die Zeugen und das Tier
Letzte Posaune
Der große Kampf u die Gemeinde
Die Ernte
5. Visionsgruppe
K 15-18
„Die letzten 7 Plagen“
Die große Hure Babylon
Antichrist 666 (2 mal 3 1/2 Jahre)
Sieben Zornschalen
1. Zornschale: 16,2
2. Zornschale: 16,3
3. Zornschale: 16,4-7
4. Zornschale: 16,8.9
5. Zornschale: 16,10.11
6. Zornschale: 16,12-16
7. Zornschale: 16,17.18;24
Die Erde unter dem kommenden Zorn Gottes. (6,17)
„Vollendet ist der Zorn Gottes“ 15,1
6. Visionsgruppe
K 19.20
„Hochzeit des Lammes“
Er kommt sichtbar!
Das Reich
Das Ende
„Siehe, ich mache alles neu!“
„Es werden Ihn sehen alle Augen“
Off 1,7; 19,11-16
Das Reich Gottes auf Erden
Off 20,6
„Sie werden Priester Gottes und Christi sein und mit Ihm regieren 1000 Jahre“
Weltgericht 20,11-15
Mt 25,31-45
7. Vision
K 21 22
Neuer Himmel, neue Erde u. neues Jerusalem
Neue Erde
21,1 - 22,2
Jerusalem

Die Betrachtungen zur Offenbarung

Offenbarung 1,1-8: Eingangsgruß

Als Johannes diese Botschaft empfing, war er *»im Geist«*, also ganz Gott zugewandt und hörbereit. Das kann von uns Menschen nicht immer gesagt werden, weil wir zu sehr von den vergehenden Dingen dieser Welt gefordert werden. Umso nötiger sind die Stunden und Zeiten der Gottesbegegnung, in denen uns Gottes Geist die Augen öffnet. Christen, die Gott zugewandt leben und in der Schrift forschen, werden keine verhüllte Botschaft finden. So kann man die ersten Sätze kaum lesen, ohne an die Vernachlässigung des Umgangs mit der Schrift und dieses Buches zu rühren. Verfolgungen und Zeiten der Not können einen Anstoß zur neuen Beschäftigung mit der Offenbarung geben. Doch ist es traurig, wenn ein Christ erst durch Not zur Aufmerksamkeit geführt werden muss.

»Dies ist die Offenbarung Jesu Christi!« So beginnt das Buch. Gott gab sie, um »zu zeigen seinen Knechten, was in Kürze geschehen soll!« Es ist nicht für jedermann bestimmt, sondern für Gottes Knechte. Diese will der Herr weiter unterrichten über seine Wege. Er will sie auch durch die Schau seiner Herrlichkeit zum Dienst stärken.

Wer nur sein Zukunftswissen befriedigen möchte, wird beim Lesen des Buches kaum auf seine Kosten kommen. Wer aber in der Nachfolge Jesu Gottes Wege lernen will, den wird das Wort der Offenbarung stärken. Was zum rechten Dienst für Gott gehört, das tut er seinen Knechten kund. Er zeigte seinen Knechten, was »in Kürze«, also in kurzer Frist oder in schneller Aufeinanderfolge geschehen soll. *Kundtun* (griechisch: *semaino*) hat den Nebenbegriff von »deuten«. Beides gibt Gott durch seinen Engel: Kundgabe des Ereignisses und dessen Deutung. Ausdrücklich wird gesagt, dass dieses Buch von Gott gegeben ist. Es ist nicht das Produkt eigenen Nachdenkens, sondern Gabe Gottes.

Vom Standort der Ewigkeit zeigte Jesus die Enthüllung des Schlusskampfes, in dem die Jahrtausende dauernde Herrschaft Satans beendet wird, damit Gottes Reich und Ruhm ewig bleibe.

Der Segensgruß des Apostels (V. 4-6) zeigt das Herz des Johannes. Er ist nicht distanzierter Referent, sondern glühender Botschafter, dessen Herz mitschwingt. Was er empfangen hatte, will er treu weitergeben, damit es bewahrt werde.

Der dreieine Gott

»Gnade sei mit euch und Friede von dem, der da ist und der da war und der da kommt!« Gemäß der jüdischen Tradition spricht er aus Ehrfurcht den heiligen Namen nicht aus, sondern umschreibt ihn mit Worten, die den Namen Jahwe deuten. Jahwe, der Seiende, ist ohne Anfang und Ende, steht als der Ewige hoch über der dahineilenden Zeit und lenkt die Zeit zur Ewigkeit. *Er* sprach das erste Wort, und das letzte gehört *ihm* auch.

Im Gruß klingt die Dreieinigkeit des Vaters, des Sohnes und des Heiligen Geistes an. Als Christen glauben wir an den *einen* Gott in drei Personen, Vater, Sohn und Heiligem Geist. Das scheint widersprüchlich zu sein. Ist es nun ein Gott, oder sind es drei? Zweifellos wird auch dem Sohn das Gottsein zugemessen und ebenso dem Heiligen Geist. Aber ist dann der christliche Glaube noch monotheistisch?

Wenn wir den Nachdruck auf die mathematische Zahl »1« legen, erscheint das fraglich zu sein. Aber es geht hier nicht um die Zahl »1«, sondern um die vollkommene Harmonie der Liebe, nämlich um die absolute Einigkeit unseres Gottes! Dazu einige Verstehenshilfen:

»Gott schuf den Menschen *ihm* zum Bilde« (1. Mose 1,27; Apg 17,29). Das bedeutet, dass Gott seinem Geschöpf Wesensmerkmale von sich selbst mitgegeben hat. Beispielsweise ist der Mensch ein »soziales Wesen«. Er ist auf Gemeinschaft angelegt, und wenn er für sich allein sein muss, entspricht das nicht seinem Bedürfnis, sondern kann eine große Last sein. Es ist sein Ideal, in einer harmonischen Gemeinschaft leben zu können, ohne Konkurrenz, ohne gegenseitige Bedrohung. Er sehnt sich sehr danach, in schöner Ergänzung leben zu dürfen. Dem Menschen ist nicht die Zahl »1«, nicht die Einsamkeit erstrebenswert, sondern die absolute Harmonie der Liebe. Er sehnt sich nach der Einigkeit der Liebe, z.B. zwischen Mann, Frau und Kind.

Ist es wirklich die ideale Gottesvorstellung, Gott in absoluter Einsamkeit zu sehen? Nein! »Gott schuf den Menschen *IHM* zum Bilde!« Was sich als Sehnsucht in seinen Geschöpfen zeigt, ist bei ihm in herrlichster Vollkommenheit da. Vater, Sohn und Heiliger Geist sind absolut eins und einig in der Liebe. Darum entspricht nicht das Alleinsein dem Gottesbild der Bibel, sondern die Einigkeit der Liebe in der vollkommenen Harmonie des dreieinen Gottes. Im Vorbild des dreieinen Gottes liegt die Einigkeit der Gemeinde Gottes (1. Joh 1,7) begründet, und ihre ganze Existenz ist auf den dreieinen Gott bezogen.

Johannes schildert die Vollkommenheit des Heiligen Geistes, indem er von den »sieben Geistern, die vor seinem Thron sind«, schreibt. Wie er Jahwe in Umschreibungen als den Seienden benennt und später Jesus auch als »Lamm« sieht, so ähnlich ist es mit der Bildrede vom Heiligen Geist.

Ganz anders ist es bei dem Wort von »Jesus Christus!« Denn da ist der ewige Gott aus seiner Verborgenheit getreten, ist in unsere Welt gekommen und hat sich uns offenbart: »Das Wort ward Fleisch!« (Joh 1,14). Mit drei Hinweisen ersteht vor uns das Bild des Herrn und zeigt uns, was er für uns geworden ist.

Seine Worte sind kraftvoll. Jesus ist »der treue Zeuge« und »das Wort Gottes« schlechthin. Mose hatte geweissagt: »Einen Propheten wie mich wird euch der Herr erwecken …, dem sollt ihr gehorchen« (5. Mose 18,15). Darum: Wie wir mit Gottes Wort umgehen, das ist der Prüfstein, ob wir Jesus Christus für vertrauenswürdig halten und wie wir zu Gott selbst stehen.

Der Tod hat Jesu Zeugnis nicht stumm gemacht. Er ist nach seinem Sühnetod auferstanden und der »Erstgeborene von den Toten« geworden. In unserer Welt besiegt der Tod das Leben. Aber seit Jesu Auferstehung ist die Wende eingetreten zur Auferstehung der Vielen, die ihm folgen.

Der Herr über Leben und Tod ist auch von Gott gesetzt zum Herrn über die Könige auf Erden! ER ist der Herr über alle und alles. ER bringt Gerechtigkeit und den Weltfrieden. ER kommt.

Der Lobpreis

Aus dem Anblick des Herrn entsteht die große Anbetung: »Dem der uns liebt und erlöst hat von unseren Sünden durch Sein Blut und uns zu Königen und Priestern gemacht hat vor Gott, seinem Vater, ihm sei Ehre und Gewalt von Ewigkeit zu Ewigkeit!« (V. 5-6).

Mitten in der Verfolgung und mitten im Leid dürfen Christen in der Liebe Gottes ruhen. Sie haben manche Lasten zu tragen, aber die größte aller Lasten, die Sünde, ist ihnen abgenommen worden. Durch Christi Blut gereinigt stehen sie mit höchster Berufung Gott zur Verfügung. Die Zukunft gehört ihnen, und im kommenden Gottesreich werden sie »Könige und Priester« sein. Das ist Gottes gnädiges Werk.

Diese Schau macht tragfähig, schenkt Zuversicht und schafft starke Hoffnung. Sie bringt uns zum Ruhen im Frieden Gottes. Denn niemand ist näher am Herzen Gottes als der Anbetende, der aus Liebe und mit Freude bekennt: »IHM sei Ehre und Gewalt von Ewigkeit zu Ewigkeit!«

Das Thema des Buches: »ER kommt!«

Johannes sah das Dunkel einer gottlosen Welt. Jede neue Nachricht vom Festland rief dem greisen Apostel zu: Wir sind im Kommen, unsere Gewalt und unser Können haben Zukunft. Ihr aber seid am Ende und eure Tage sind gezählt. Es ist das Geschrei aus der Tiefe einer gerichtsreifen Erde, das bis in unsere Tage hinein mal stärker, mal schwächer tönt.

In dieser Lage kam Gott den Seinen zur Hilfe und gab in großen Visionen eine Zukunftsschau. Wie ein Fanfarenstoß klingt der Ruf:

> »Siehe, er kommt mit den Wolken
> und es werden ihn sehen alle Augen!«

Jesus kommt zurück auf seine Erde. Das ist das Thema des Buches. Dieses kommende Ereignis der Geschichte ist im Neuen Testament außerordentlich stark bezeugt und markiert das Ziel unseres Glaubensweges.

Jesus von Nazareth, geboren in Bethlehem, gekreuzigt in Jerusalem und am dritten Tage auferstanden: ER selbst wird persönlich kommen (Apg 1,11; Mt 16,64; 28,18; Offb 1,7) in der ganzen Machtfülle, die der Vater ihm gegeben hat, um sein Reich aufzurichten. Kein anderer als er allein wird das Reich der Gerechtigkeit und des Friedens bringen.

»Jesus, der von euch weg in den Himmel aufgenommen wurde, wird so wiederkommen, wie ihr ihn habt gen Himmel fahren sehen« (Apg 1,11). »Er kommt mit den Wolken!« Das geht zurück auf das 7. Kapitel im Buch Daniel. In einem Nachtgesicht sah der Prophet Weltreiche aufsteigen, die wie Raubtiere zerstören und schließlich zum letzten antichristlichen Aufruhr gegen den Allmächtigen antreten. Ihrem machthungrigen, bösen Treiben wird ein Ende bereitet werden:

»Es kam einer mit den Wolken des Himmels wie eines Menschen Sohn und gelangte zu dem, der uralt war und wurde vor ihn gebracht. Der gab ihm Macht, Ehre und Reich!« »Das Reich und die Macht und die Gewalt über die Königreiche unter dem ganzen Himmel wird dem Volk der Heiligen des Höchsten gegeben werden, dessen Reich ewig ist, und alle Mächte werden ihm dienen und gehorchen« (Dan 7,13; 7,9f; 7,27).

Die Zeit der ungerechten Mächte dieser Welt und der bösen Machthaber geht zu Ende und weicht der Übermacht des kommenden Christus. Er kommt und dann »werden ihn sehen alle Augen!« Noch ist er der verborgene Gott und seine Macht oft schwer erkennbar. Wie leicht ist es, ihn zu leugnen und zu sagen: »Wir wollen nicht, dass dieser über uns herrsche!« Aber der »Tag des Herrn kommt und ist nahe. Ein finsterer Tag, ein dunkler Tag« (Joel 2,1f). Das ist der Tag des Zorns, von dem Offenbarung 6,16 und 2. Thessalonicher 1,6-10 sprechen.

Dann wird der Schmerz der verworfenen Gnade sehr groß sein. Es ist der Tag der erkannten Schuld, und die Möglichkeit der Vergebung ist ungenutzt vergangen. Zerstochen haben ihn Juden und Heiden. Sacharja weissagt, dass die Juden um ihn wehklagen werden wie um einen einzigen Sohn (Sach 12,10). Der Prophet Johannes aber schaut, dass alle Geschlechter der Erde Jesus Christus mit ihrer Sünde ans Kreuz gebracht haben. Auch die sich neutral verhalten wollten, erkennen ihre Schuld an ihm. Das gilt von dem Tage seines sichtbaren Wiederkommens (Epiphanie seiner Parusie; 2. Thess 2,8). »Es werden wehklagen um seinetwillen alle Geschlechter der Erde. Ja, Amen« (Offb 1,7).

Als Johannes das hörte, sprach er: *»Amen.«* Nicht weil er die Rache liebte, sondern weil er Jesu Triumph sah, das Ende des Bösen und den Sieg der Gerechtigkeit und Liebe. Mit ihm begehren Christen das Ende der Zeit und den Beginn der Ewigkeit und beten: »Dein Reich komme!« – »Es komme die Gnade und vergehe diese Welt« (Abendmahlsgebet aus der »Apostellehre« um 90-130 n.Chr.).

Viel stärker als unser »Ja, Amen« ist die Bekräftigung, die der Ewige selbst gibt: »Ich bin das A und das O, spricht Gott der Herr, der da ist, und der da war und der kommt, der Allmächtige!« Gott garantiert das kommende Reich Christi.

Die erste Vision

Offenbarung Kap. 1-3

Offenbarung 1,9-20: Johannes, die Gemeinde, der Herr und seine Boten

Gegen Ende des 1. Jahrhunderts lebte von den Aposteln nur noch Johannes und er erlitt die Verfolgung unter Kaiser Domitian. Es war noch keine umfassende Verfolgung wie in späterer Zeit. Noch nahm man die Christen nicht ganz ernst und glaubte mit ihnen schnell fertig zu werden. Nichtsdestoweniger waren die Zeiten notvoll. Um des Wortes Gottes willen war Johannes auf die Felseninsel Patmos verbannt.

Er stellt sich vor als »Johannes, euer Bruder und Mitgenosse an der Trübsal und am Reich«. Mit Vollmacht richtet er der Gemeinde die Botschaft aus, die er als Prophetie empfangen hatte. Dass er tatsächlich im Licht der Gottesoffenbarung steht, zeigt sich auch an der demütigen Bescheidenheit, mit der er sich nicht als »Bischof«, sondern als Bruder vorstellt. Wer in Gottes Wahrheit lebt, kann auf den Firlefanz von Status und eigener Leistung gut verzichten. Er will nichts anderes sein als Diener und Knecht des Herrn (V. 1), durch den allein Jesus bezeugt werden soll.

Ein Bote des Herrn ist gekennzeichnet durch ein dreifaches Teilhaben an Gottes Werk, nämlich »an der Bedrängnis, und am Reich und an der Geduld in Jesus.« Er lebt in der Spannung zwischen dem jetzigen Leid und dem kommenden Reich und kann beides durchhalten durch die Geduld, die ihm von Jesus zufließt. Er weiß, dass sein Leiden sinnvoll ist, und nimmt die Last von Herzen an. Denn er leidet »um des Wortes Gottes willen und des Zeugnisses von Jesus!« Das ist die Tränensaat, die eine Freudenernte bringt (Ps 126).

»Ich war im Geist an dem Tag, der dem Herrn gehört« (griechisch: *en tä kyriakä hemera*). Ist das der Sonntag, von dem die Lieder singen: »Dies ist der Tag des Herrn.«? Dann ist es die einzige Stelle, die eine Nähe des Begriffes »Tag des Herrn« zum Sonntag zeigt. Sonst wird der Sonntag der »erste Tag der Woche« genannt (Mt 28,1; Mk 16,2; Lk 24,1; Joh 20,1; Joh 20,19; 1. Kor 16, 2). Der Begriff »Tag des Herrn« ist jedoch in der ganzen Bibel gefüllt mit der prophetischen Botschaft von dem Tag, an dem Gott kommt (Apg 2,20; 1. Kor 5,5; 1. Thess 5,2; Jes 2.12; 13,6ff; Hes 30,3; Am 5,20; Zef 1,14; Mal 3,19; Joel 2,11; 3,4).

Durch den Heiligen Geist öffnete sich Johannes die Weite der Ewigkeit, und es tat sich ihm »eine Tür im Himmel« auf (Apg 5; Apg 22,18). Der gleiche Geist ist nötig, um das vom Geist gegebene Wort zu verstehen. Wer anders, als der Heilige Geist, durch den dies Wort gegeben wurde, kann zum Verständnis dieser Botschaft helfen?

Mit mächtiger Stimme, »wie von einer Posaune«, traf es sein Ohr. So wurde das Kommen eines Königs angekündigt. Hier aber kommt der König aller Könige und spricht. Der Redende ist Jesus selbst. Er gibt den Auftrag, die Botschaft an die Gemeinden zu senden (1,11.19).

»Schreibe, was du gesehen hast (1,7-20), und was ist (2,1-14) und was geschehen soll danach (6,1-22,21).« Das bezieht sich auf die Eingangsvision den Zustand der Gemeinden und das Ziel der Gemeinde und Geschichte.

Das ist die Gemeinde Jesu

»Ich wandte mich um, zu sehen nach der Stimme, die mit mir redete«, berichtet Johannes, und »als ich mich umwandte, sah ich sieben goldene Leuchter!« Gottes Ruf drängt zur neuen Blickrichtung, weg von dem, was wir sonst vor Augen haben, hin zu dem, was Ewigkeitsgewicht hat. Ohne eine solche Wendung gewinnen wir keine rechte Schau in die wahre Welt Gottes. Und dort sehen die Dinge anders aus. Johannes wird es gleich sehen.

Wen anders sollte er nun sehen als Jesus selbst! Aber das erste, was er wahrnahm, war nicht der Herr, sondern er sah die Gemeinde im Bild der sieben goldenen Leuchter. Der siebenarmige Leuchter stand im Tempel vor dem Allerheiligsten. Ähnlich ist das Bild der sieben Leuchter. Der Tempel ist ein heiliger Ort! Denn »der Herr ist in seinem heiligen Tempel« (Hab 2,20). Wie ernst das genommen werden muss, zeigen die sieben Hirtenbriefe an die Gemeinden. Sie sind ein Ruf zur Heiligung, damit sie als das heilige Volk so leben, dass Gottes Name geheiligt werde. An dieser Aufgabe wird die hohe Berufung der Gemeinden anschaubar. Von ihrem Zeugnis öffnet sich der Blick zu Christus selbst. Die Gemeinde ist da, um der Welt Christus vor Augen zu stellen. Sie hat keine eigene Leuchtkraft, sondern ist der Leuchter fürs Licht. Wie ein Leuchter soll sie für den Herrn brennen. Doch wie armselig sah sie auf Erden aus!

Johannes sah, wie der Himmel die Gemeinde sieht. Die himmlische Schau zeigt sie in der Gestalt von sieben goldenen Leuchtern. Für Gott ist sie wertvoll und rein. Er hat sie sich erwählt, und vor ihm soll sie stets leuchten. Gott kennt ihre unlösbare Verbindung mit Christus und sieht ihre Zukunft. Ihre Tage sind nicht gezählt, denn sie gehört zur Ewigkeit. Sie gehört ja zum Reich Gottes, und das ist im Kommen, weil Jesus kommt. So sollen wir die Gemeinde sehen! Jesus will, dass wir um seinetwillen treu zu ihr stehen. In der Schau des Himmels ist das kleine, verachtete Gottesvolk erkennbar als das herrliche Gottesvolk. Der Herr lebt und offenbart sich in seiner Gemeinde und handelt durch sie.

So ist Jesus

Dann schaute er den »Menschensohn« in seiner Lichtfülle! Wie anders sah er aus! Das war nicht mehr der Lehrer, der durch Galiläa zog, nicht mehr der Angeklagte vor dem Hohen Rat, noch der

Hingerichtete, der ohnmächtig leidend am Kreuz starb. Hier sah er den Unbeschreibbaren, den er mühsam mit Bildern zu beschreiben versuchte. Lichtglanz umgibt ihn und zeichnet ihn als Priesterkönig aus. Er ist nicht um die Lenden gegürtet wie einer, der zur Arbeit geht, sondern nach Art einer Feierkleidung, nämlich um die Brust. Alles strahlt Priester- und Königswürde aus. Seinen Augen verhüllt sich nichts, seine Füße gehen unwiderstehlich ihren Weg. Sein Mund spricht Gottes Wort, das schärfer ist als ein zweischneidiges Schwert. Es trifft die Welt (2.Thess 1,7ff), aber auch die Gemeinde, um sie zu reinigen. Es wird deutlich: Seiner Macht sind keine Grenzen gesetzt. Ihm »ist gegeben alle Gewalt im Himmel und auf Erden« (Mt 28,18).

Jesu Bild ist manchmal einseitig gezeichnet worden. Es gab Zeiten, da sah man in ihm vor allem den fast unnahbaren Weltenrichter, dessen Heiligkeit die Liebe überdeckte. So zeigen ihn viele Mosaikbilder byzantinischer und orthodoxer Kirchen. Michelangelo malte Christus als den dreinschlagenden Weltenrichter, bepackt mit gewaltigen Muskelpaketen. Dann folgten die verharmlosenden, milden Bilder vom guten Hirten. Heute sehen viele in ihm vor allem den »lieben Heiland« und Freund, der zu trösten hat und zum Wohlbefinden helfen soll. Der hohe Ernst seiner Person wich einem sentimentalen Jesusbild, das viele Aussagen der Bibel ausblendet. Er gilt mehr als Freund, als Bruder, als Kumpel oder als »Kuschel-Jesus«. Wer er aber wirklich ist, zeigt das Evangelium, und dazu gehört auch dieser Bericht.

Himmelweit ist jedoch der Unterschied zwischen dem »lieben Gott« und dem liebenden Gott. Der so genannte »liebe Gott« ist ein Geschöpf menschlicher Vorstellungen und ein Machwerk unserer Wünsche, ein verharmloster Gott. Auch davon gilt das Gebot: »Du sollst keine anderen Götter neben mir haben. Du sollst dir kein Bildnis noch irgendein Gleichnis machen« (2. Mose 20,3f). Der liebende Gott hingegen ist der wahre Gott, der Gott der Bibel. Seine Größe sprengt jede Vorstellung. Er hat zu unserer Rettung getan, was in keines Menschen Herz und Vorstellung gekommen ist (1. Kor 2,9), machte sich zum Opfer für unsere Sünden und bezahlte aller Menschen Schuld am Kreuz. Der liebende Gott hat die Welt versöhnt und seine Boten bitten: »Lasst euch versöhnen mit Gott!« Wer das ausschlägt, für den ist Christus umsonst gestorben; er bleibt unter Gottes Gericht.

Jesus ist der Herr, der Heiland und Richter! Sein Wort ist »ein Geruch des Lebens für die, die gerettet werden. Ein Geruch des Todes für die, die umkommen« (2. Kor 2,12). Er rettet und schützt Sein Volk; er ist der ist der Richter der Welt (2. Thess. 1,7-10). Von ihm werden die Verlorenen einst rufen: »Verbergt uns vor dem Angesicht dessen, der auf dem Thron sitzt, und vor dem Zorn des Lammes. Denn es ist gekommen der große Tag ihres Zorns, und wer kann bestehen?« (Offb 6,16f). Jeder wird ihn entweder als Retter oder als Richter erleben! Das gilt es zu sehen, damit wir uns kein einseitiges, kein eigenes und falsches Bild von Jesus machen. Die Offenbarung zeichnet ein anderes Jesusbild, als wir es in den Evangelien finden, und stellt uns den vor, von dem Paulus schrieb: »Ob wir auch Christus gekannt haben nach dem Fleisch, so kennen wir ihn doch jetzt nicht mehr so!« Er kannte wohl die »Sanftmut und Güte Christi« (2. Kor 10,1), aber auch den über alles erhöhten Herrn, der »zu fürchten ist« (2. Kor 5,11).

ER ist der Herr aller Herren! Wer sich auf diesen König verlässt, hat festen Grund und glaubt richtig. Er ist nicht mehr auf der Straße des Verlierers, sondern des Siegers. Jesus Christus so zu sehen, das macht weder Spaß noch übermütig.

Zusammenbruch und Gnade

»Als ich ihn sah, fiel ich wie tot zu seinen Füßen.« In diesem Vorgang kommt die Wahrheit ans Licht, über Gott und uns selbst. Wer ist der, dem wir dienen? Sieh doch: Wie groß ist er! Himmelweit ist der Abstand zwischen Gott in der Höhe und dem kleinen Menschen in der Tiefe. Wie einst Jesaja, so bricht Johannes vor Gott zusammen: »Weh mir, ich vergehe!« Wer das begreift, nimmt sich nicht mehr so wichtig. Er glaubt nicht mehr an seinen Glauben, nicht an eine Gottesvorstellung, sondern an Gott selbst.

Was damals geschah, war keine harmlose Erbauungsstunde. Wir beobachten vielmehr einen Vorgang, in dem die Menschenfurcht an der Gottesfurcht stirbt; denn die Schau des Herrn und der Gemeinde und seines Dienstes war nicht erhebend, sondern erschütterte ihn tief, ja warf ihn zu Boden. Er war wie »am Boden zerstört«.

Johann Gerhard Oncken (1800-1870) war zu einem Hamburger Senator einbestellt worden. Der drohte ihm. Wenn er nur seinen kleinen Finger bewegen würde, sei es schlecht um ihn bestellt. Oncken antwortete: »Wer die starke Hand Gottes kennt, fürchtet den kleinen Finger eines Senators nicht mehr!« Jesus sehen; IHN sehen, wie ER wirklich ist! Daran stirbt die Menschenfurcht. Die Prager Juden sagten von einem, der gestorben war: »Er ist in der Wahrheit!« Schmerzlich wie ein Sterben ist es, wenn Gott uns in die Wahrheit bringt. Er hat eine herbe Art, uns zu segnen. Er demütigt und eben darin erhebt er uns! Denn wer so vor ihm kniet, dem legt der Herr segnend die Hände aufs Haupt. Der himmelhoch Erhöhte wohnt bei denen, die zerschlagen und demütig sind (Jes 57,15!).

So hat es Johannes erlebt und mancher vor oder nach ihm. Nach einer solchen Erfahrung kann ein Mensch nicht mehr weiterleben wie vorher, denn der Einbruch von Gottes Heiligkeit verändert und setzt die Maßstäbe neu. ER führt durch den Zerbruch eigener Vorstellungen und lässt nur eine Konsequenz übrig: Du bist der Herr!

Der Herr streckte seine rechte Hand aus. Das ist die Hand, die die Welt trägt und die durchbohrt wurde für die Welt. Sie richtet den Demütigen, der vor seinen Füßen liegt, auf. Wie liebevoll ruht sie auf dem zusammengebrochenen Johannes. Sie tröstet, wie einer von seiner Mutter getröstet wird. »Fürchte dich nicht«, spricht der Herr dem zu, der zu seinen Füßen liegt! Dort weicht »der schreckliche Glanz Gottes« dem milden Glanz, in dem ein kleiner Mensch sagen darf: »Du bist mein Gott und Tröster und ich bin dein Erlöster!«

Der Erhabene ist »der Erste und der Letzte«. Der den Anfang setzte, setzt das Ziel. Von dem alles Geschaffene ausgeht, bei dem mündet es ein. Zwar ist noch Zeit des Sterbens, aber doch hat der »Lebendige« den Triumph! Er hat ihn auch bei uns, die wir schuldig wurden. Er hat ihn um Seines Opfertodes willen: »Ich war tot, und siehe, ich lebe!« (1,18). Kein Mensch, kein Engel hat den Schlüssel, um das Verlorene wiederzubringen. Er aber hat die unumschränkte »Schlüsselgewalt«, und wir sind in seinen Händen. Darum sollen wir uns nicht fürchten, sondern glauben!

Jesu Boten

Johannes sah auch dies: »Er hatte sieben Sterne in seiner rechten Hand.« Wieder erklärt der Text: »Die sieben Sterne sind Engel, sind Boten der sieben Gemeinden.« Wer sind sie? Wie die »sieben Leuchter« die Gemeinde symbolisieren, so sind die Sterne ein Bildwort für die Boten Jesu an seine Gemeinde. »Engel« heißen auch die menschlichen Boten Gottes (Hag 1,13; Jes 44,26; Mal 2,7; Jak 2,25). Der Vorbeter in der Synagoge wurde auch »Bote der Versammlung« genannt. An diese Boten werden die Sendschreiben gerichtet, damit sie die Botschaft an die ihnen anbefohlenen Gemeinden weitergeben. Daniel 12,3 vergleicht die Lehrer der Gemeinde mit Sternen. Kurzum, in diesem Bild begegnen uns die Leiter der Gemeinde. Durch Boten spricht Jesus zu seiner Gemeinde, und von ihnen verlangt er Hirtendienst. Es kann ein Einzelner sein wie hier, und auch ein Leitungskreis wie z.B. in Ephesus.

Wer im Dienst Gottes steht, steht auch im Kampf. Wie manches Mal schreien seine Diener: »Herr, hilf uns, wir verderben!« Wohl stehen die Boten unter besonderen Lasten und Anfechtungen. Aber sie werden auch besonders getragen und geschützt durch die Hand des Herrn.

Was Johannes sah, ist auch ein Wort zum Verhältnis zwischen einer Gemeinde und ihrer Leitung. Die Ältesten dürfen nie vergessen, dass Jesus mitten unter den »sieben Leuchtern« lebt. Wie sie mit der Gemeinde umgehen, was sie ihr tun oder was sie nicht tun, das erreicht immer auch den Herrn selbst. Und die Gemeinde soll bedenken, dass ihr Umgang mit den Ältesten an ihr Verhältnis zu Jesus selbst rührt. Jesus selbst hält die Boten in seiner Hand, und wer sie zu Unrecht angreift, bekommt es mit der Hand des Herrn zu tun. Eine Gemeinde, die ihre Boten in Jesu Hand sieht, geht würdig mit ihnen um. Und Älteste, die ihre Gemeinde sehen, wie sie der Himmel sieht, gehen würdig mit dieser um.

Die Diener Christi werden nicht getragen von der Gunst der Gemeindemitglieder oder der Gunst der Gesellschaft. Uns trägt der erhöhte Herr! Wenn er uns hält, dann sind wir gehalten. Lässt er uns fallen, kann uns keiner mehr helfen. Darum sind Gottes Boten ganz und gar auf den Herrn selbst angewiesen. So soll es auch unsere erste Sorge sein, dass wir ihm gefallen und wir ihn im Glauben ehren; auch im Dienst an der Gemeinde. »Ob mich Menschen loben, tadeln, anerkennen, missverstehn; Herr, Dein Wohlgefallen droben soll mir über alles gehn!«

Als Johannes den Herrn so erlebte, ging es nicht um einen Leckerbissen für seinen Glauben, sondern um Zurüstung zum prophetischen Dienst an der Gemeinde. Die Gemeinde soll wissen, was gilt und was die »Stunde geschlagen hat«. Selig sind, die es lesen und behalten, denn »die Zeit ist nahe!« »Wer Ohren hat, der höre, was der Geist den Gemeinden sagt!« Wer das erlebt, sorgt sich nicht mehr so sehr, dass der ewige Gott vor, hinter, neben, um und unter ihm sei, wobei er selbst im Zentrum steht, um das Gott sich bewegen möge.

R. M. Rilke schilderte den Kampf des Engels mit Jakob in seinem Gedicht »Der Schauende«[3] sehr eindrücklich: »Wen dieser Engel überwand, welcher so oft auf Kampf verzichtet, der geht gerecht und aufgerichtet und groß aus jener großen Hand, die sich wie formend an ihn schmiegte. Die Siege laden ihn nicht ein. Sein Wachstum ist,

[3] Rainer Maria Rilke, *Das Buch der Bilder*.

der Tiefbesiegte von immer Größerem zu sein!« Immer ist Jesu Hand für seine Diener eine segnende Hand, verbunden mit seinem Wort: »Fürchte dich nicht, ich bin der Erste und der Letzte und der Lebendige. Ich war tot und siehe, ich lebe von Ewigkeit zu Ewigkeit und habe die Schlüssel zum Tod und zur Hölle« (V. 17f).

Er demütigt uns, um uns aufrichten und erheben zu können. Gottes gewaltige Hand macht uns klein und eben darin groß. Es ist Dienstgnade, wenn Jesus seinem Knecht seine rechte Hand auflegte und sprach: »Fürchte dich nicht!« Seine Hand richtet auf! Sie stärkt für den Weg und macht tüchtig zum Dienst. Sie schafft den aufrechten Gang vor den Menschen und dass wir uns selbst ertragen können. Eine schwere Hand ist es und eine segnende. Sie öffnet den Blick für den Herrn, der von Ewigkeit zu Ewigkeit lebt und alle Schlüssel zu allen Türen in der Hand hat.

So haben wir das nicht erfahren

Nun könnten wir sagen, so habe ich das nicht erlebt und durch solch eine Erfahrung ist mein Glaube nicht gegangen. Ein solches oder ähnliches Muster der Begegnung mit Jesus haben tatsächlich nur sehr wenige erlebt.

Aber solche außerordentlichen Erfahrungen sind für uns aufgezeichnet, nicht damit wir uns einbilden, wir müssten Moses, Jesaja oder Johannes werden. Wir sollen auf dem Weg über die Bibel Anteil an solcher Erfahrung haben, eben in der Begegnung mit Gottes Wort. Was die großen Zeugen erfuhren, ist Wort Gottes an uns »Normalverbraucher«. Wichtig ist das Ergebnis: Heute schafft Gott durch sein Wort und durch seinen Geist den Glauben, der mit tiefster Überzeugung bekennt: Mein Herr hat alle Macht! Er kommt bald! Und ich gehöre ihm.

Selig sind, die es lesen und behalten, denn »die Zeit ist nahe!« Unser Herr ist der Herr über alle Welt. Er kommt! Lasst uns ihm entgegengehen!

Offenbarung Kap. 2-3: Die sieben Hirtenbriefe

Manche haben in den sieben Hirtenbriefen die Geschichte der Gemeinde Jesu im Lauf der Jahrhunderte sehen wollen. Sie meinen, dass jede Gemeinde als Typus für eine Periode der Kirchengeschichte stehe. Im Schreiben an Ephesus sehen sie die Gemeinde zum Ende der apostolischen Zeit, im letzten Brief an Laodizea die Gemeinde vor der letzten Zeit. Aber man tut sowohl der Kirchengeschichte als auch den sieben Briefen Gewalt an, wenn beides miteinander harmonisiert werden soll.

Als der Herr durch Johannes die Offenbarung schenkte, bestanden alle sieben Gemeinden gleichzeitig. So zeigt auch die Kirchengeschichte zeitgleich Gemeinden, deren geistliche Verfassung sehr unterschiedlich war. Bis heute gibt es gesunde, kranke und sterbende Gemeinden. Wenn gesagt wird, die Hirtenbriefe Jesu würden sieben Zeitalter der Gemeinde Gottes beschreiben, dann muss gefragt werden, an welchen Stellen das Neue Testament von sieben Zeitaltern spricht. Es muss auch die Frage beantwortet werden, welche Geschichte welcher Ausprägung von Kirche gemeint ist. Wir wissen um die westlichen und östlichen Kirchen und auch um die, die J. G. Arnold im 17. Jahrhundert in seiner »Kirchen- und Ketzerhistorie« beschrieben hat.

Die Offenbarung ist ein prophetisches Buch. Göttliche Prophetie offenbart das Verborgene und kann sich auf die Vergangenheit, die Gegenwart oder Zukunft beziehen. Die sieben Hirtenbriefe Jesu gehören zu der Art von Prophetie, die den gegenwärtigen Zustand der Gemeinde offenbart und in Gottes Licht stellt. Aber sie geben noch keine zukunftsöffnende Prophetie, wie sie die anschließenden Kapitel bieten. Sie sind ein Heilandsruf zur Heiligung, ohne »welche niemand den Herrn sehen wird« (Hebr 12,14)! Wohl soll die Gemeinde wissen, was die Zukunft bringt (Ps 103,7). Aber nützlich ist solches Wissen nur denen, die auch bereit sind, ihrem kommenden Herrn zu begegnen. Die Sendschreiben zeigen Jesu Mühe um Pflege und

Heilung seiner Gemeinde. Sie sind ein Trost für die leidende Gemeinde und ein Bußruf an schlafende Gemeinden. Sie sind ein Weckruf.

Johann Albrecht Bengel bemerkte zu den Sendschreiben: »Als das Volk das Gesetz vom Sinai empfangen sollte, wurde es zuvor geheiligt. Als das Reich Gottes herbeikam, wurde es zuvor durch den Dienst des Johannes, vermittelst der Buße, vorbereitet.«[4] Ähnlich ist es mit den sieben Briefen Jesu an seine Gemeinde. Der erhöhte Herr wollte seiner Gemeinde die Zukunft zeigen und wie er die Welt vollenden wird. Wer dieses Privileg hat, wer in Gottes Plan hineinsehen darf, wer den Gerichten entrinnen soll und die Verheißungen empfangen, der höre zuerst die Sendschreiben! Siebenmal kommt der Befehl des erhöhten Herrn: »Schreibe!« Die Botschaft entspricht dem Wort des Propheten: »Reinigt euch, die ihr des Herrn Geräte tragt!« (Jes 52,11).

Inwiefern haben die Sendschreiben auch für die späteren Gemeinden Bedeutung? Wohl trifft Gottes Wort immer in eine bestimmte Zeit und Situation, und es ist für das Verstehen der Botschaft hilfreich, die Zeitumstände zu kennen. Weil aber »des Herrn Wort ewig bleibt«, darum wird es zur Botschaft für alle Zeit. Es ist »uns zum Vorbild geschehen« (1. Kor 10,6), damit wir in rechter Bereitschaft unserem Herrn entgegengehen können.

Offenbarung 2,1-7: Ephesus

Ohne Liebe ist alles sinnlos

Die Gemeinde in Ephesus empfing den ersten Brief. Die Viertelmillionen-Stadt war der wichtigste Knotenpunkt zwischen Orient und Europa. Hier residierte zeitweilig der römische Prokonsul und hier

[4] J. A. Bengel, *Gnomon. Auslegung des Neuen Testamentes in fortlaufenden Anmerkungen*, Berlin [6]1952, Anm. 1 zu Offb 2,1.

gab es einen hervorragenden Artemistempel! An diesem Platz irdischer Macht hatte Jesus seine Gemeinde. Er trat zu ihr mit der Machtfülle des Herrn im Himmel, gegen den alle irdische Macht zum Nichts wird. Er stellte sich seiner Gemeinde vor und nahm schon in der Art der Selbstbezeichnung Bezug auf die Lage der Gemeinde. Die Gemeinde soll wissen, wer der ist, der mit ihnen redet. Der Herr ist anwesend in seinen Gemeinden, und hat ihre Boten in seiner Hand. Ihn soll die Gemeinde vor Augen haben, und an seinem Anblick soll alles seine Ausrichtung empfangen. Nichts kann so ermutigen, als dieser Aufblick zum Herrn.

Nichts hilft auch so sehr zum rechten Umgang miteinander als das Wissen, dass er tatsächlich in unserer Mitte ist. Das regelt den rechten Umgang zwischen den »Boten« und den Gemeinden. »Er wandelt mitten unter den sieben goldenen Leuchtern!« – er ist also immer dabei. Es wird nachher deutlich werden, dass Jesus nicht als Zuchtmeister inmitten seiner Gemeinde lebt, sondern als der, dem die Liebe das Wichtigste ist. Sein Verhältnis zur Gemeinde ist das eines Bräutigams zur Braut. Das ist der Schlüssel zur folgenden Botschaft.

Höchstes Lob

»Ich kenne deine Werke und deine Mühsal und deine Geduld und weiß, dass du die Bösen nicht ertragen kannst; du hast geprüft, die sagen, sie seien Apostel, und sind es nicht, und hast sie als Lügner befunden und hast Geduld und hast um meines Namens willen die Last getragen und bist nicht müde geworden!« Welch hohes Lob ist das! Dieser Bote ist ein rechter Ältester und Bote Jesu! Er ist fleißig und gibt sich Mühe bis hin zur Mühsal. In unserer »Lach- und Spaßgesellschaft« hat Mühsal einen negativen Klang bekommen. Aber welche wahren Leistungen wurden ohne Anstrengung und äußerste Mühe erlangt? In diesem Leben sind Freude und Trauer, Anspannung und Entspannung, Bewegung und Ruhe notwendige

Gegensatzpaare. Erst der Hunger macht das Essen schön und die Müdigkeit das Schlafen. Jesus hat uns kein stressfreies Leben versprochen, aber ein erfülltes Leben. Lastenträger im Dienste Gottes sind gesegnete und segnende Leute. Sie säen mit Tränen und ernten mit Freuden (Psalm 126).

Dieser Bote hält geduldig durch, ist standfest, kann die Geister prüfen und greift, wo es nötig ist, durch. Er sucht nicht seine eigene Position zu festigen, sondern will, dass Christus der Herr sei. Seine Motivation zum Dienst ist klar, und was er leistet, tut er nicht, um sich einen Namen zu machen, sondern um Jesus zu ehren. Das hatte sich gezeigt, als umherreisende christliche Lehrer, die sich selbst Apostel nannten, in der Gemeinde ihre Lehren verbreiten wollten. Was sie lehrten, wissen wir nicht. Aber der Bote merkte schnell, dass diese Leute nicht echt waren. Er prüfte sie und entdekkte ihre Lüge. Er »kannte die heilige Grenze, die aller menschlichen Toleranz gezogen ist«[5]. Unter seiner Leitung hielten es die Bösen nicht aus und wurden ausgeschieden aus der Gemeinde (Apg 5,13). Das reinigte die Luft, half zu einer geistlichen Disziplin und hielt die Gemeinde gesund. Denn »nichts kann mehr ermüden als falsche Leute«[6].

Es ist gut denkbar, dass die Ausgewiesenen mit zornigen Reden und Drohungen weggegangen waren. Es ist ja nichts Neues, dass Leute, die die Gemeinde verlassen müssen, weil man ihren Überzeugungen nicht folgt, meinen und sagen, mit ihrem Weggang habe auch Jesus diese Gemeinde aufgegeben. Ob sie merken, dass sie sich damit fast mit Gott gleichsetzen? Jesus lobte den Mann, der Kurs hielt. Heilige Beweggründe leiteten ihn, und sie allein gelten vor Gott.

[5] Hanns Lilje, *Das letzte Buch der Bibel. Eine Einführung in die Offenbarung Johannes,* Berlin ^{2}1940, S. 67/Kap. III.1.
[6] J. A. Bengel, *Gnomon*, Anm. zu Kap. 2,3.

Umso verwunderlicher ist der Tadel. Er ist von höchstem Gewicht, denn er und die Gemeinde sind hochgefährdet. Wenn keine Umkehr und Korrektur erfolgt, wird Jesus den Leuchter wegstoßen – »wenn du nicht Buße tust!«

Die erste Liebe

»ICH habe gegen dich, dass du die erste Liebe verlässt!« Hart beieinander liegen die Gabe und die Gefahr. Seine Festigkeit und Beständigkeit, sein Achten auf die Reinheit der Lehre und des Lebens sind lobenswert. Aber wie leicht geht beim Kampf um Klarheit und Zucht und gegen den Irrtum die zarte Liebe verloren; die Liebe, die den andern auffängt, um ihn zum Ziel zu führen! Dann schlägt die Festigkeit in Härte um; aus Heiligen werden Eisheilige und aus Hirten Zuchtmeister.

Der Verlust an Liebe kann manche Ursachen haben. C. S. Lewis macht auf eine oft übersehene Ursache aufmerksam: »Nicht aus Mangel an Liebe haben sie es an Gehorsam fehlen lassen, sondern: weil sie nicht versucht haben, gehorsam zu sein, ist ihre Liebe erloschen.«

Es kann sein, dass die Liebe zu den Brüdern und Schwestern Schaden gelitten hatte. Das aber hängt fast immer zusammen mit dem Verlust an Liebe zu Jesus selbst. Denn die »erste Liebe«, das ist die Liebe im Brautstadium. Wer die erste Liebe verlässt, übt Untreue und Verrat und bricht den Bund mit Gott. Wir können uns mit dem Mund zu Jesus bekennen und seine Ordnungen gründlich halten und doch ist unser Herz kalt geworden.

Es gibt viele in der Gemeinde Gottes, die ihre erste Liebe zu Jesus verlassen haben. Ihre Herzen sind unterkühlt, vielleicht wie bei mancher Ehefrau. Als sie verlobt war und die Liebe brannte, waren ihre Gedanken bei ihm. Sie suchte ihm jeden Wunsch von den Augen abzulesen. Wenn sie seine Schritte auf der Treppe hörte, schlug ihr Herz höher und sie eilte, ihm aufzutun. Es war ein großes Glück, nahe bei ihm zu sein und etwas für ihn tun zu können. Das liegt nun lange zurück. Sie haben geheiratet. Sie macht sich nicht mehr für ihn schön. Es gibt kein Herzklopfen, wenn er kommt. Sie hat ihn ja. Aber ihr Herz weilt nicht mehr bei ihm, sondern vielleicht schon woanders. Wenn das Herz nicht mehr bei der ersten Liebe ist, kann leicht eine neue einbrechen, und das ist Untreue.

Denke doch an die Zeit, als du voller Freude für Jesus warst! Als es dich hinzog zur Gemeinde Gottes, um ihm zu begegnen! Da war das Bibellesen eine Entdeckung und das Gebet innig und erwartungsvoll. Da hingst du an Jesus mit voller Hingabe und konntest sagen: »Du weißt, Herr, dass ich dich lieb habe!« Dann aber gingen die Jahre ins Land und dein Verhältnis zu Jesus kühlte ab. Die Liebe schwand dahin. Vielfältige Untreue war die Folge. Du hast deine erste Liebe verloren. Manchmal ist es dir selbst nicht bewusst und auch nicht anderen erkennbar. Denn du kennst deine Pflichten und bist fleißig. Das möge niemand gering schätzen, denn Pflichterfüllung ist besser, als nach Lust und Laune zu handeln. Aber treue Pflichterfüllung ist nicht genug. Manch einer lebt in vielen Aktivitäten, so positiv beschrieben, wie bei dem Hirten der Gemeinde von Ephesus. Aber die vielen Aktivitäten können auch Flucht vor der inneren Leere sein, Flucht vor dem Nachdenken und vor dem Alleinsein mit dem geliebten Herrn. Wer nicht mehr gern mit Jesus allein ist, um mit ihm zu sprechen und seine Nähe zu erfahren, der hat die erste Liebe verlassen. Keine Aktivität kann die Liebe ersetzen, denn unsere Taten werden erst wertvoll durch die Liebe, und ohne Liebe sind wir mitsamt unseren Werken ein Nichts. 1. Korinther 13 hat das deutlich beschrieben.

Ohne Liebe wäre ich nichts!

So ernst nimmt der Herr die Liebe, dass er spricht: »Gedenke, wovon du gefallen bist, und tue Buße und tue die ersten Werke! Wenn aber nicht, werde ich über dich kommen und deinen Leuchter wegstoßen!« An der Liebe entscheidet es sich, ob unsere Beziehung zu Gott krank ist oder gesund, gesetzlich oder mit Leben erfüllt. Das beste Handeln wird schnell gesetzlich, wenn keine Liebe darin ist.

Gedenke! Denk zurück, denke nach! Und tue es unter dem Wort Jesu! Er spricht, und darin zeigt sich seine Liebe! Er hat die »erste Liebe« *nicht* verlassen. Seine Liebe ist ungebrochen und gibt Raum zur Rückkehr. Jesus wirbt um unsere Liebe! Ob wir es noch empfinden, wenn uns die Liebe fehlt? Ob ich mir meines Abfalls von der ersten Liebe bewusst werde? Und anerkenne, womit ich ihn sehr betrübt habe? Seine Liebe hat durchgehalten und ist nicht klein geworden. Der Herr bietet mir an, neu in den Bund mit ihm zu treten. Darum darf ich umkehren, denn er lockt mich dazu. Ich darf wiederkommen und sagen: »Herr, ich weihe mich dir. In Treue will ich dir allein gehören! Ich habe verstanden, was die Stunde geschlagen hat. Die Zeit ist da, aufzustehen vom Schlaf, um dir wieder ganz zu gehören. Denn die Hochzeit des Lammes naht und deine Braut bereitet sich! Ich komme zu dir und bitte dich um das Feuer der ersten Liebe.«

Unser guter Herr sucht die erste Liebe! Das ist die Treue zu Jesus, die sich an ihm genügen lässt und alles Vertrauen auf ihn setzt! Sie möchte ihm gefallen und heiligt sich für ihn mit allem was zu tun ist. Sie sehnt sich nach seinem Kommen und lässt uns einstimmen in den Ruf: »Amen, komm Herr Jesus!«

»Wer Ohren hat, der höre, was der Geist den Gemeinden sagt!« »Die Ohren der Seele sind der Glaube«, schrieb Clemens v. Alexandrien. Dies Gehör ist eine Gabe von oben: »Ein hörendes Ohr und ein sehendes Auge, die gibt beide der Herr« (Spr 20,12). Wer beides hat, übe sich im Hören auch auf dieses Wort Jesu: »Wer überwindet, dem will ich zu essen geben von dem Baum des Lebens, der im Paradies Gottes ist!« Der Lebensbaum ist das Zeichen der Wiederherstellung des Paradieses. »Einmal wird die göttliche Ordnung der Dinge wiederhergestellt sein!« (Lilje). Daran soll der Sieger Anteil haben, und das ist Leben in höchster Fülle.

Offenbarung 2,8-11: Smyrna

Arm und doch reich!

Es gibt Reiche, die arm sind, und es gibt Arme, die sind reich. Ich begriff es in armen Ländern, denn dort sah ich mehr fröhliche Gesichter als in unserem Wohlstandsland. Arm und doch reich war auch die Christengemeinde in Smyrna. Es war eine Gemeinde unter dem Kreuz. In Gottes Augen war sie tadellos!

Die »arm-*selige*« Gemeinde lebte in der reichen Hafenstadt Smyrna, einem Hauptumschlagplatz für den Ost-Westhandel. Sie galt nicht als vorbildlich, war verachtet, wurde verfolgt und sah neue Leiden und Verfolgungen auf sich zukommen. Smyrna steht für die arme, leidende Gemeinde; über ihr liegt beides, sowohl der Schatten wie auch der Glanz des Kreuzes Christi. Wie Christus gelitten hat, so lebte sie in Niedrigkeit und Verfolgung bis hin zur tödlichen Bedrohung. Ihre ärgsten Feinde waren Juden, also Leute aus Gottes eigenem Volk. Mit dieser Gemeinde war kein Staat zu machen und von ihr werden keine besonderen oder lobenswerten Dinge gesagt. Aber sie bekommt keinen Tadel, sondern nur Ermunterung und Verheißung. Jesus stellte sich ihr verheißungsvoll vor und sagte ihr tröstlich, wer der ist, der nun zu seiner Gemeinde redet.

»Das sagt der Erste und der Letzte«

Was es bedeutet, dass Jesus der Erste ist, lesen wir in Kolosser 1,15-17: »Er ist das Ebenbild des unsichtbaren Gottes, der Erstgeborene vor aller Schöpfung. Denn in ihm ist alles geschaffen, was im Himmel und auf Erden ist …, es ist alles durch ihn und zu ihm geschaffen. Er ist vor allem, und es besteht alles in ihm!« Johannes 1,1-3 steht geschrieben: »Im Anfang war das Wort (= Jesus Christus), und das Wort war bei Gott, und Gott war das Wort ... Alle Dinge sind durch dasselbe gemacht, und ohne dasselbe ist nichts gemacht, was gemacht ist!«

Er sprach das erste Wort, und weil er der Schöpfer ist, ist er auch der Eigentümer aller Dinge. Er kann darüber verfügen und wird auch das Wort sprechen, mit dem alles Geschehen zu seiner Vollendung findet. Über ihn hinaus gibt es nichts Weiterführendes und keine noch höhere Offenbarung. Er ist nie am Ende und ist nicht das Ende. Denn der am Ende ganz groß dasteht, der schafft den Anfang einer neuen Schöpfung. »Siehe, ich mache alles neu!« (Offb 21,5).

Ihn in seiner Größe zu schauen, das hilft einer trostbedürftigen Gemeinde und auch trostbedürftigen Christen. Die Gemeinde unter dem Kreuz braucht die Schau des erhöhten Herrn. Denn aus dieser Schau wachsen Durchhaltekraft, Treue und Überwinden. Dazu hilft das Hören auf sein Wort. Seine Worte haben große Wirkung.

Der angefochtenen Gemeinde war die Aufgabe zu groß, die Kraft zu klein und der Feind zu stark. Ihrem Mangel trug der Herr Rechnung und sprach: »Das sagt der ..., der tot war und ist lebendig geworden!« Oft dachte und sprach Gottes angefochtenes Volk: »Es ist aus mit uns« (Hes 37,11). Aber die Christusgemeinde ist nicht dem Tod ausgeliefert (Mt 16,18). Wohl ist sie von Feinden umgeben, aber um diesen Belagerungsring der Finsternis her steht der Herr über Tod und Leben.

Was das bedeutet, macht eine Episode aus den Elisaberichten deutlich. Elisa und sein Diener waren von der feindlichen Macht umzingelt (2. Kön 6,16f) und der Diener gab schon alles verloren. Elisa sah tiefer und sprach: »Fürchte dich nicht, denn derer sind mehr, die bei uns sind, als derer, die bei ihnen sind!« Auf Elisas Gebet hin öffnete Gott dem Diener die Augen und er sah die gewaltige Übermacht, die sich schützend um den Propheten gelagert hatte. So umgibt Gott seine Gemeinde.

»In der Welt habt ihr Angst, aber ich habe die Welt überwunden!« (Joh 16,33). Dieser Spruch hing bei meiner Tante und ich meinte als

Kind, das sei kein Trost für Leute, die noch in der Welt sind. Aber da fehlte mir noch der Blick für das, was Jesus den Seinen ist. Es gibt für uns nichts, was er nicht verstehen könnte. Sein Geborenwerden war Anfang des Sterbens. Gethsemane, Geißelung, Kreuz – Jesus starb vielfältig. Er weiß, was Bedrängnis ist, und kann verstehend und glaubwürdig sagen: »Ich kenne deine Bedrängnis!«

An seinem Weg hat die Gemeinde Anteil in seinem Sterben und seiner Auferstehung. Er geht voran und die Gemeinde folgt ihm auf seinem Weg über den Karfreitag zum Ostermorgen. Weil er lebt, wird sie mit ihm leben!

Die Gemeinde im Leiden soll wissen, dass seine Augen die Lage längst erfasst haben und segnend auf ihr ruhen. Er weiß um die Bedrängnis, die das Herz mehr als alles andere trifft. Denn schmerzlicher als die Verfolgung durch gottlose Heiden ist die Verfolgung durch solche, die im Namen Gottes auftreten als Bewahrer heiliger Tradition und als Bevollmächtigte: »Ich kenne … die Lästerung von denen, die sagen, sie seien Juden, und sind's nicht, sondern sind die Synagoge des Satans.« Damals kämpften sie unbarmherzig gegen die verächtliche »Sekte« und wollten sie wie Unkraut ausrotten. Nach einem alten Bericht sollen sie sich soweit vergessen haben, dass sie mit den Heiden riefen: »Unsere Götter sind bedroht!«[7] Sie waren überzeugt: »Wir sind Juden, sind die Auserwählten! Ihr aber seid Unrat!« Wie viel Selbsttäuschung findet sich gerade bei den religiösen Fanatikern und »Rechtgläubigen« jeder Prägung! Jesu Wort entlarvt ihren bösen Eifer und falschen Glauben: »Sie sind des Satans Synagoge!« Sie sind Werkzeuge des Bösen, durch die der Teufel handelt: »Der Teufel wird einige von euch ins Gefängnis werfen, damit ihr versucht werdet.«

Wie tief kann Gottes Volk fallen! Wie aus Israel eine Synagoge des Satans werden kann, so kann aus der Kirche Christi eine Kirche des Satans werden. Auf die Zeit der Verfolgung von Christen durch

[7] H. Lilje, *Das letzte Buch der Bibel*, S. 69/ Kap. III. 2.

Juden folgten auf schrecklichste Weise lange Zeiten der Verfolgung der Juden durch Christen. Aber wer sich Christ nennt und im Namen Gottes Böses tut, arbeitet dem Teufel in die Hände.

Gemeinde unter dem Kreuz

Das weitere Leiden der Gemeinde war vorprogrammiert. Doch der Herr tröstete sie mit dem Wort: »Ich kenne … deine Armut, du bist aber reich!« Reich? Worin denn? Nicht in Besitz und Einfluss bei Menschen. Ihr Reichtum ist Jesus! Er allein! Für uns allein sind wir wie der Dornbusch in der Wüste, in dem Gott einst dem Mose erschien (2. Mose 3,2). Wir haben keinen Eigenwert, aber es ist unser Wert, dass der Herr der Herrlichkeit in unserer Mitte wohnt.

Es ist schon ein merkwürdiger Trost, wenn Jesus sagt: »Fürchte dich nicht vor dem, was du leiden wirst …!« Verständlicher wäre es uns, wenn er sagen würde: »Fürchte dich nicht, denn es wird dir wohl ergehen! Der Wind wird dir nicht ins Gesicht blasen, sondern du wirst immer Rückenwind haben.« Aber so spricht er nicht, sondern sagt, dass wir das Leiden nicht fürchten sollen. Leidensscheu wäre schon eher zu fürchten.

Leiden gehört zum normalen Lernprogramm Gottes und ist keineswegs sinnlos. Es kann der Gemeinde nichts geschehen, als was ihrer Formung dienen muss. Denn »durch die Leiden prägt der Meister in die Herzen, in die Geister sein allgeltend Bildnis ein!« Darum hatte Paulus geschrieben: »Wir sagten euch voraus, dass Bedrängnisse über uns kommen würden« (1. Thess 3,4). Und: »Wir müssen durch viele Bedrängnisse in das Reich Gottes eingehen« (Apg 14,22).

Von sieben erwähnten Gemeinden waren nur zwei untadelig, Smyrna und Philadelphia. Die letztere hat im Lauf der Kirchengeschichte manchen als Vorbild gedient bis dahin, dass man gern ihren Namen übernahm, um an Philadelphias »offener Tür« und Rettung aus der Trübsal Anteil zu beanspruchen. Von Smyrna ist mir das nicht bekannt. Das hängt wohl damit zusammen, dass mit Philadelphia Gelingen verbunden wird, mit Smyrna aber das ungeliebte Leiden.

Das 20. Jahrhundert hat wohl die meisten Blutzeugen Jesu zu vermelden, weniger hier in Europa, aber an vielen anderen Plätzen der Welt. Doch wird die Verfolgung zur antichristlichen Zeit wiederkommen und unseren Glauben auf den Prüfstand bringen. Darauf gilt es die Gemeinde vorzubereiten.

»Synagoge des Satans«, das ist das schärfste Wort über eine Gottesgemeinde, die sich gegen den Christus Gottes gestellt hat. Ihr steht die Gemeinde gegenüber als das wahre Israel der Erwählten aus Juden und Heiden (Gal 6,16; Phil 3,2-8). Gemeindeleben ist eine »Schule« Gottes, auch eine Leidensschule nach Jesu Vorbild. Das Ziel ist, »dass Christus in euch Gestalt gewinne« (Gal 4,19). Ihr Lernstoff besteht darin zu erkennen, dass sie nicht selbst etwas sind, sondern dass Christus alles ist. An der Stellung zu ihm zeigt sich das wahre Israel.

Der Ruf zur Treue

Keine Liebe ist größer als Gottes Liebe. Aber es ist eine herbe Liebe. Er erspart seiner Gemeinde nicht das Kreuz. Das brachte der Gemeinde Gefängnis und Leid. Aber Gott setzt auch der Trübsal eine Grenze und befristet sie. In den Notzeiten wird es sich zeigen, was uns am wichtigsten ist und ob wir bereit sind, um Jesu willen Opfer zu bringen. Petrus schrieb (1. Petr 1,7): »Euer Glaube soll als echt und viel kostbarer befunden werden als das vergängliche Gold!« »Sei treu bis an den Tod, so will ich dir die Krone des Lebens geben!« Und »wer überwindet, dem soll kein Leid geschehen von dem zweiten Tod«! Hinter der Nacht steht der neue Tag Gottes. Hinter dem Leid wartet die ewige Freude. Der schwere Weg führt zum herrlichen Ziel. Die Gemeinde hat eine große Zukunft und ist ein hoher Würdenträger im kommenden Gottesreich. Denn die Überwinder werden die Krone tragen. Jesus hat sie »zu Königen und Priestern vor Gott, seinem Vater« (Offb 1,6; 5,10) gemacht. Das ist ewiges Leben unter höchster Berufung. Wer das lohnenswerte Ziel sieht, kann auch durchhalten. Er weiß, dass alles Leid vergeht und alle Freude vollkommen wird. Das macht Mut, Treue zu halten bis an den Tod, bis zu jenem Augenblick, wo uns die Kräfte verlassen und wir in seine Arme sinken und er uns in seine »Wohnungen« trägt. Bis »*an* den Tod« – das reicht.

Die Flucht vor dem zeitlichen Leid um des Namens Jesu willen bringt ewiges Leid und den »zweiten Tod«, der für ewig von Gott trennt. Aber die um Jesu willen leiden, werden herrlich triumphieren. Treue wird die Krone tragen! »Wer Ohren hat zu hören, der höre, was der Geist den Gemeinden sagt!«

Aus der Zeit Martin Luther Kings ist der Satz bekannt: »We shall overcome!« Wir können überwinden! Denn Jesus ist der Herr über alles, über Leben und Tod. Die ihm gehören, sind auf dem Weg zur Herrlichkeit und Gott wird abwischen alle Tränen von ihren Augen.

Offenbarung 2,12-17: Pergamon

Dennoch am rechten Platz

Wer hat sich noch nicht gefragt, ob er dort, wo er lebt, auch am rechten Platz sei. Vielleicht dachte er weiter: »Wenn ich woanders wäre, würde mein Christsein besser gelingen. Könnte ich ein beschauliches Pastorendasein führen oder in einem Reichsgotteswerk mitarbeiten, würde das auch meinen Glauben stärken.« Aber das sind trügerische Gedanken. Denn entweder bewähren wir uns, wo wir sind, oder nirgends. Der beschwerliche Ort wird zum Echtheitstest und zeigt, was wirklich mit uns los ist. Der Humorist Wilhelm

Busch hat es so gesagt: »Wenn wer sich wo als Lump erwiesen, / so setzt man in der Regel diesen / zum Zweck moralischer Erhebung / in eine andere Umgebung. / Der Ort ist gut, die Lage neu. / Der alte Lump ist auch dabei!« Ortswechsel können nützlich sein, sind aber kein Allheilmittel. Wichtig ist, dass wir dort sind, wo Gott uns haben will.

»Ich weiß wo du wohnst!« Mit diesem einfühlenden Herrenwort kommt der Standort der Gemeinde in unseren Blick. Sie lebt, »wo des Satans Thron ist!« Seit 1878 sind in Pergamon Ausgrabungen vorgenommen worden, die die kaum geahnte Pracht einer großen hellenistischen Stadt aufgedeckt haben. Den gewaltigen Zeusaltar kann man in Berlin bewundern. Pergamon war höchst beeindruckend. Dort wohnte der Reichtum und das Wissen. Die Stadt beherbergte eine der wertvollsten Bibliotheken des Altertums. Auch der römische Statthalter residierte in Pergamon. Pallas Athene wurde in ihrem Tempel als Göttin der Kunst und Wissenschaft verehrt. Der Kaiserkult hatte seit 29 v.Chr. seinen ältesten Tempel in dieser Stadt. Hier stand auch der berühmte Tempel des Äskulap, dem Arzt, dem göttliche Ehren zuteil wurden, obwohl es den Begriff »Götter in Weiß« noch nicht gab. Das Heiligtum galt als wundertätig und zog die Pilger an. »Man könnte es geradezu das Lourdes seiner Zeit nennen.«[8]

Die Zusammenballung von Tempeln trug dazu bei, dass Menschenströme nach Pergamon pilgerten. Pilgerfahrten scheinen einem Bedürfnis des Menschen zu entsprechen. Fahrten nach Campostello, Lourdes, Wittenberg, Toronto oder auch evangelikale Leuchtpunkte zeigen dies. Nach Pergamon kamen die Verehrer von Kunst und Wissenschaft, um hier die Maßstäbe ihres Handelns und Lebens zu erforschen. Macht und die Heilkunst wurden angebetet. In Pergamon konzentrierte sich die Kraft hellenistischer Religion und Lebensart. Hier präsentierten die Mächte der Welt »ihre Herrlichkeit« (Mt 4,8).

[8] H. Lilje, *Das letzte Buch der Bibel*, S. 72/Kap. III. 3.

Was in den Augen der Welt groß aussieht, beurteilen Gottes Augen anders und nennen eben diese Stadt »des Satans Thron«! Denn von hier ging ein besonderer Widerstand gegen das Evangelium aus. Hier prallten Heidentum und christlicher Glaube außerordentlich aufeinander. Nirgendwo scheint die Gemeinde so angefochten gewesen zu sein. Sie kämpfte in vorderster Front, im Angesicht des Satans.

Was sie an diesem Platz zu suchen hatte? Sie war nicht aus Lust und Laune hier und hatte sich den Platz nicht selbst ausgesucht. Gott hatte sie hierher beordert. Am gerichtsreifen Platz hatte er Menschen gewonnen und eine Gemeinde wachsen lassen. Die Gemeinde war am rechten Ort, weil Gott durch sie nach seiner verlorenen Welt rief. Sie war nicht überfordert, weil Jesus bei ihr war und ihr einen Tisch im »Angesicht« ihrer »Feinde« bereitete (Ps 23).

Die Kirchengeschichte zeigt, dass Christen der Auseinandersetzung mit dem Heidentum nicht aus dem Weg gegangen sind. Das Fällen der Donarseiche bei Geismar durch Bonifazius, die Zerstörung des Svantevitheiligtums in Arkona auf Rügen oder der Weg katholischer Missionare bis an den chinesischen Kaiserhof – immer wurde das Evangelium in zentrale Orte des Heidentums getragen.

Für unseren Herrn gibt es keine unhaltbaren Plätze. Wohl fühlt die Gemeinde ihre Ohnmacht und geht auch den Weg des Leidens. Aber sie geht hinter dem her, der vorangeht und das »scharfe, zweischneidige Schwert« trägt. Schwert (griechisch: *romphaia*) das ist wohl die schwere, auf der Schulter getragene Waffe der Trazier gewesen, vielleicht vergleichbar dem »Bihänder« der Doppelsöldner des späten Mittelalters. Es ist ein Bild für die Gewalt des Herrn.

Jesus ist »alle Gewalt im Himmel und auf Erden« gegeben. Wer unter seinem Befehl steht, marschiert auf der Straße des Siegers. Selbst wenn die Gemeinde im Angesicht der Hölle wohnen muss, wo »des Satans Thron ist«, muss sie doch nicht weichen. Wenn wir nur dort sind, wo der Herr uns den Platz zugewiesen hat, dann wird er dafür sorgen, dass sein guter Wille geschieht. So können wir nach Jesu Art und Vorbild überwinden. Wir werden seine Kraft *nur* an dem Platz erleben, den er uns zugewiesen hat. Entweder wir erweisen uns dort als seine Jünger, wo er uns hin befiehlt, oder wir sind es nirgends. Darum sollen wir uns hüten vor unseren eigenen Wegen und selbst gewählten Quartieren. Lot hatte sich Sodom selbst erwählt und erlitt großen Schaden (1. Mose 13). Es ist ein Unterschied, ob sich Lot seinen Platz in Sodom *erwählte*, oder ob ein Jona nach Ninive *gesandt* wurde. Diese Gemeinde war an diesen Ort befohlen worden.

Nun könnte jemand überlegen, ob es sich nicht leichter in Pergamon leben lasse, als in christlicher Umgebung. Denn es sei leichter von den Gottlosen Unrecht zu ertragen als von den Brüdern und Schwestern. Aber ist es nicht Hochmut und fehlende Demut, wenn wir die Fehler der Glaubenden nicht ertragen können?

In gottloser Umgebung überwinden

Jesu Lob an seine geprüfte Gemeinde zeigt es: »Du hältst an meinem Namen!« In Pergamon glänzten andere Namen wie Pallas Athene, Divus Augustus, Asklepios. Sie versprachen Wissenschaft, Macht und Gesundheit. Da galt der Name Jesu nichts und war verachtlich. Er stand für Rückständigkeit und Dummheit, denn das Wort von ihm ist den Juden ein Skandal und den Griechen eine Torheit (1. Kor 1,30). Da ist es nichts Geringes, den Namen Jesu zu bekennen. Und eben das hat eine hohe Verheißung! Christi Schmach zu tragen gehört zum Christsein, ebenso wie das Bekenntnis des Paulus: »Ich schäme mich des Evangeliums von Christus nicht!« (Röm 1,16). Jesus sagte seiner Gemeinde: »Du hast den Glauben an mich nicht verleugnet!« Das ist der Glaube, den er durch seinen Geist gibt. Dieser bindet vertrauensvoll an Jesus und lehrt uns, ihm zu folgen. Dieser Glaube macht Nachfolger aus Liebe; Leute, die nicht nur mitgehen zur Hochzeit nach Kana, sondern auch nach Golgatha und unter seinem Kreuz bleiben.

Dieser Glaube hatte sich in Pergamon in den »Tagen des Antipas« gezeigt, als die Verfolgung aufflammte und Antipas ihr Opfer wurde. Jesus spricht von ihm nicht als von einem Zeugen, der einmal da war, sondern der da ist. Denn Antipas lebt! Er lebt bei Gott und redet bis heute durch sein Vorbild.

»Aber ich habe einiges gegen dich!«

Wenn Jesus das sagt, ist das nichts Geringes und keine Belanglosigkeit. Auch das Kleinste, das zwischen ihm und uns steht, kann sich gefährlich auswachsen. Darum muss es beseitigt werden. Der Tadel zeigt, dass Satan sich nicht ohne Erfolg um einen Einbruch bemüht hat. Ein kleiner Riss im Damm weitet sich leicht aus zu einem Dammbruch. Es handelt sich nicht um einen Schönheitsfehler, sondern eine aufsteigende tödliche Gefahr.

Welche? Einige Gemeindeglieder hielten sich zur »Lehre Bileams«. 4. Mose 31,16-25 zeigt den Rat, den der heidnische Prophet Bileam dem König der Moabiter, Balak, gab. Er wusste, dass Gott unwiderstehlich zu Israel stand. Würde aber Gottes Volk untreu werden und sich mit den Heiden vermengen, müsste Gott sich gegen sein Volk stellen und es strafen. Auf Grund dieses Rates dienten sich die Mädchen Moabs den Israeliten an und hurten mit ihnen. So kam Gottes Gericht über Israel.

Etwas Vergleichbares muss es in Pergamon gegeben haben. Neben dem opferbereiten Antipas gab es Mitglieder, die sich der Praxis heidnischer Unmoral ergeben hatten. Gott hatte die Scheidung vom Lebensstil dieser Welt geboten (2. Kor 6,14ff; Röm 12,1ff). Er will Treue zu ihm, zu seiner Gemeinde, Treue in Ehe und Familie. Sie aber meinten das anders verstehen zu dürfen. Sie gingen in die Götzentempel, übten sexuelle Unmoral und lebten unter dem Mantel christlicher Freiheit gegen Gottes Gebote. Man sündigte mit dem Hinweis auf die große Gnade Gottes. Dadurch ruinierten sie nicht nur sich selbst, sondern verführten auch andere Mitglieder der Gemeinde.

Vielleicht wiesen sie auch darauf hin, dass man mit der Welt leben müsse, um sie gewinnen zu können. Bengel schrieb: »Wo man die Weltleute zu gewinnen meint, wird oft darüber das Christentum verloren.« Jesu Urteil über solche Art heißt: »Das hasse ich!« Tatsächlich, Gott kann hassen. Er hasst das Böse. Maleachi 2,16 steht: »Handle nicht treulos. Denn ich hasse Scheidung, spricht der Herr!« (Elberf. Übers.). Gibt es Gefährlicheres?

»Tue Buße; wo aber nicht, so werde ich bald über dich kommen und gegen sie streiten mit dem Schwert meines Mundes!« Das ist eine schwere Drohung. Das mächtige Schwert seines Sieges kehrt sich gegen die, die am Gottwidrigen festhalten. Sein Schwert ist zweischneidig. Es trifft die Feinde und auch sein Volk, sofern es unbußfertig ist. »So wir aber uns selber richteten, so werden wir nicht gerichtet!« Das Schwert des Sieges wird zum Richtschwert, wenn wir uns gefangen nehmen lassen vom Geist dieser Zeit und den Verlockungen zum Friedensschluss mit der Sünde. »Darum gehet aus von ihnen und sondert euch ab, spricht der Herr, und rühret kein Unreines an, so will ich euch annehmen und euer Vater sein!«

Die große Verheißung

»Wer Ohren hat, der höre, was der Geist den Gemeinden sagt!« Unübersehbar ist, dass der Ruf zur Buße der Ruf zur Gnade ist. Darum beschließt der Herr die Botschaft mit einer großen Verheißung: »Wer überwindet, dem will ich geben von dem verborgenen Manna und will ihm geben einen weißen Stein, und auf dem Stein ist ein neuer Name geschrieben, den niemand kennt als der, der ihn empfängt.« Israel hatte bei der Wüstenreise Manna vom Himmel empfangen. So gibt es heute ein verborgenes Brot, eine geheime Kraft vom Himmel, die zum Überwinden stärkt. Es liegt ein Geheimnis im Empfang geistlicher Wegzehrung. Es entzieht sich jeder Analyse, wird aber in der Stille vor Gott empfangen, im betenden Lauschen auf sein Wort, im Lob und in der Anbetung; auch im Abendmahl.

Am Ziel angekommen wartet die große Gabe der Vollendung, die verbunden ist mit einem »weißen Stein!« Schwarzer oder weißer Stein, das war die Gerichtsentscheidung über Schuld oder Freispruch. So wird der Herr an seinem Tag die freisprechen, die an Jesu Namen festgehalten haben und Treue übten. Die Welt sprach sie schuldig und gab ihnen den schwarzen Stein. Aber Christus hat auf Freispruch erkannt und wird es am Ziel auch tun. Es bleibt dabei: »Es gibt kein Verdammungsurteil für die, die in Christus Jesus sind« (Röm 8,1). Dort wird das Wort endgültig erfüllt.

Mit diesem großen Freispruch ist der neue Name verbunden. Er zeigt vollmächtig das neue Sein an. Dann ist alles Sündige ausgelöscht. »In Wort und Werk und allem Wesen sei Christus und sonst nichts zu lesen«, das vollendet sich am Ziel.

Der Herr über alles wird als Haupt seiner Gemeinde mit jedem Überwinder sein eigenes, segnendes Geheimnis haben, wird mit jeder geistlichen Persönlichkeit persönliche Gemeinschaft pflegen. Und jeder Überwinder wird seinen eignen Anteil an Jesus haben und seine persönliche, göttliche, originale Prägung! Jeder wird ein Unikat aus Gottes Hand sein.

Offenbarung 2,18-29: Thyatira

Liebe ist nicht genug!

Wer hat wohl noch nicht gelitten unter der Spannung zwischen Wahrheit und Liebe? Es gibt ja eine widerspenstige Eintracht zwischen beiden und diese darf nicht aufgelöst werden. Der Hirtenbrief geht auf dieses Problem ein.

Thyatira scheint eine unbedeutende Gemeinde gewesen zu sein, von der eine Sekte des 2. Jahrhunderts (Aloger) sogar behaupten konnte, in Thyatira gäbe es gar keine Gemeinde. Das könnte Unwissenheit gewesen sein, doch man kann auch daraus schließen, dass diese Gemeinde nicht mehr existierte. Dann würde dieser Brief die letzte Möglichkeit zur Umkehr eröffnet haben.

Der geringen Gemeinde stellt sich Jesus vor als der Allerhöchste, der mit Macht und Hoheit angetan ist. Es ist eine Hoheit von der Art der Heiligkeit, die das Unreine nicht duldet und die Wahrheit liebt. Ein Erweckungslied aus Lappland (Ruotsalainen) besingt die sanften, liebevollen Augen Jesu. Zu Recht! Aber Jesus hat auch »Augen wie Feuerflammen«. Vor seinem Blick gibt es kein Verstecken und Verbergen. Wie ein guter Arzt, der dem Patienten die Diagnose stellt, benennt er die Krankheit und zeigt das Heilmittel. Die Worte, mit denen sich Jesus seiner Gemeinde vorstellt, zeigen es an: Diese Gemeinde ist dabei, sich zu vergiften, und braucht dringend Reinigung. Er spricht zu ihr in der Vollmacht, die allein »der Sohn Gottes« hat. Der Tadel ist umso überraschender, als der Gemeinde auch höchstes Lob zuteil wird.

Vorbildliche Liebe ist nicht genug

Dem Boten der Gemeinde werden die Werke der Liebe bescheinigt; ebenso Glauben, Dienst, Geduld und »dass du je länger je mehr tust!« Mit Herz und Liebe hat der Leiter seinen Dienst getan. Seine Geduld hat manchen herumgeholt, der von andern vielleicht aufgegeben worden wäre. Er gehört nicht zu denen, die mit ihrem Urteil schnell bei der Hand sind und kaum Erbarmen kennen. Einfühlsam geht er auf die ihm Anvertrauten ein. Er sieht nicht den Splitter in des Bruders Auge, denn er weiß, dass er selbst gefährdet ist. Gott hat ihm Gnade geschenkt, und das treibt ihn zum liebevollen Tun und zu größerem Einsatz zum Lob der Gottesliebe (2. Kor 4,1). Er war ein vorbildlicher Hirte und sympathischer Dienstträger.

Seine Liebe war über jeden Tadel erhaben. Er hatte nichts Böses getan, und dennoch trifft ihn der Tadel des Herrn. Denn dort, wo er gegen das Übel hätte einschreiten müssen, hat er es nicht getan. Es tröstete ihn, dass die Liebe langmütig sein solle und nimmer aufhören dürfe! So ertrug seine Liebe auch das Unrecht und Übel. Was war geschehen?

Das Übel trug den Namen Isebel. Die Königin Isebel aus den Ahabsberichten war durch Einheirat ins Gottesvolk gekommen und hatte Israel zum Abfall und Götzendienst verführt. Wenn Gottes Volk abweicht vom Herrn, ist das in der Sprache der Propheten von Hoseas Zeit an »Hurerei« und »Ehebruch«. Man hat gefragt, ob es sich bei Isebel um ein Symbol für die Untreue im Gottesverhältnis oder einfach um eine Person dieses Namens handle, und ob es hier um tatsächliche sexuelle Verirrungen geht. Beides ist möglich und wahrscheinlich. Denn Beobachtungen zeigen, dass der innere Treueverlust oft zu erotischen Verirrungen drängt. Und die Hurerei mit den moabitischen Töchtern war auch ein Akt der Untreue gegen Gott (4. Mose 25). Isebel war wohl eine einflussreiche Frau mit Ausstrahlung und Ansehen. Sie war großzügig im Umgang mit der Sexualität. So ist von Hurerei, Götzenopfer und Ehebruch die Rede. Gleichzeitig sah es so aus, als wäre sie vom Geist Gottes erfüllt, denn ihr Reden war fromm und beeindruckend. Sie nannte sich Prophetin, und darum suchte man bei ihr Weisung. Sie konnte einem sagen, welche Entscheidung zu treffen sei. Auch in der Lehrunterweisung schien sie stark zu sein. Das zeigte in der Gemeinde Wirkung. Es kam zu verbotenen Beziehungen zwischen ihr und ihren Verehrern. Ehebruch belastete hinfort die Gemeinde. Durch sie war das Böse in die Gemeinde eingedrungen.

Das war nicht heimlich und schleichend geschehen, denn die Sünde zeigte sich öffentlich und wurde gesellschaftsfähig. Mit Isebel wurde es schick, die Gebote zu verbiegen in Richtung auf eine zeitgemäße Art von Christsein, um die Freiheit in Christus zu leben.

Der Bote hatte das Treiben zwar nicht mitgemacht, aber er hatte es ertragen und war nicht dagegen eingeschritten. Doch wer zum Unrecht schweigt, fördert es! Seine liebende Tragfähigkeit war wohl grenzenlos gewesen. Vielleicht hatte er gemeint: Wir brauchen viel Geduld! Viel Liebe! Viel Tragkraft! Aber was so fromm klang, war Sünde und Versagen. Seine Unterlassungssünde etikettierte er mit schönen Worten. Doch es ist Etikettenschwindel, wenn Böses mit guten Worten kaschiert wird. Der alte Eli, von dem 1. Samuel 2,24 berichtet, hatte missratene Söhne. Das war umso schlimmer, als sie im Priesterdienst standen. Eli hätte dem wehren müssen, aber er brachte nur ein schwaches Mahnen zuwege: »Nicht doch, meine Söhne. Das ist kein gutes Gerücht, von dem ich höre!« Weil ihm die Kraft zum reinigenden Handeln fehlte, stürzte Israel ins Unglück. Das sanfte Gesäusel halbherziger Ermahnung dient wohl mehr der Gewissensberuhigung verantwortlicher Leute, denn nun können sie sagen, dass man doch etwas getan habe.

Hier zeigt sich ein Unterschied zwischen Ephesus und Thyatira. Der Leiter der Gemeinde in Ephesus konnte die Bösen nicht tragen, und das gereichte ihm zum Lob. Der von Thyatira konnte es. In Ephesus stand die Liebe hinter der Wahrheit zurück. In Thyatira hatte die Liebe die Wahrheit verdrängt. Liebe und Wahrheit sind wie ein Zwillingspaar, und eins ohne das andere pervertiert. Die vernachlässigte Wahrheit machte die Liebe unrein. Das führte zur versäumten Gemeindezucht, nicht nur aus Laxheit, sondern auch aus falsch verstandener Liebe. Er wollte das Beste und half zum Verderben der Gemeinde. Er hatte nicht »Acht auf die ganze Herde« und brachte so die anderen, brachte »Knechte des Herrn« in große Gefahr. Er war verantwortlich dafür, dass Isebels Sünde um sich fraß.

Jesus ruft zur Heiligkeit

Jesus stellt sich seiner Gemeinde vor als der, der heilig ist und unbestechlich mit der Sünde ins Gericht geht (V. 22f). Niemand hat mehr Liebe als Jesus! Keiner meine, seine eigene Barmherzigkeit sei größer als die Jesu! Aber er ist auch der Richter, ist der heilige Gott. Seine Liebe macht nicht blind, sondern durchdringt uns. Liebe bringt die Sünde ans Licht, *damit* sie vergeben werden kann.

Seine starken Füße treten das Böse nieder. Kraftvoll geht er voran, um seine Gemeinde in Heiligkeit zu vollenden.

Die Stadt Thyatira stand in keinem guten Ruf, und Plinius hat sie eine »unehrenhafte Kommune« genannt. Die Liederlichkeit der Umwelt scheint auf die Gemeinde übergegriffen zu haben und Umwelteinflüsse dürfen nicht unterschätzt werden. Ein Lot wohnte nicht ohne Schaden in Sodom, und »manche ›Weltoffenheit‹ ist nur die Vorstufe zu Lässigkeit und sittlichem Niedergang gewesen«[9]. Er aber ist »der gerechte Richter«.

Lehre, Leben, Leitung

Schlechte Lehre verführt zu schlechtem Leben. Wie oft wurde für ein verderbliches Handeln eine biblisch-theologische Begründung gesucht.

So rühmen sich die Anhänger Isebels, die »Tiefen des Satans« erkannt zu haben. Was er sei und könne, hätten sie ausgelotet. Satan und Sünde seien kraftlos geworden und nichts könne ihnen mehr schaden. Hatte nicht auch Paulus geschrieben: »Alles ist euer«? Das Übertreten sittlicher Schranken mache die Gnade noch größer, und erst seit dem eigenen Fall könne man richtig ermessen, wie barmherzig Gott sei.

Es ist denkbar, dass Isebel der »Lehre Bileams« und der »Nikolaiten« anhing und beide Verirrungen miteinander verwandt waren. In Ephesus war der Irrweg abgewehrt worden, in Pergamon waren Anfänge zu erkennen, hier hatten sie sich voll ausbreiten können. Was kann ein Mensch nicht alles ersinnen, um seine Sünde zu rechtfertigen; oft wurde die Freiheit in Christus zum Deckmantel der Bosheit gemacht!

»Alle Bäche fließen zu Tal.« Wenn alle Lumpen hässlich, dumm und unsympathisch wären, wären sie ungefährlich. Aber in Gestalt

[9] H. Lilje, *Das letzte Buch der Bibel*, S. 77/Kap. III. 4.

von Klugheit und hoher Begabung werden sie ungemein gefährlich. Leute mit Ausstrahlung können ein wahrer Segen sein. Treiben sie es aber wie Isebel in Thyatira, sind sie ein Fluch. Sie suchen und gewinnen Mitgenossen. Sie sind Verführer und des Teufels Handlanger. Manche Gemeinde ist durch solche Verführer zerstört worden. Das Versagen der Leitung aber trug dazu bei, dass sie der Verführung verfiel und sich dieser Welt anpasste und nicht mehr als das heilige Volk erkennbar war. Es war und bleibt die Aufgabe des Hirten, dem zu wehren, wie es der Bote der Gemeinde in Ephesus geleistet hat. Er konnte und durfte die Bösen nicht tragen (2,2). Der Hirte trägt seinen Stab auch, um die »Wölfe« abzuwehren. Der Bote in Thyatira aber streichelte sie lieber und versuchte wohl, Unkraut zu veredeln. Hier lag sein Versagen.

Da hat der Herr in seiner liebenden Fürsorge sich seiner gefährdeten Herde selbst angenommen (Hes 34,11). Wie? Jesus gibt sich der Gemeinde als der gerechte Richter zu erkennen, der zum Handeln bereit steht. Sein richterliches Handeln zeigte sich zuerst durch das Wort, das den Hirten zur Verantwortung rief und den Sündern das Gericht androhte. Sünde hat Folgen und bringt »große Trübsal«. Jesus selbst steht zum direkten Eingreifen bereit. Denn die Folgen ihres Handelns verfallen dem Tod, wie einst David das Kind des Ehebruchs sterben sehen musste (2. Sam 12,15). »Wenn sie sich nicht bekehren von ihren Werken«, bleiben sie im Gericht.

Gesegnete Lastenträger

Da werden in Thyatira manche gewesen sein, die unter Isebels »Prophetie« und ihrem Treiben gelitten haben – auch unter den Versäumnissen der Leitung. Aber sie kehrten der Gemeinde nicht den Rücken, sondern trugen die Last zu Jesus. Ihr Beten wird mitgeholfen haben, dass Jesus einschritt. Es waren Leute, die in die Bresche traten wie Abraham für Sodom (1. Mose 18). Gott sucht Lastenträger (Offb 2,24f), die priesterlich für die Gemeinde eintreten und findet sie oft nicht. Den Belastbaren gilt ein besonders liebevolles Wort des Herrn: »Euch aber sage ich, den anderen in Thyatira, die solche Lehre nicht haben … ich will nicht noch eine Last auf euch werfen«. Sie haben genug an den schlimmen Vorgängen in der Gemeinde zu tragen und wohl auch an den Spötteleien und Stichen der Isebelfraktion. Jesus begrenzt ihre Last auf das Tragfähige.

»Doch was ihr habt, das haltet fest, bis ich komme!« Bewahrt euren Glauben in reinem Gewissen und haltet fest am Wort des Herrn! Kämpft geistlich, kämpft weiter um die Reinheit der Gemeinde, auch, wo Gemeindezucht geübt werden muss! Haltet durch, indem ihr das Ziel fest ins Auge fasst! »Ich komme!« Das gibt Orientierung und Mut. Darum: Besinnt euch auf euren kommenden, hohen Dienst! »Wer überwindet und hält meine Werke bis ans Ende, dem will ich Macht geben über die Völker!«

Der Kampf um die Heiligkeit der Gemeinde ist auch ein Training für die kommende Teilhabe an Christi Weltregierung (Offb 22,5c). Besinnt euch darum auf euren hohen, kommenden Dienst als Priester und Könige! Zur Liebe sollen sie das Schwert der Wahrheit fassen und für den Glauben kämpfen (Jud 3). Vollmacht jetzt und Kraft zum Regieren im kommenden Reich Gottes ist ihnen versprochen, Macht zum Segnen und Aufbauen. Die Gemeinde hat das Privileg, das heilige Volk zu sein und Zukunft zu haben. Wie der Morgenstern den Tag ankündet, so schenkt der Herr Zuversicht: »Und ich will ihm geben den hellen Morgenstern!« An den Zeichen der Zeit sollen Jesu Nachfolger die Nähe des Tages Christi erkennen, den Anbruch der ewigen Klarheit und Vollendung. Sie sind wie der helle Morgenstern, der den nahen Tag meldet. Jesus nennt sich selbst: »Der helle Morgenstern« (22,16). Wem er diesen gibt, dem gibt er sich selbst. »Wem dieser Stern leuchtet, bei dem ist immer Morgen, niemals Abend.«[10]

»Ihr seid das heilige Volk« (1. Petr 2,9). Eindringlich hat der Herr dem Boten der Gemeinde und der Gemeinde selbst klargemacht,

[10] J. A. Bengel, *Gnomon*, Anm. zu Kap. 2,28.

dass sie ihrer hohen Berufung gemäß leben sollen. Durch ihren Weg und Dienst soll der Welt Christus vor Augen gemalt werden in Liebe und Wahrheit. »Wer Ohren hat zu hören, der höre, was der Geist den Gemeinden sagt!« Es gilt nicht nur denen von Thyatira, sondern *allen Gemeinden*, auch heute.

Offenbarung 3,1-6: Sardes

Schein und Sein

Sardes trug den Namen einer Metropole. Aber das war nur eine Erinnerung an bessere und leider vergangene Zeiten. Damals war Sardes die Hauptstadt Lydiens gewesen und Heimat des sprichwörtlich reichen Königs Krösus. Dieser Reichtum war vergangen, und die Gegenwart sah arm aus. Die Stadt war abgesunken in ein museales Dasein.

Es überrascht immer wieder, wie sehr die weltliche Eigenart einer Stadt die Gemeinde Gottes mitprägen kann. Je kraftloser eine Gemeinde wird, desto mehr wird sie von ihrer Umwelt mitgeformt. Je weniger der Herr sie prägen kann, desto stärker wird sie von dieser Welt beeinflusst.

Gemeinde Jesu und doch tot

Unvermittelt, ohne vorhergehendes Lob, wie ein Blitz aus heiterem Himmel kommt das Urteil: »Ich weiß deine Werke, denn du hast den Namen, dass du lebst, und bist tot!« An dieser Gemeinde sah Jesus nichts Lobenswertes mehr.

Das ist bestürzend, denn in der Beurteilung durch die Nachbargemeinden war sie lobenswert. Sie hatte den Namen, lebendige

Gemeinde zu sein, und dafür gab es auch Gründe. Wie vorsichtig sollten wir doch mit unseren Beurteilungen sein! Gewiss gab es Defizite, aber wo gab es die nicht? Der Bote der Gemeinde muss sie empfunden haben und hatte sich wohl auch um Belebung gemüht. Diese Aktivitäten scheinen der Gemeinde den guten Namen bei den Nachbargemeinden eingetragen zu haben. Vielleicht dachte und sagte man so: »In Sardes geht man neue Wege, hat Visionen und startet überraschende Aktionen! Da muss man hin, um zu lernen, denn in Sardes ist was los.« Gott aber sagt: »Es ist nichts los«. Denn kein menschlicher Betrieb kann geistliches Leben schaffen.

Wie leicht versucht man in Zeiten geistlicher Dürre das Fehlen des Geistes Gottes durch selbst gemachte Aktivitäten zu ersetzen! Der Irrglaube an die Machbarkeit der Dinge im Reich Gottes und eine wirkungsvolle Methodik kann die Religiosität fördern und pflegen. Aber Leben aus Gott ist nicht machbar und bleibt unverfügbar. Das Ergebnis menschlicher Mühe sind Menschen, die sich christlich nennen und unchristlich leben.

Eine Gemeinde kann lebendig werden

»Du bist tot. Werde wach!« »Das ist ein furchtbares und nur dadurch erträgliches Wort, weil es noch in diesem Leben gesprochen wird«, meinte Bezzel.[11] Dieser Zustand wird auch als Schlaf bezeichnet, darum folgt der Ruf: »Werde wach!« Das reißt aus allen Träumen und bringt zurück in die Realität. Es kann unangenehm sein wie ein Erschrecken, wenn sich ein Mensch im Licht Gottes sieht. Aber es ist eine heilsame Stunde. Solange Gott ruft und wir ehrlich antworten, gibt es das heilsame Erwachen zum Leben.

Wir sehen an Sardes, dass nicht nur böse Verirrungen und so genannte schwere Sünden eine Gemeinde schachmatt setzen können. Häufiger sind es kleine Nachlässigkeiten und Lieblosigkeiten,

[11] Vgl. H. Lilje, *Das letzte Buch der Bibel*, S. 82/Kap. III. 5.

kleine Versäumnisse und kleine Untreue, die den Weinberg Gottes verderben. »Fanget uns die Füchse, die kleinen Füchse, die die Weinberge verderben!« (Hld 2,15). Oft beginnt mit dem Verzicht auf die stille Zeit vor Gott der Niedergang, und wenn wir uns nicht alle Morgen und Tage das Ohr durch und für ihn öffnen lassen (Jes 50,5), ist der Abfall vorprogrammiert.

Wenn die Prioritäten falsch gesetzt werden, wenn das Trachten nach dem Reich Gottes nicht über allem steht (Mt 6,33), wenn das Beten vernachlässigt wird, wenn die Orientierung zuerst aus Zeitanalysen kommt und nicht aus dem Bibelwort, dann ist der Weg nach »Sardes« beschritten. Vor Gott bestehen könnte die Gemeinde nur, »wenn sie ihren Beruf ganz erfüllte und den Gehorsam ohne Abzug leisten würde«.[12]

Der Herr hat sich dieser Gemeinde vorgestellt als der, »der die sieben Geister Gottes hat und die sieben Sterne!« Das Bildwort spricht von der göttlichen Vollkommenheit des Heiligen Geistes und von den Boten der Gemeinden. In Sardes fehlte das Feuer des Heiligen Geistes. Das war besonders schwerwiegend bei den leitenden Leuten. Hätten sie doch an den Bericht von Nadab und Abihu gedacht (3. Mose 10), die dem Gericht verfallen waren, als sie eigenes, fremdes Feuer auf Gottes Altar legten!

Fremdes Feuer könnte z. B. eine psychologisierende Verkündigung sein, die nicht mehr Gott selbst, sondern den Menschen in den Mittelpunkt stellt. Auch eine selbst gemachte Betriebsamkeit, die mit Management-Werbemethoden das Reich Gottes bauen möchte, legt leicht »fremdes Feuer« auf den heiligen Altar.

Der Brief an Sardes zeigt, dass der geistliche Niedergang erkennbar wird im laxen Umgang mit den Geboten Gottes (V. 4). »Besudelte Kleider« tragen die, die einmal gekleidet waren in die Gerechtigkeit Christi, nun aber durch Verfehlungen auf den Abfall zutreiben. Es wird deutlich, dass der geistliche Schlafzustand mehr ist als

[12] Adolf Schlatter, *Erläuterungen zum Neuen Testament*, Bd. III, Stuttgart [5]1938, Anm. zu Offb 3,1f.

Nichtstun und Träumerei. »Wer schläft, sündigt nicht«!? Hier bedeutet Schlaf: Untreue und verkehrtes Verhalten, also Sünde. Ein brauchbarer Dienst und eine gute Leitung sind nicht *machbar*, sondern bleiben ein Werk des Heiligen Geistes. Das wusste Moses als er betete: »Der Herr, der Gott des Lebensgeistes … wolle einen Mann setzen über die Gemeinde, der vor ihnen aus- und eingeht und sie aus- und einführt, damit die Gemeinde des Herrn nicht sei wie die Schafe ohne Hirten« (4. Mose 27,16f).

Der »Sardestod« wird nur überwunden durch den, der »die sieben Geister Gottes« hat und den Heiligen Geist nicht knapp bemessen gibt.

Der Weckruf

Wo zum Wachwerden gerufen wird, hat der Tod noch nicht das letzte Wort. Solange Jesus zur Umkehr ruft, können wir umkehren. Der ernste Ruf, der unsere Sünden benennt und das drohende Gericht nicht verschweigt, ist voller Gnade und rettender Liebe. Im Schwäbischen war der kleine Jakob in einen Brunnen gestürzt. Der Opa lief zum Brunnen und rief: »Jaköble, bist du tot?« Wie tröstlich war es, als von unten die Antwort kam: »Ja, Opa, ich bin ganz tot!« Wer seinen Zustand wahrnimmt, für den gibt es Hoffnung. »So denke nun daran, wie du empfangen und gehört hast, und halte es fest und tue Buße!« Das ist der Ruf zurück zu den Anfängen, zu den Quellen und Fundamenten. Wie es einmal war, so soll es wieder werden. »Gott rufet noch!« Darum ist eine verheißungsvolle Neubelebung möglich.

Es gibt ein sentimentales Zurückdenken, vielleicht sogar mit Selbstmitleid verbunden. Das hat keine Verheißung, weil der entschlossene Wille zur Umkehr fehlt. Aber es gibt auch ein Zurükkdenken in schmerzlicher Reue, so wie bei Petrus, als er an seine Treulosigkeit dachte. Und wie bei David, als er sich an seinen Fall erinnerte. Davon sagt 2. Korinther 7,10: »Die Traurigkeit nach Gottes Willen wirkt zur Seligkeit eine Reue, die niemand reut!« Diese Haltung ist ein Tor zum Leben.

Wer Jesu Ruf mit einer Kehrtwendung zu ihm beantwortet, ist wach geworden. Sein Erwecktsein wird sich auch darin zeigen, dass er nicht mehr gering über die anderen denkt oder spricht. Er wird priesterlich für sie eintreten und ihnen aufhelfen. Denn der geistlich Wachgewordene sorgt sich um die kranken Seelen und kann ihr Sterben nicht mit ansehen. Er steht im Dienst der Fürsorge Jesu für die Gemeinde, leidet mit und hilft zurecht.

Jesus hat tatsächlich wie fremd klingt das in unseren Ohren gedroht: »So du nicht wirst wachen, werde ich kommen wie ein Dieb, und du wirst nicht wissen, zu welcher Stunde ich über dich kommen werde!« Hier ist die froh machende Hoffnung zu einer Gerichtsdrohung geworden. Aber die Androhung des Gerichtes kann sich in eine froh machende Hoffnung verwandeln, wenn Jesu Ruf zur Umkehr willig angenommen wird. Denn zu seiner wachenden Gemeinde kommt Jesus als »Bräutigam«, der zum größten Fest aller Zeiten führt (Offb 19,7). Dem untreu gewordenen Knecht ist Jesu Kommen wie ein Überfall bei Nacht, wie der Einbruch eines Diebes. Ihm erscheint Jesus als Richter. So schildert es das Gleichnis Jesu vom untreuen Knecht in Matthäus 24,45-51. Jeder wird den Herrn erleben und entsprechend unserer Haltung werden wir ihn als den kommenden Retter oder als den Richter sehen.

Die Verheißung

Es hat auch in Sardes treue Nachfolger Jesu gegeben, und wo immer eine Gemeinde verdorben war, gab es auch solche, die ihre »Kleider« im liebenden Gehorsam bewahrt hatten (V. 4). Sie haben »ihre Kleider nicht besudelt«. Diese, die Einsamen und Isolierten in Sardes, sie sind die »Unbekannten und doch bekannt« (2. Kor 6,9). Sie sind zur Feier bei Gottes Fest berufen.

Das erwähnte »weiße Kleid« ist hier nicht das Zeichen der

Rechtfertigung (Jes 61,10), sondern das noch zu empfangende Kleid des Sieges und der Vollendung. Die Überwinder werden mit Christus leben, und er wird sie herrlich dem Vater vorstellen und sich zu ihnen als den Seinen bekennen. Ihr Name soll bleiben im »Buch des Lebens«, während der Name der andern in Gefahr steht, gestrichen zu werden. Treue um Treue!

»Mit mir wandeln«, das bedeutet ein lebendiges Fortschreiten in ungeahnte Weiten der Ewigkeit. Heilige Ruhe und heilige Bewegung gehören in der Vollendung zusammen. Wer sich selbst einen Namen zu machen strebt, dessen Name wird vergehen. Wem der Name Jesus über alles geht, wer darum an ihm und seinem Wort hängt und ihm in seines Geistes Kraft dient, dessen Name bleibt! »Wer Ohren hat, der höre, was der Geist den Gemeinden sagt!«

Offenbarung 3,7-13: Philadelphia

Ein kleines Kirchenlicht

Smyrna und Philadelphia sind die beiden Gemeinden, die keinen Tadel, sondern nur Zuspruch und Verheißung empfangen. Es gibt also untadelige Gemeinden, und wir möchten sie wohl gern als solche erkennen, um dort Mitglied werden zu können. Aber untadelige Gemeinden zu erkennen, das ist dem Herrn vorbehalten, und uns ist es nur sehr eingeschränkt möglich. So galt Sardes in der Öffentlichkeit als lebendige Gemeinde, nicht aber Philadelphia. Das sah der Herr anders. Wir aber können wissen: Lebendige Gemeinden sind nicht das Ergebnis eigener Leistungsfähigkeit. Es hängt vielmehr an dem Glaubensgehorsam, mit dem sie hinter Jesus hergehen. Was Jesus ihnen anbietet, das nehmen sie an, und im Empfangen liegt das Geheimnis ihrer Untadeligkeit.

Der Heilige und Wahrhaftige

Wie freundlich stellt sich Jesus seiner Gemeinde mit der »kleinen Kraft« vor! Die kleine, von der »Synagoge Satans« bedrängte Gemeinde soll sehen, dass sie einen Herrn hat, der der »Heilige und Wahrhaftige« ist!

»Herr, Du Heiliger und Wahrhaftiger«, so sprechen die Märtyrer unter dem Altar den gerechten Richter an und fordern die Abrechnung mit ihren Bedrängern und Mördern (Offb 6,9ff). Das nennt das Neue Testament nicht unchristlich, sondern gerecht (2. Thess 1,6ff; Hebr 10,30f). ER ist der Gott, der gesagt hat: »Mein ist die Rache, ich will vergelten« (Röm 12,19). Der Heilige und Wahrhaftige vertritt seine geliebte Gemeinde, und wer diese Gemeinde angreift, kämpft gegen Gott. Auch hier gilt: »Wer euch antastet, der tastet meinen Augapfel an« (Sach 2,12). Gerade die verfolgte Gemeinde darf sich auf ihren mächtigen Rechtsbeistand im Himmel verlassen.

Der Herr nennt sich auch der »den Schlüssel Davids« hat, »der auftut und niemand schließt zu«! In Jesaja 22,22 lesen wir von einem Eljakim, der als Zeichen seiner Handlungsvollmacht im Königshaus den Schlüssel »zum Hause Davids« trug. Jesus aber hat nicht nur den Schlüssel »*zum* Hause Davids«, sondern »den Schlüssel Davids« selbst. Er ist der lange zuvor verheißene Davidsspross und ist Eigentümer des Hauses. Er hat die »Schlüsselgewalt« zum Reich Gottes! Er besitzt alle Macht über das Haus seiner Gemeinde. Wen er aufnimmt, der ist aufgenommen. Wen er ausschließt, der steht außerhalb aller Gnade. Der Herr allein kann »selig machen, die durch ihn zu Gott kommen« (Hebr 7,25). Er wirkt Bekehrungen, und wir können sie nicht machen. Erweckliches Handeln gehört zu seinem Haus- und Hoheitsrecht. Ob eine Gemeinde durch offene Türen Wachstum hat, hängt nicht von ihrer Geschicklichkeit, ihren Methoden und ihrer großen Kraft ab, sondern allein davon, dass er aufschließt!

Die kleine Kraft

Es gibt ein naives Denken, das den Schlüssel zum Erfolg in der eigenen Unfähigkeit sehen möchte. Doch die *kleine Kraft* ist nicht der Schlüssel, der verschlossene Türen öffnet. Und wer nichts kann, ist damit nicht schon bestens geeignet. Der Schlüssel bleibt in Jesu Hand.

Die kleine Kraft ist auch kein Lob, sondern eine nüchterne Feststellung dessen, was die Gemeinde selbst mitbringt. Wie wäre es, wenn der Chef uns vor versammelter Mannschaft anspräche und sagen würde: »Sie haben nur ein begrenztes Leistungsvermögen!« Wie würden wir es empfinden, wenn in der Gemeindeversammlung gesagt würde: »Wir haben erhebliche Schwierigkeiten und eine schwache Gemeindeleitung!« Wenn die Aufgaben in keinem gesunden Verhältnis zum Leistungsvermögen stehen, werden die Leute ausgewechselt. Früher hieß es: »Erlaube dir keine Schwachheiten«; Schwachheiten galten als Fehlverhalten. So ist das in einer Welt, in der es ohne Leistungsprinzip nicht geht. Denn wer seiner Aufgabe nicht gewachsen ist, trägt in dieser Weltordnung zum Bankrott bei und schadet auch anderen.

Wenn der Herr der kleinen Kraft beste Eignung im Reich Gottes zuspricht, ist das nicht unlogisch. Denn den Ansprüchen Gottes kann auch der Beste nicht genügen. Wer sich dennoch eigene Leistungsfähigkeit einbildet, setzt zum Mangel an Kraft noch die gefährliche Selbsttäuschung. Wer jedoch seinen Mangel realistisch sieht, sucht die Hilfe. Die Gemeinde in Philadelphia war nicht geeignet, weil sie nur eine kleine Kraft hatte, sondern weil sie sich ganz an Jesus hing und sein Wort bewahrte. So empfing sie die offene Tür zur guten Dienstausrichtung! Darum hat auch ein »kleines Kirchenlicht« größte Chancen!

Um die Möglichkeiten der kleinen Kraft zu erkennen, musste mancher erst dahin absteigen. Mose lernte es vierzig Jahre in der Wüste, bis er klein genug war, um brauchbar zu sein. Abraham musste schwach genug werden, bevor die Verheißung erfüllt wurde. Paulus lernte aus diesem Gesetz die Folgerung zu ziehen: »Wenn ich schwach bin, so bin ich stark« (2. Kor 12). Auch die Offenbarung lehrt: Erst auf den Trümmern der Herrlichkeit Babels ersteht das Gottesreich! Solange wir meinen, aus eigenen Kräften wirken zu können, bleiben ewige Kraftwirkungen aus. In dem Maße, in dem wir auf eigne Künste verzichten (2. Kor 4,2), aber auch die kleine Kraft nicht vergraben, sondern gehorsam einsetzen, will der Herr die offene Tür geben. »Die kleine Kraft ist nicht geistliche Schwäche; sie ist der Zerbruch des Selbstvertrauens und die gleichzeitige Zuflucht zum Herrn. Die offene Tür ist eine Gabe.«[13]

Das Geheimnis der offenen Tür

Der Herr erklärt seiner Gemeinde, warum er offene Türen gibt: »Du hast mein Wort bewahrt und hast meinen Namen nicht verleugnet« (V. 8)! Das Gotteswort hat der Herr gegeben, damit wir uns daran halten können und sollen, um danach zu leben. Nicht der hält allein damit an Jesu Wort, der sich zur Vollkommenheit der Bibel bekennt, so wichtig das auch ist; derjenige bewahrt es, der es fleißig hört und lernt und lebt! Eben, weil er im Bibelwort die Stimme Jesu vernimmt.

Die Aufgabe der Gemeinde ist es, Jesu Wort gemäß durch die offene Tür zu gehen. Wer diese Tür nutzt, macht keine Zugeständnisse an die Welt, noch geht es ihm um Zahlen für die Gemeindestatistik. Wer mit seiner kleinen Kraft die offene Tür nutzt, arbeitet in der Zuversicht, die zu gewinnen, die Gott vor Grundlegung der Welt erwählt hat. Der Herr gab die Zusage der offenen Tür nicht der stattlichen Gemeinde von Laodizea, sondern einer ärmlichen Gemeinde. Was wir als Erfolge im Reich Gottes ansehen, könnte unser Herr anders beurteilen. »Darum urteile niemand vor der Zeit« (1. Kor 4,5).

[13] Richard Schmitz, *Die Offenbarung Johannes*

Wir haben das Maß nicht in unserer Hand. Wir sind nur kleine Lichter! Aber wir haben die Verheißung der offenen Tür.

Als Jesus die hungernde Menge sah, sagte er zu seinen Jüngern: »Gebt ihr ihnen zu essen!« Diese zeigten ihm zwei Brote und fünf Fische und antworteten: »Was ist das unter so vielen?« (Lk 9,13). Der Bibelleser weiß um das Ergebnis und lernt daraus: Wenn unsere geringen Möglichkeiten nur in Jesu Hand kommen, wird Gutes werden. »Die Liebe ist wie fünf Brote und zwei Fische. Sie ist immer zu wenig, bis man anfängt, sie wegzugeben« (Afrika).

Was aus der kleinen Kraft werden kann, wenn sie in Jesu Hand gegeben wird, wird sich am Beispiel der Juden zeigen, die sie jetzt noch verfolgen: »Ich will sie dazu bringen, dass sie kommen sollen und zu deinen Füßen niederfallen und erkennen, dass ich dich geliebt habe!« Wohin könnten wir uns selbst und das Wenige, das wir haben, fröhlicher und lieber geben als in die Hände dessen, der »uns lieb hat«? Je und je sind einzelne Juden so zur Gemeinde Jesu gekommen. Zur letzten Zeit wird diese Verheißung darin erfüllt werden, dass ein heiliger Rest Christus erkennen wird (Sach 12,10; Röm 11). Denn »hoffnungslose Fälle« sind für den, der die »Starken zum Raube« hat (Jes 53,12), nicht hoffnungslos! Von uns wird nur erwartet, dass wir ungeachtet aller Widerstände seinen Namen bekennen. Die Mitläufer werden weichen, das welke Laub fällt ab. Die aber ihre kleine Kraft treu dem Herrn weihen, werden bestehen!

Die Bewahrung

Jesu Geduld ist Vorbild und Licht auf dem Tränenweg der Gemeinde, und dieser geht noch weiter. Für alle Welt kommt eine schrekkliche Zeit, »die Stunde der Versuchung«! Diese Zeit wird auch »die große Trübsal« genannt (Offb 7,14; Mt 24,21.29; Mk 13,19).

Was ist gemeint? Es gibt ja zu allen Zeiten Trübsal. »Zur großen Trübsal gehört alles Leid dieser Weltzeit, welches je über die Heiligen Gottes verhängt ist, um sie auserwählt zu machen im Ofen des

Elends … Johannes, der Seher der Offenbarung, nennt sich einen Mitgenossen der Trübsal. Und Paulus bezeugt, »dass wir durch viel Trübsal in das Reich Gottes gehen müssen« (Apg 14,22; 1. Thess 3,3).[14] So wahr das ist, so liegt doch in der Zukunft *die* große Trübsal, welche mit der antichristlichen Zeit verbunden ist. Sie steht vor dem Wiederkommen Jesu wie eine schwere Wetterfront vor dem Heimathafen. Es ist »eine große Bedrängnis, wie sie nicht gewesen ist von Anfang der Welt …« (Mt 24,21f). Da wird sich der Teufel auf Erden austoben.

Mit dem Hinweis auf die Übersetzung »will ich auch dich bewahren *vor* der Stunde der Versuchung«, wird die Meinung begründet, dass die Gemeinde *vor* der »großen Trübsal« entrückt werde. Das ist insofern problematisch, als ein genaueres Übersetzen lauten müsste: »will ich auch dich bewahren *aus* der Stunde der Versuchung« (H. Menge, A. Pohl u.a.).

Die Stunde der Versuchung meint die große Trübsal, wobei offen bleiben muss, ob die sich auf die antichristliche Gesamtzeit von zweimal dreieinhalb Jahren bezieht, oder auf die zweite Halbzeit des Antichristen, die Zeit der »sieben Zornschalen«, die den sieben Posaunengerichten folgen (s. Exkurs Seite 19).

Es gibt ein Herausretten aus der Erdennot durch Heimgang. Das ist hier nicht gemeint, sondern die Rettung durch den wiederkommenden Herrn: »Siehe, ich komme bald!« Er rettet seine Gemeinde aus dem brennenden Haus dieser Welt. »Halte, was du hast!« Das Lob ermutigt zur Treue.

Der für seine Gemeinde treu sorgende Herr gibt weitere Verheißungen! Er schließt den Tempel droben auf und bringt seine Erlösten an das herrliche Ziel, welches Gott seinen Geliebten bestimmt hat. Der Herr sagt: »Wer überwindet, den will ich machen zum Pfeiler in dem Tempel meines Gottes, und er soll nicht mehr hinausgehen!« Das Bildwort kündet priesterliche Aufgaben an und ein ewiges Zuhause bei Gott im neuen Jerusalem.

[14] Jakob Landes, *Erfüllte Prophetie in der Geschichte. Die Sprache Gottes im Weltgeschehen*, Metzingen 1982, S. 8.

»Wer Ohren hat, der höre, was der Geist den Gemeinden sagt!« Gottes hoher Name soll die Stirnen der Überwinder zieren. Dem dreifach hohen Jesusnamen am Eingang entspricht der dreifach hohe Jüngername als Ausdruck des neuen Seins in ewiger Herrlichkeit! Dann ist es gewonnen! Für immer werden wir Gott dienen dürfen und für immer Gottes Kinder sein. Für immer daheim! Für immer werden wir leben in vollkommener Harmonie mit dem dreieinen Gott!

Deine Knechte werden dienen
Dir vor Deinem Angesicht,
und Dein Name wird erleuchten
ihre Stirn in schönstem Licht!

Jesus, werde hoch erhoben,
denn Du hast uns aus der Not
heimgebracht in Deinen Frieden.
Ehr und Lob sei unserm Gott!

Offenbarung 3,14-22: Laodizea

Die wohltemperierte Gemeinde

Die kleine und arme Gemeinde in Philadelphia empfing hohes Lob; schärfster Tadel traf die angesehene Gemeinde in Laodizea. Das erstaunt, denn ihr wurde keine besondere Versündigung vorgeworfen. Über die Gründe werden wir nachdenken müssen.

Entstanden war die Gemeinde zumindest mittelbar durch die Arbeit des Paulus: »Ich lasse euch aber wissen, welch einen Kampf ich habe um euch und um die zu Laodizea« (Kol 2,1). Paulus' Mitarbeiter Epaphras scheint sich besonders um diese Gemeinde gekümmert zu haben (Kol 4,13). Im selben Brief erwähnt Paulus auch den ersten Aufseher der Gemeinde, den Archippus, welchen er ermahnt, dass er sein Amt gut ausrichte (4,17). Ob dieser zur Zeit des Sendschreibens noch lebte?

Es gibt eine unchristliche Weltflucht, die sich den Aufgaben in dieser Welt entzieht. Das aber konnte man Laodizea nicht vorwerfen. Sie war in das andere Extrem gefallen und hatte sich wohl ihrer Umwelt angepasst. Wieder zeigen sich auffallende Ähnlichkeiten zwischen der Stadt und der Gemeinde.

Die geographische Lage der Stadt war günstig, und sie zeichnete sich durch wirtschaftlichen Wohlstand und Reichtum aus. Cicero empfahl die Banken von Laodizea. Die Präparate der medizinischen Akademie in Laodizea waren im Römischen Reich berühmt; deutlich spielt der Herr in seinem Brief darauf an. »Dem Engel (Boten) der Gemeinde in Laodizea schreibe: Das sagt, der Amen heißt, der treue und wahrhaftige Zeuge, der Anfang der Schöpfung Gottes!« Sein Wort gilt und gibt der Gemeinde die Wegrichtung vor. Ihn sehen! Ihn so sehen, wie er ist, das korrigiert und macht heil.

Jesus sehen!

Er heißt »Amen«! Mit diesem Wort zeigt der Herr sich seiner Gemeinde und redet zu ihr. »Amen« sprach auch Gottes Volk nach dem Hören des Wortes Gottes und vor allem nach den Gebeten (5. Mose 27,15-26; 1. Chr 16,36; Neh 5,13; 8,6; Jer 28,5f; Esra 8,6; 2. Kor 1,20; 1. Kor 14,16). Auch wir bekräftigen unsere Gebete mit einem lauten »Amen« und bekennen eben damit: Wir stehen zu diesem Gebet! Wir machen es zu unserem eigenen und rechnen mit Erhörung!

Hier *spricht* der Herr nicht ein bekräftigendes Amen, sondern er *heißt* so. Denn in »ihm sind alle Gottesverheißungen Ja und Amen« (2. Kor 1,20). Gottes Liebe und Erlösung sind durch ihn endgültig fest geworden. Was »der treue und wahrhaftige Zeuge« sagt, ist endgültig! Er entzieht seiner Gemeinde die Wahrheit nicht, spricht treu und wahr zu ihr, auch wenn es schwere Worte sind! Sein Zeugnis ist wahr und unbestechlich. Auf den Herrn und sein Wort ist Verlass! Eine andere Orientierung und Wegweisung gibt es nicht für uns! Mit seiner Person verbürgt er die Erfüllung der Botschaft! Er ist zu Recht das »Amen« Gottes und der »treue und wahre Zeuge«. Denn Jesus ist der »Anfang der Schöpfung Gottes«. »In ihm ist alles geschaffen, was im Himmel und auf Erden ist … es ist alles durch ihn und zu ihm geschaffen« (Kol 1,16). Als uneingeschränkter Eigentümer ist er auch berufen, sein Werk zu beurteilen und zu vollenden.

Weder kalt noch heiß!

Es liegt ein tiefer Schmerz in dem Wort: »Ich kenne deine Werke, dass du weder kalt noch heiß bist. Ach, dass du kalt oder heiß wärest!« Wie lauwarmes Wasser nicht erquickt, so ist die Gemeinde keine Erquickung mehr, weder für den Herrn noch für die Welt, für die sie eine Wohltat sein sollte. Ihr Werk, und sogar sie selbst, sind verdorben; eine ungenießbare Gemeinde! (1. Kor 3,15; Hebr 9,14). Wie man etwas Widerliches ausspeit, so droht ihr der Herr: »Ich werde dich ausspeien aus meinem Munde« (V. 16). Er will also den Namen der Gemeinde nicht mehr in seinem heiligen Mund führen, wenn er in hohepriesterlicher Fürbitte vor dem Thron des Vaters für sein Volk eintritt (Hebr 7,25). Das ist eine furchtbare Konsequenz. Warum dies?

In Matthäus 10,32f hat Jesus gesagt: »Wer mich verleugnet vor den Menschen, den will ich auch verleugnen vor meinem Vater im Himmel!« Fehlte es der Gemeinde am unerschrockenen Wort, das die Botschaft von Jesus ohne Abstriche weitergab? War der Mut verloren gegangen, sich zu dem verachteten Namen Jesu zu bekennen? Wollten sie es sich nicht mit ihrer Umwelt verderben, vielleicht mit der Begründung, man müsse den missionarischen Zugang zur Welt behalten? Auffallende Sünden werden nicht genannt. Aber das fehlende Bekenntnis zu Jesus wiegt außerordentlich schwer.

Ob es sich bei Laodizea um ein wohltemperiertes Christentum ohne Glut der Liebe und ohne Erwartung seines Kommens gehandelt hat? Mangelte es am heiligen Ernst und an Entschiedenheit? Jesu Tadel zeigt eine selbstzufriedene Gemeinde. Aber der Herr ist nicht mit ihr zufrieden, und diese Art ist ihm widerlich. »Ohne die Glut lebendigen Glaubens und Lebens ist alles Christenleben nur eine laue Angelegenheit und geistliche Mittelmäßigkeit.«[15]

Edmond de Pressende schrieb in seinem »Leben Jesu«: »Das gefährliche im Christenleben ist das ›Tote Meer‹, über das kein Vogel fliegt, an dessen Ufern keine Blume wächst, die Lauheit!«[16] Das Feuer der Leidenschaft und liebenden Hingabe an Jesus war erloschen.

Die geistliche Lauheit war verbunden mit einer guten Selbstbeurteilung: »Ich bin reich und habe gar satt und bedarf nichts« (V. 17). Nicht nur der Bote sah selbstzufrieden auf seine Arbeit, sondern eine ganze Gemeinde war davon erfasst. Es lief doch gut in der Gemeinde. Die Gottesdienste und Predigten hatten Niveau und der Besuch war ordentlich. Sogar die Umgebung – das ist wichtig für die Mission! – war mit dieser Gemeinde zufrieden. Hier gab es anscheinend keine Bedrängnis oder gar Verfolgung. Hatten sie ihren Platz in der Gesellschaft gefunden? Hatte man sich mit der Welt arrangiert? Eine lauwarme Gemeinde ist auch das Ergebnis einer weltangepassten, wohltemperierten Predigt. Wie mag in dieser Gemeinde gepredigt worden sein? Ob es noch das volle Evangelium von Gericht und Gnade war? Merkte man noch, wer der Gott ist, den unsere Botschaft predigt? In einigen Nachbargemeinden, in Philadelphia z.B., ging es recht ärmlich zu. Aber in Laodizea konnte man lernen,

[15] Hanns Lilje, *Das letzte Buch der Bibel*, S. 91/Kap. III. 7.
[16] Ebd.

wie es erfolgreich gemacht wird. Das Selbstbewusstsein der Gemeinde sprach: »Ich bin reich und habe genug und brauche nichts!« Die Kasse stimmte, es wurde gut verwaltet – von welcher anderen Gemeinde hätte man noch besser lernen können?

Diagnose und Heilmittel

Das sah Jesus völlig anders! Schmerz liegt in den Worten Jesu: Du »weißt nicht, dass du elend und jämmerlich bist, arm, blind und bloß! Ich rate dir, dass du Gold von mir kaufst … und weiße Kleider … und Augensalbe, damit du sehen mögest!« Damit spielt Jesus auf die Gewohnheiten und das weltgewandte Verhalten der Laodizeer an.

»Ich rate«, mögen die Bankiers oft zu ihren christlichen Kunden gesagt haben, wenn sie über ihre Vermögenslage nachdachten. Hier rät der Herr zu einer Bestandsaufnahme des ewigen Vermögens: »Kaufe von mir reines Gold!« Das Gold geistlichen Lebens ist der Glaube, der die Welt überwindet. Das ist Reichtum (Jak 2,5). Du wählst dir einen feinen Stoff für einen Anzug oder ein Kleid? Nimm das Gewand der Gerechtigkeit, dass du mir gefallen mögest und bei meinem Mahle einen Platz habest! Viel tust du für deine Gesundheit und bemühst dich um gute Medikamente, auch um Augensalbe. Ist dir das geistliche Sehvermögen weniger wert? Nimm vom Herrn die Salbe der Wahrheit, dass du sehend werdest! Was nützt der irdische Weitblick, wenn du kurzsichtig für Jesus bist? – »Was hülfe es dem Menschen, wenn er die ganze Welt gewönne und nähme Schaden an seiner Seele?« (Mt 16,26).

Wo das göttliche Gold gekauft wird? Nur bei Jesus selbst! Und zwar ohne Geld (Jes 55,1), aber nicht ohne letzten Ernst, nicht ohne aufrichtiges Suchen und nicht ohne Bußfertigkeit! Denn »er füllt die Hungrigen mit Gütern und lässt die Reichen leer ausgehen« (Lk 1,53).

Echte Liebe

Ist bei dieser harten Rede die Liebe auf der Strecke geblieben? Wir müssen wohl umdenken und wieder lernen, was wahre Liebe ist und tut. Echte Liebe geht nie auf Kosten der Wahrheit! Denn: »Welche ich lieb habe, die weise ich zurecht und züchtige sie! So sei nun eifrig und tue Buße!« »Du engst mich von allen Seiten ein, und deine Hand lastet schwer auf mir«, klagt Psalm 139,5 (nach Martin Buber). Wer es so erlebt, empfängt einen Erweis seiner Liebe. Es ist die herbe Liebe, von der Hartmann sang: »Welch namenlose Liebe, die seine Kinder so betrüben, so schwere Wege führen kann. Um zu ewgen Herrlichkeiten seine Kinder zu bereiten, setzt er so tief das Messer an.« Um zu retten, lockt der Herr zur Umkehr und Heilung. Dazu gehört die Preisgabe der Selbstsicherheit und der Ich-Herrschaft.

Christus ist die Mitte und das Ziel der Gemeinde, ist ihr Haupt und ihre Herrlichkeit. Ohne ihn selbst ist die Gemeinde wertlos geworden, wie ein Rad ohne Nabe und wie ein Körper ohne Herz.

Es gibt die ungeheuerliche Möglichkeit, dass eine Gemeinde ihre Mitte und Herrlichkeit verloren hat. Dann steht der, der in der Gemeinde Wohnung haben muss, draußen vor der Tür! Man hat ihn vor die Tür gesetzt. Womit? Durch ein halbherziges, ungeheiligtes Leben. Der Herr ist aus seiner Gemeinde hinausorganisiert worden (man denke an Dostojewskis »Der Großinquisitor«)! Es scheint ja auch ohne ihn zu gehen, denn man hat die Dinge machbar gemacht. Da muss er sich doch von seiner Gemeinde abwenden! Eine solche Gemeinde ist dem Gericht verfallen!

So müsste es sein, ja so wäre es, wenn es Jesu Liebe nicht gäbe. Sogar um eine so verdorbene Gemeinde müht sich der Herr und gibt ihr eine letzte Chance der Umkehr: »Siehe, ich stehe vor der Tür und klopfe an!« So ist es der Gemeinde vorgelesen worden. Ob sie es verstanden hat? Ob sie sich erschüttern ließ und umkehrte? Was würde der Herr uns wohl heute sagen?

Der Herr wurde ausgeschlossen aus seiner Gemeinde, aber er ist nicht weggegangen, sondern vor der Tür stehen geblieben. Wer kann das verstehen? Es ist fast unglaublich und doch wahr, dass Jesus sich noch nicht von der Gemeinde Laodizea zurückgezogen hatte.

Warum ist er nicht einfach weggegangen (Hos 5,15)? Es ist seine große Liebe! Sie klopft an und sucht Einlass! Jesus hat viele Möglichkeiten des Anklopfens, leise und laute, mit dem Finger oder mit der Faust. Mit Güte oder Härte klopft er an, aber immer liegt unser Glück darin, dass wir ihm auftun. Wenn er einkehrt, wenn er zurückkehrt, das ist das Glück! »Wenn jemand meine Stimme hören wird und die Tür auftun, zu dem werde ich hineingehen und das Abendmahl mit ihm halten und er mit mir!« Wer der Weltförmigkeit und Ich-Bestimmung und Selbstgefälligkeit den Abschied gibt, sich ihm weiht, und sich wieder ganz an Jesu Gnade und Gebot hält, der tut dem Herrn die Tür auf.

Die Verheißung

Eigentlich ist es genug, bei Jesus zu sein und Gemeinschaft mit ihm zu haben, wie wir es besonders beim Abendmahl erfahren. Aber er gibt noch mehr: »Wer überwindet, dem will ich geben, mit mir auf meinem Thron zu sitzen, wie ich auch überwunden habe und mich gesetzt habe mit meinem Vater auf seinen Thron!« Das ist der Ausblick in die kommende Herrlichkeit des Reiches Gottes. Dort erwartet uns unser Herr und gibt uns Anteil an seiner Herrlichkeit und Würde. Die Verheißung erinnert an Offenbarung 5,10*: Du* »hast sie unserm Gott zu Königen und Priestern gemacht, und sie werden herrschen auf Erden!«

Lernen wir aus den Briefen Jesu an seine Gemeinden, dass Buße die Tür zum Leben ist! Lernen wir, dass wir am Ende entweder Überwundene oder Überwinder sein werden! Lernen wir, wie wir uns als Jesu Nachfolger in der Welt zu verhalten haben! Lernen wir, dass wir mit der Bekehrung in Jesu Schule getreten sind und in seiner Erziehung stehen. Er ist nicht nur unser Tröster, sondern auch der formende Erzieher. »Wer Ohren hat, der höre, was der Geist den Gemeinden sagt!«

Abschließendes zu den Hirtenbriefen

Wie ernst diese Hirtenbriefe waren, zeigt der weitere Gang dieser Gemeinden in den folgenden Jahrhunderten an. Als das Byzantinische Reich dem Ansturm des Islam erlag, kam auch das Ende der Gemeinden im Gebiet der heutigen Türkei. Von den Gemeinden, denen die Offenbarung zuerst gegeben wurde, hat keine überlebt.

Jesus müht sich mit den Sendschreiben um die Heiligung seiner Gemeinde und wendet sich zuerst an die Boten und Hirten. Ihnen muss es zuerst zu Herzen gehen, wenn es der Gemeinde zu Herzen gehen soll. Sie tragen Verantwortung für die Herde. Darum mahnt Petrus: »Weidet die Herde Christi, die euch anbefohlen ist« (1. Petr 5,1ff).

Ein schwedischer Bischof (Bo Giertz) hat die Arbeit der Pastoren (Hirten und Älteste) mit Pferden und mit einem Ochsen verglichen. Warum mit Ochsen? Er dachte an die zwölf Ochsen im Tempelvorhof (1. Kön 7,44), die auf ihrem Rücken das große Becken für die Waschungen, das »eherne Meer«, trugen. So schreibt er:

»Ich teile die Pastoren ein in Arbeitspferde, Rennpferde, Karussellpferde und Ochsen. Die Arbeitspferde sind die, die alles können und alles tun, die sich in tausende von Einzelarbeiten verlieren, aufreiben und verzehren … Das sind treue, gute Seelen, aber die Hauptsache können sie nicht: die kranken Seelen operieren, verbinden, heilen, retten. Sie können kein Blut sehen. Die Rennpferde rennen überall herum, innerhalb und außerhalb der Gemeinde. Sie sind überall und nirgends. Sie müssen dabei gewesen sein, sonst ist es nichts gewesen …, sie stehen aber nicht wie die 12 Ochsen im Vorhof, das eherne Meer der Gnade auf dem Rücken, die unreinen

Seelen waschend. Die Karussellpferde, das sind die Vergnügungsdirektoren, die eine Gemeinde vorzüglich unterhalten können ... Aber sie kommen mit der Gemeinde keinen Zentimeter weiter und trotz allen Betriebes bleiben sie wie in einem Karussell immer an derselben Stelle.

Kehrt um, die ihr Hirten, Seelsorger, Beichtväter und Seelenärzte sein sollt! Betet für die arme Herde Christi, welche die Wölfe umlauern ... Betet, dass Gott ihr Hirten, Seelsorger und Beichtväter gibt, welche nicht hoch hinaus wollen; die nichts anderes sein wollen als dumme und einfältige Ochsen vom Lande, die nichts anderes kennen als ihren Herrn und ihren Dienst; die nur eins wollen, diesem Herrn dienen in seinem Vorhof, das gnadenreiche Meer der Gnade auf dem Rücken, bis sie sich die Hörner abgestoßen und den Rücken wund getragen und ausgedient haben und auch dann noch bereit sind, sich für ihren Herrn schlachten und opfern zu lassen.

Habt keinen anderen Ehrgeiz, als dass man einst auf euren Grabstein schreiben möge: Hier ruht ein einfältiger Ochse vom Lande. Doch von ihm gilt Jesaja 1,3: ›Ein Ochse kennt seinen Herrn!‹«

Unser Herr will seine Gemeinde segnen durch treue Leute, die ihn lieben. Mögen es Boten oder Älteste oder andere Mitarbeiter sein, oder solche, die keinen Titel tragen. Eine Freude für Jesus und eine Wohltat für die Gemeinde Gottes zu sein, das ist die hohe Berufung eines Christen.

Die zweite Vision

Offenbarung Kap. 4-6

Mit der Vision von Offenbarung 4-5 kommt die Mitte allen Geschehens in unseren Blick. Es öffnet sich eine Tür in den Himmel und Johannes erlebt einen himmlischen Gottesdienst.

In unserer gefallenen Welt müssen »Krone und Altar« geschieden sein und kein Staat darf diktieren, an was und wen zu glauben sei. Ganz anders ist es in Gottes vollkommener Welt. Dort sind alle Macht und alle Anbetung ungeschieden. Er sitzt auf dem Thron der Weltregierung und wird angebetet. Was auch auf Erden passiert, es nimmt hier seinen Ausgang! Mit einem gewaltigen Gottesdienst beginnt das Handeln, das die Welt vollendet.

Der Gottesdienst

An der Schwelle des ewigen Tempels bleibt Johannes stehen, bis er endlich in Kapitel 10,8ff näher tritt. Er geht nicht weiter, als er gerufen ist, und berichtet, was er sieht und hört. Schwer zu deutende Bilder und gut erkennbare Aussagen mischen sich in seiner Schau. Manches bleibt auch offen. Beispielsweise wann dieser Gottesdienst stattfindet oder stattfand. Aber wie sollte es auch eine Antwort auf den Zeitpunkt geben können, wo doch dieser Gottesdienst in der Ewigkeit stattfindet! Da gibt es Vergangenheit nur im Blick auf alles Böse und auf alles Leid. Christus aber und sein Opfer sind nie Vergangenheit, sondern bleiben stets gegenwärtige und segnende Realität: »Ich sah inmitten des Thrones … ein Lamm stehen wie geschlachtet« (4,6). Auch das Kommende ist bei Gott vollbracht und voll da.

Der große Gottesdienst im Himmel ist das Urbild aller rechten Gottesdienste und gibt unseren Gottesdiensten Vorbild, Muster und Korrektur. Da geht es nicht zuerst um die Erbauung der Teilnehmer und erst recht nicht um eine folkloristische Darbietung mit Unterhaltungswert, sondern es geht um den lebendigen Gott. Er selbst ist die absolute Mitte des Gottesdienstes. Darum wird er hochgelobt und angebetet: »Heilig, heilig, heilig ist Gott der Herr, der Allmächtige!« Dieser Ton der Danksagung und Anbetung zieht sich durch das ganze Buch. Kein anderes Buch der Bibel ist so vom Gotteslob erfüllt.

Das ist unser Gott

Die Anbetung gilt dem dreieinen Gott. Der ewige Vater sitzt auf dem Thron, der Heilige Geist zeigt sich gleichnishaft im Wort von den »sieben Geistern Gottes« und der Sohn begegnet uns in symbolstarker Sprache im Bild des geschlachteten Lammes. (Zur Dreieinigkeit Gottes: s. Seite 34)

Die vollkommene Einigkeit Gottes, des Vaters, des Sohnes und des Heiligen Geistes, gibt das Maß und Ziel für die erlöste Menschheit. Ihr Erlöstsein liegt begründet in der heiligen Dreieinigkeit und führt zu dem Ziel, das Jesus in das Gebet fasste: »Wie *du*, Vater, in *mir* bist und *ich* in *dir*, so sollen auch sie in uns sein« (Joh 17,20-24).

Der Fall der Menschheit zeigt sich im Zerstrittensein, in Zerfall und Krieg. Ihr Erlöstsein wurzelt in der heiligen Dreieinigkeit. Wie Gott in drei Personen eins ist, so wird die kommende Harmonie der Schöpfung diese herrliche Harmonie widerspiegeln.

In der Offenbarung zeigt sich der Heilige Geist im Bildwort: »Sieben Fackeln mit Feuer brannten vor dem Thron, das sind die Geister Gottes« (4,5), und »sieben Augen, das sind die sieben Geister Gottes, gesandt in alle Lande« (5,6). Die symbolische Zahl »sieben« steht für seine göttliche Vollkommenheit.

Das lodernde Feuer gibt Licht und steht dafür, dass der Herr der Lichtgeber ist, der in alle Wahrheit leitet (Joh 16,8-15!): »Wenn er kommt, wird er der Welt die Augen auftun über die Sünde und über die Gerechtigkeit und über das Gericht … er wird euch in alle Wahrheit leiten …!« Ohne ihn bleiben wir blind und ohne ihn bleibt uns auch die Bibel stumm.

Das Bildwort von den »sieben Augen« unterstreicht, dass er der Geist der Wahrheit ist. Der Herr hat vollkommene Einsicht, und ihm verhüllt sich nichts. Wer recht von Gott reden will, von seinem Wort und auch von der Welt, ist absolut auf ihn angewiesen. Das gilt für »alle Lande« und jeden Dienst.

Der Thron

»Ein Thron stand im Himmel, und auf dem Thron saß einer« (4,2). Im Römischen Reich wurde auch dem leeren Thron des Kaisers Ehre erwiesen. Aber Gottes Thron ist nicht verwaist, unbesetzt oder gar vakant. Er ist nicht abwesend und lässt die Zügel der Weltregierung nie schleifen. »Er schläft noch schlummert nicht« (Ps 121,4). Gott regiert!

Im Himmel ist der Sitz der Weltregierung. Dort ist der Ort höchster Regierungsgewalt und letzter Richtermacht. Gottes Thron steht hoch erhoben über den Thrönlein der Menschen, die sich so mächtig fühlen! Dieser Thron wankt nicht, hat keinen Anfang und kein Ende. Von ihm haben alle andern Throne ihre Zeit und Stunde; er bestimmt wie lange und wie weit sie Einfluss und Macht haben dürfen.

»Einer«, sagt ehrfürchtig der Text und erinnert damit an das Wort, das Israel ständig begleitet: »Höre, Israel, der Herr, dein Gott, ist einer!« Wer könnte ihn beschreiben? Die Bilder zeigen an, wie groß er ist.

Gott selbst wird nicht beschrieben, sondern nur die Lichtfülle, die von ihm ausgeht. Es ist der weiße Glanz des Jaspis, der Diamanten und der rote Schein des Sarder oder Karneols. Was soll dies bedeuten? Die Schrift spricht vom Weiß der Reinheit, Heiligkeit und Gerechtigkeit (Mt 17,2; Offb 2,17; 6,11; 19,14). Das Rot ist ein Bild des Gerichtes, des vergossenen Blutes. »Warum ist dein Gewand so rotfarben? ›*Ich* trete die Kelter allein, und niemand ist unter den Völkern mit mir! Denn ich habe einen Tag der Rache mir vorgenommen; das Jahr, die Meinen zu erlösen, ist gekommen‹« (nach Jes 63,2-4). Wer das »Weiß« und »Rot« seines Glanzes sieht, lernt ihm in Gnade und Gericht zu vertrauen und tröstet sich an dem Bild seiner Bundestreue!

Er ist der Allmächtige – »ein Regenbogen war rings um den Thron her!« Vom Flugzeug aus habe ich einmal oberhalb der Wolken das Phänomen eines Regenbogens gesehen, der sich kreisrund um den Schatten des Fliegers auf der Wolkendecke malte. Einst sprach Gott zu Noah: »Wenn ich Wetterwolken über die Erde führe, so soll man meinen Bogen sehen in den Wolken« (1. Mose 9,14). Er ist das Zeichen des Bundes Gottes. Selbst im Gerichtshandeln Gottes soll noch Gnade sichtbar werden. Von der Erde aus betrachtet ist der Regenbogen immer ein Halbbogen. Doch dort im Himmel wölbt sich der Bogen nicht als Halbbogen, ist nicht geteilt, sondern tritt vollkommen in Erscheinung.

Das gewinnt besondere Bedeutung angesichts der Gerichte, die Gott über eine gerichtsreife Erde bringt und die Johannes schildern soll. Die furchtbaren Gerichte zielen auf die Neuausrichtung und Heilung der Schöpfung. Das Ziel seiner Herrschaft ist eine neue Schöpfung!

Der Herr regiert auch nicht einsam und weltabgeschieden. Um den Thron her haben sich die Vertreter des Gottesvolkes in königlicher Würde versammelt (4,4ff; 5,8ff). Sind sie die Vertreter des Volkes Gottes im Alten und Neuen Bund? Sie scheinen die Vertreter der erlösten Menschheit zu sein. Gott thront inmitten der Berufenen aus der Menschheit. Hier gelten sie wenig, dort sind sie herrlich! Sie thronen mit Gott, dem Herrn. Wer so in Gottes Wahrheit wohnen darf, legt seine Krone gern vor dem Thron nieder. Nah am

Thron stehen die Engelfürsten. Es waren wohl dieselben Wesen, die Hesekiel in seinem 1. und 10. Kapitel schaute: »Und ich merkte, dass es Cherubim wären« (10,20). Jesaja sah Seraphim (6,2). Weil die Thronengel volle Einsicht haben, singen sie mit Macht das »Heilig! Heilig! Heilig!« Sie richten die Befehle Gottes aus und sind beteiligt an seinem Werk. Sie stimmen das Lob an, und die Vertreter der Menschheit fallen ein: Nacheinander singen die Vertreter der Schöpfung, der Gemeinde und der Engel *das* große Halleluja.

»Und vor dem Thron war es wie ein gläsernes Meer.« In Jesaja 57,20 lesen wir: »Die Gottlosen sind wie ein ungestümes Meer.« Daniel sah aus dem tobenden Meer die bösen Mächte aufsteigen. Undurchsichtig, dunkel und unheimlich erscheint uns das Völkermeer. Aber für Gott sind alle Rätsel gelöst und das Völkermeer liegt kristallhell vor seinen Augen. Er weiß, wohin die Reise geht. Warum sollten wir uns noch ängstigen? Schauen wir weg vom tobenden Völkermeer zum kristallenen Meer!

Wenn damals der Kaiser in einem Triumphzug einzog, riefen die Leute ihm zu: »Würdig bist du!« Das wird hier zurechtgerückt, denn solche Verehrung gehört allein Gott. Sie gehört keinem Kaiser, Diktator oder Popstar. Gottes hoher Name werde geheiligt: »DU bist würdig, unser Gott!« Die das sprechen, mit denen regiert der Herr, denn er hat sie zu »Königen und Priestern« gemacht.

Das Buch

Wo aber ist diese neue Welt Gottes? Wo bleibt das Reich des Friedens und der Gerechtigkeit, um das wir beten: »Dein Reich komme!«? Auf dieser Erde nimmt die Gottlosigkeit doch zu, das Böse verdichtet sich und eine Welt ruiniert sich selbst. Johannes erfährt die Verfolgung der Christen am eigenen Leib.

Die Zukunft scheint dem Reich dieser Welt und nicht dem Reich des Christus zu gehören. Gibt es einen Plan, der die Welt rettet, und wenn es ihn gibt, wird er in Taten umgesetzt? Die Antwort wird sichtbar. »Ich sah in der rechten Hand dessen, der auf dem Thron saß, ein Buch, beschrieben innen und außen, versiegelt mit sieben Siegeln.« Alle Augen richten sich auf das Buch. Es ist das Buch von der Weltregierung Gottes. Es gibt also einen Plan zur Heilung und Vollendung der Welt. Dieser Plan ist nicht so machtlos wie die 4- oder 5-Jahrespläne vergangener Ideologen. Der allmächtige und gerechte Gott selbst setzt ihn durch. Gott sei Dank! Unser Herr kommt und bricht seinem Reich Bahn. »Dein Plan ist fertig schon und liegt bereit!«

Wer wird das Buch öffnen? Es kann nur einer sein, der dazu bevollmächtigt ist. Wer dies Buch auftut, der hat die Vollmacht des Handelns im Dienst der Welterneuerung und setzt mit dem Brechen der Siegel die weltvollendenden Dinge in Lauf.

Das Buch ist da. Aber wo ist der Bevollmächtigte? Da kam für Johannes die bittere Enttäuschung. Denn »niemand war würdig, das Buch aufzutun«. Niemand, weder im Himmel noch auf Erden! Als Johannes dies schaute, hat er sehr geweint.

Nach dem Zweiten Weltkrieg schrieb Wolfgang Borchert sein Drama »Draußen vor der Tür«: Der Unteroffizier Beckmann ist krank aus der Gefangenschaft nach Hause gekommen. Seine Heimat und sein Leben sind zerstört. Das Drama schließt mit dem Ruf des verzweifelten Beckmann: »Gibt denn keiner eine Antwort? Gibt keiner Antwort? Gibt denn keiner, keiner eine Antwort???« Das ist der millionenfache Notschrei von Menschen, die an dieser Welt verzweifeln, weil sie keine Antwort auf ihr Leiden und auf die Not der Welt finden. Ähnlich klingt es, wenn die Offenbarung berichtet, dass Johannes sehr weinte. Denn er sah das Buch der Antworten, aber es war versiegelt, und keiner konnte es öffnen.

Die Antwort war so nah und doch verschlossen! Warum? Wer solche Gerichte in Gang setzt, muss selbst rein und durch Leiden vollendet sein. Er muss in Liebe sein Leben für die Rettung der Welt hingegeben haben. Da kommen kein Engel und kein Mensch in Frage. Wie viele haben es doch versucht und an ihrer Sünde und Ohnmacht sind die menschlichen Heilbringer gescheitert. »... das kein Mensch, kein Engel öffnen kann. Das Lämmlein tut's. Drum lobe man!« Die Rettung der Welt kommt von keinem Menschen, sondern: »Die Rettung kommt von dem, der auf dem Thron sitzt und dem Lamm« (7,10).

Der weinende Johannes wurde getröstet durch den Engel, der zu ihm trat und sprach: »Weine nicht! Siehe es hat überwunden der Löwe aus dem Stamm Juda ..., aufzutun das Buch und seine sieben Siegel. Und ich sah mitten zwischen dem Thron ... ein Lamm stehen, wie geschlachtet ... und es kam und nahm das Buch« (5,6ff). Allein Jesus ist würdig, den Plan Gottes aufzuschließen und zu vollenden. Er hat alle Macht im Himmel und auf Erden!

Das Lamm

Von dem »Löwen aus Judas Stamm« sprach der Engel und bezog sich damit auf eine der ersten Ankündigungen des Welterlösers (1. Mose 48,9f). Mit Macht und Stärke sollte der aller Welt das Heil Gottes bringen.

Wen aber sah Johannes mit Gott thronen? Er sah keinen Löwen, sondern »ein Lamm, wie geschlachtet«! Wie völlig anders hat Gott seine Macht auf Erden offenbart! Menschenmacht sucht sich brutal durchzusetzen und verschmäht auch die entsetzlichsten Mittel nicht. Gewaltig kommt sie daher und geht über Leichen. Menschenmacht und Herrschsucht haben eine schreckliche Blutspur durch die Geschichte gezogen und was davon blieb, ist Schuld.

Dem hat Gott seine Macht und Größe darin entgegengestellt, dass der Allerhöchste »Knechtsgestalt« annahm und sich erniedrigte bis zum Tod am Kreuz (Phil 2,5ff). Er wurde unter den Ehrsüchtigen zum Allerverachtetsten, übernahm unsere Schuld und die Sünden der ganzen Welt. Er machte sich zum Opferlamm Gottes, das die Sünden der Welt hinwegtrug. Nun ist der Gekreuzigte der Allmächtige. Jesaja 53 hat es angekündigt. Der Täufer hat ihn so beschrieben und als Lamm Gottes wird er für immer angebetet (V. 12): »Würdig ist das Lamm!« Für immer und ewig! Denn sein Opfer ist nicht der Vergangenheit zugeordnet, sondern bleibt ewige Realität zum Heil der Welt.

Mitten im Thron hat ihn der Seher geschaut; denn er ist ausgestattet mit der ganzen Machtfülle Gottes, beschrieben im Bildwort von den »sieben Hörnern«. Der Retter muss sich ja seinen Weg durch die gottfeindlichen Mächte bahnen. Die Hände, die so entsetzlich ohnmächtig ans Kreuz geschlagen waren, haben alle Macht im Himmel und auf Erden. Diese Hände, die das Zeichen unserer Erlösung tragen, haben das Buch von Gottes Weltregierung genommen und seine Siegel gebrochen. Das ist die wahre Wende der Welt! Der Schluss des Weltendramas hat begonnen und wird den herrlichen Sieg Christi zeigen. Es wird alles neu! Wie das geschieht, zeigt der weitere Verlauf.

Das Lob und die Anbetung

Was geschah und geschehen soll, sah Johannes in dem großen Gottesdienst im Himmel zu Ehren des dreieinen Gottes. Als Christus den Plan Gottes in seine Hände nahm, um alles zum Ziel zu bringen, wurde im Himmel ein neues Lied gesungen zum Lob des Lammes:

> »Du bist würdig, zu nehmen das Buch
> und aufzutun seine Siegel,
> denn du bist geschlachtet und hast
> mit deinem Blut Menschen für Gott erkauft
> aus allen Stämmen und Sprachen,
> Völkern und Nationen
> und hast sie unserem Gott
> zu Königen und Priestern gemacht,
> und sie werden herrschen auf Erden!«

In drei Chören singen sie das große Halleluja. Die Vertreter der Schöpfung, der Gottesgemeinde des Alten und Neuen Bundes und die Engel.

Die Gemeinde auf Erden, die noch unterwegs zum Ziel ist und in den Ängsten dieser Welt lebt, hat das Vorrecht, jetzt schon einstimmen zu dürfen in den ewigen Lobgesang. »Dass du mich einstimmen lässt in deinen Jubel, o Herr, deiner Engel und himmlischen Heere, das erhebt meine Seele zu dir, o mein Gott; großer König, Lob sei dir und Ehre!« Dies große Heil gilt ja uns, denn wir sind Gott erkauft zu höchster Würde. Wir werden allezeit bei Jesus sein und mit ihm auf Erden regieren. Dieser Königs- und Priesterdienst beginnt schon hier und zeigt sich zuerst im Lob und in der Anbetung.

Das Gotteslob ist der reinste Ausdruck der Erlösung. Die Erlösten haben ihre Mitte in Jesus gefunden und werden geradezu an der Haltung der Anbetung erkannt. Weil die Teilnehmer des Gottesdienstes vollendet sind, darum ist ihr Gotteslob so stark und schön. Anbetung, das ist viel mehr als Stimmung. Es ist Hingabe und Weihe an Gott, als Antwort auf seine große Liebe. Sie gibt alle Ehre Gott. Darum legen die Ältesten jener Thronversammlung ihre Kronen vor dem Thron nieder: »*Du* bist würdig, zu nehmen Preis und Ehre und Kraft!«

Im Dienst an dieser Berufung stehen Gottes Wege mit uns. Sie erziehen uns für kommende Aufgaben. Auch das Leid gehört zum Trainingsprogramm Gottes, um uns nach Jesu Vorbild heranzubilden für den Priester- und Königsdienst im Reich Gottes. Deswegen bekennt Paulus: »Ich bin überzeugt, dass die Leiden dieser Zeit nichts bedeuten gegenüber der Herrlichkeit, die an uns offenbar werden soll« (Röm 8,18). Gott erzieht uns zu Fürsten, damit sich Jesaja 32,1-2 erfülle: »Bald wird ein König kommen, der gerecht regiert (das ist Jesus), und seine Minister werden dem Recht Geltung verschaffen. Jeder von ihnen wird dem Volk wohl tun wie ein windgeschützter Ort im Sturm, wie ein Schutzdach bei prasselndem Regen, wie ein Wasserlauf in einer ausgedörrten Gegend, wie der

Schatten eines großen Felsens in der Wüste!« (Gute Nachricht). Diesen Blick der Hoffnung brauchen wir, denn sonst verfallen wir den falschen Hoffnungen dieser Welt. Die Hoffnung lockt uns aus unserer Enge zur Weite des Reiches Gottes. Wie klein ist doch, worum wir diesseitsorientiert ringen! Wie groß aber ist der, der um uns ringt, dass wir teilhaben an seiner Zukunft und seinem Reich! Ihm sei die Anbetung! Denn »Er macht alles neu!«

Das prophetische Wort lehrt uns: Die Mitte der christlichen Hoffnung ist nicht zuerst das selige Sterben, um anschließend in den Himmel zu kommen. So individualistisch eingeengt ist Gottes großes Heil nicht. Die Perspektive der Hoffnung geht weit darüber hinaus. Christen warten auf den kommenden Herrn der ganzen Welt und auf sein Friedensreich. Darum lautete früher ihr Gruß: »Marana tha!« Es ist das Bekenntnis: »Unser Herr kommt!« Und es ist das Gebet: »Unser Herr, komm!«

Offenbarung Kap. 6: Die sieben Siegel und die apokalyptischen Reiter

In dem großen, ewigen Gottesdienst, dem Urbild und Vorbild aller anderen Gottesdienste, fallen die Entscheidungen. Dort hat Jesus das Buch empfangen, in dem der Plan Gottes zur Vollendung seiner Schöpfung aufgezeichnet ist. Das zeigte das vorhergehende Kapitel. Jesus allein ist würdig, die Siegel des Buches zu öffnen und den Plan durchzuführen. Die Öffnung des Buches schildert das 6. Kapitel.

Fest beschlossen und unwiderruflich führt das Lamm die Menschheit zum Heil und zum Gericht, denn das Lamm ist ausgerüstet mit der Fülle der Macht und Einsicht (5,6). Lasst es uns bei all dem Schrecklichen, das nun geschildert wird, nie übersehen, dass unser Herr am Werk ist, um sein gutes Reich aufzurichten. –

Sieben Siegel verschlossen die Buchrolle Gottes und zeigten an, dass es hier um eine letztwillige Verfügung geht. Die ersten sechs Siegel folgen aufeinander und führen mit dem sechsten Siegel heran an das Ende. Aber das siebte Siegel hat keinen eigenen Inhalt, sondern entfaltet sich in den Posaunen und Zornschalen. Es ist wie bei einer explodierten Atombombe. Die Rauchsäule schießt auf und entfaltet sich zu einem Pilz. Aus dem steigt eine neue Säule auf, und öffnet sich zu einem neuen Pilz. So öffnet sich das siebte Siegel zum Gerichtszyklus der sieben Posaunen. Die siebte Posaune entfaltet sich in den sieben Zornschalen. Und die siebte Zornschale hat einen übergroßen Inhalt.

Innerhalb dieser drei Siebenerreihen nehmen die Siegel die Stellung vorbereitender Ereignisse ein. Es sind einleitende Gerichte in der Gestalt der so genannten »Apokalyptischen Reiter«. Die Arena der Geschichte öffnet sich ihnen und der Schlussakt zum Finale der Weltgeschichte beginnt.

Jesus Christus gibt ihnen den Weg frei. Aber wie passen unsere Vorstellungen vom Friedenskönig zu dem Gott, der die Schleusen zum Gericht öffnet? Oft wurde vorwurfsvoll gefragt, wo denn sein Friede bleibe. Seit Bethlehem wurde die Weltnot ja nicht geringer, sondern größer. Die Endzeitreden Jesu und vor allem die Offenbarung zeigen, dass sich die Finsternis in den Herzen und in der Welt mehr und mehr verdichtet. Weil der Widerstand gegen den gerechten Gott wächst, muss Gott schwere Gerichte ins Feld führen, um gewaltsam durchzubrechen zum kommenden Gottesreich. Auch die apokalyptischen Reiter müssen helfen, dass dem Herrn der Weg bereitet werde. So reiten sie ein in die Arena der Geschichte und bleiben bis zum Ende wirksam. Die ersten vier Siegel zeigen Gerichtsreiter. Die zwei nachfolgenden befassen sich mit den Märtyrern und dem zum Gericht erscheinenden Christus.

Wer sind die ersten vier Reiter? Es ist nicht nebensächlich, dass hier von Pferden die Rede ist. Als einer der Züge salomonischer Überheblichkeit wird in 2. Chronik 1,14-17 die Tatsache angesehen, dass er in Israel die Pferde einführte. Sie galten als Tiere des

Krieges und der zerstörenden Macht. So bringen die apokalyptischen Reiter Unheil über die Erde. Mit Donnerstimme ruft eine der vier Gestalten um Gottes Thron: »Komm!«

Das erste Siegel

»Und ich sah, und siehe, ein weißes Pferd. Und der darauf saß, hatte einen Bogen, und ihm wurde eine Krone gegeben, und er zog aus sieghaft und um zu siegen!« Ist das derselbe weiße Reiter, den Offenbarung 19,11ff beschreibt? Das ist kaum möglich, denn Jesus kommt nicht wieder am Anfang, sondern zum Ende unserer Weltzeit.

Man hat auch an den Siegeszug des Evangeliums gedacht. Aber das passt nicht zu dem Unheil, das die Reiter bringen. Die »Füße der Boten, die Frieden verkündigen«, reimen sich nicht zum kriegerischen Pferd. »Die Endgeschichte wird nicht mit einem umfassenden Siegeszug des Evangeliums eingeleitet, sondern mit dem Durchbruch der antichristlichen Gestaltungskräfte.«[17] Dieser Reiter ist »das Symbol menschlichen Machtrausches« (Künneth). Mit ihm reitet die Macht der Verführung um die Welt.

Der Herr wurde einst gefragt, welches das Zeichen seiner Zukunft sei und des Endes der Welt. Mit seiner Antwort wies Jesus zuerst auf die einleitenden Ereignisse hin und sagte von diesen: »Das Ende ist noch nicht da« (Mk13,7). Er sprach vom »Anfang der Not« (V. 8)! Ähnlich ist es bei diesen einleitenden Gerichten. Der Herr begann alle Endzeitreden mit dem warnenden Satz: »Sehet zu, dass euch nicht jemand verführe, denn viele werden kommen in meinem Namen und werden viele verführen« (Mt 24,4; Mk 13,5ff; Lk 21,8).

[17] Fritz Hubmer, *Weltreich und Gottesreich in Prophetie und Erfüllung*, Stuttgart 1958.

Weiß gilt als Farbe der Reinheit, Wahrheit und Gerechtigkeit. Deswegen wird sie auch Christus zugeordnet (Offb 19,11ff). Gerade ihn sucht Satan zu imitieren. Paulus schrieb: »Er selbst, der Satan, verstellt sich zum Engel des Lichtes. Darum ist es nichts Großes, wenn auch seine Diener sich verstellen als Prediger der Gerechtigkeit« (2. Kor 11,14ff).

Antichristliche Verführer treten als Heilbringer auf und versprechen Gerechtigkeit und Frieden. Sie bereiten dem Antichristen die Bahn, von dem 2. Thessalonicher 2,9ff geschrieben steht: »Der Böse aber wird in der Macht des Satans auftreten mit großer Kraft und lügenhaften Zeichen und Wundern und mit jeglicher Verführung zur Ungerechtigkeit bei denen, die verloren gehen, weil sie die Liebe zur Wahrheit nicht angenommen haben.« Ein liederlicher Umgang mit der Wahrheit verdirbt das Empfangsvermögen für die Wahrheit Gottes. Wo man aus Weiß Schwarz macht und aus Schwarz Weiß, da verfällt man leicht dem weißen Reiter der Verführung.

Dieser Reiter ist längst in die Arena der Geschichte eingeritten. In seinem Köcher hat er manche Pfeile und »sieghaft« war er auch. In der Französischen Revolution (1789) brach er ein in breiteste Volksschichten. Damit ging die Vergöttlichung des Menschen Hand in Hand. »Der Mensch ist gut!«, behauptete J. J. Rousseau. Einer schrieb: »Ich bin so groß wie Gott / und er wie ich so klein. / Er kann nicht über mir, / ich unter ihm nicht sein.«[18]

Auch der atheistische Materialismus des Kommunismus hat in relativ kurzer Zeit die Welt umrundet und umgestaltet. Er versprach ein gerechtes Weltfriedensreich, wie es die Bibel durch das Kommen des Messias verheißt. An die Stelle Gottes, von dem dieses Reich kommen wird, setzte man den Menschen. Das Schwarzbuch des Kommunismus nennt die schrecklichen Ergebnisse; dazu zählen weltweit ca. 100 Millionen Todesopfer dieser Ideologie.

[18] F. Hubmer, *Weltreich und Gottesreich*, S. 205.

Das macht den Kapitalismus nicht gut. Er gehört auch zu den Mächten der Verführung. Robert Jungk schrieb (in: *Heller als tausend Sonnen*): »Auf dem Spiel stehen mehr als Diktatorensessel und Präsidentensitze. Es geht um Gottes Thron. Gottes Platz zu besetzen, seine Taten zu wiederholen, einen eigenen menschengemachten Kosmos nach menschengemachten Gesetzen der Vernunft, der Vorhersehbarkeit und Höchstleistung neu zu schaffen und zu organisieren: das ist das wirkliche Fernziel.« Tatsächlich: »Ohne Gott ist alles erlaubt«, schrieb Dostojewski.

Dieser Reiter hat viele Pfeile, und dazu gehört auch der Rassenwahn vom germanischen Menschen, den sich die Nationalsozialisten nutzbar machten. Diese Verbrechen wandten sich vor allem gegen Israel, gegen Gottes Volk. Wie viele sind ein Opfer dieser lügnerischen Blut- und Bodenideologie geworden!

Ebenso sind es die Pfeile der wiedererwachenden Religionen. Anfang des 20. Jahrhunderts waren viele überzeugt, die Religionen würden dem wissenschaftlichen Denken weichen müssen. Aber der Materialismus hat die Herzen leergefegt und ließ ein Vakuum entstehen, in das alte, neue und okkulte Ideen strömen. Alte, altersschwach geglaubte Religionen wie Buddhismus und vor allem der Islam entfalten neue, große Kraft. Auch die gewaltsame Christianisierung mancher Völker mit Pferd und Bogen gehört zu diesen Verirrungen.

Im Abendland hat sich das antichristliche Denken durchgesetzt, und das erste »Komm!« ist längst realisiert. Der Mensch machte sich autonom. Seine Vernunft wurde zum Abgott. Sieghaft reitet die Idee weiter um die ganze Erde und bereitet dem den Weg, von dem zu lesen war: »Wir warten noch auf das Genie, das unseren tiefsten Glauben in Übereinstimmung bringt mit den Einsichten, die der moderne Mensch gewonnen hat.«[19]

[19] F. Hubmer, *Weltreich und Gottesreich*, S. 210.

Das zweite Siegel

»Es kam heraus ein zweites Pferd, das war feuerrot.« Jesus sagt vom Anfang endzeitlicher Ereignisse: »Ihr werdet hören von Kriegen und Kriegsgeschrei« (Mt 24,6). Und »es wird sich ein Volk wider das andere empören« (Mk 13,7f). Reitet der Weltkriegsreiter mit dem roten Pferd auch schon? Hat es nicht immer Kriege gegeben?

Gewiss. Aber Weltkriege gibt es erst seit 1914. Ist die Welt nicht seitdem im Kriegszustand? Wird sie nicht heimgesucht von heißen und kalten Kriegen? Im Ersten Weltkrieg fielen 10 Millionen, im Zweiten Weltkrieg 50-60 Millionen Menschen.

Nachdem im Himmel das »Komm!« gerufen wurde, kommt keine Weltfriedensbewegung dagegen an. Das Lamm hat das Siegel eröffnet und ihm den Weg freigegeben. Es steht nicht im Dienst der Kriege, aber auch diese müssen ungewollt helfen, dass das Lamm den Frieden bringt! Nicht nur die Völker ringen miteinander, sondern auch die Selbstzerfleischungen in Bürgerkriegen kommen nicht mehr zur Ruhe. Der rote Reiter trabt, und der Friede ist von der Erde genommen: »Ihm ward Macht gegeben, den Frieden von der Erde zu nehmen!«

Das dritte Siegel

»Und siehe, ein schwarzes Pferd. Und der darauf saß, hatte eine Waage in der Hand« (V. 5-6). Jesus hat Hungersnöte angekündigt (Mt 24,7). Dem Reiter der Verführung und der Weltkriege folgen Hunger und Teuerung. Sollte die Maßgabe, dem Öl und Wein nicht zu schaden, soziale Spannungen andeuten? Denn Öl und Wein waren nicht die Lebensmittel für die Armen, sondern mehr für die Begüterten.

Der Abstand zwischen Armen und Reichen wächst. Die einen kämpfen ums Überleben und andere haben größten Überfluss.

Das muss soziale Kämpfe bringen, und viele Ideologien finden hier ihre Ansätze.

Wir haben uns an Schreckensmeldungen und Hungersnöte gewöhnt. Der Reiter des Hungers und der Teuerung reitet um die Erde. Bei uns ist er auch gewesen. Heute reitet er in anderen Ländern. Ein Drittel der Menschheit ist unterernährt. Wir sind sensationelle Schreckensmeldungen gewohnt. Aber die Zunahme der Schrecken ist nicht zu übersehen.

Das vierte Siegel

»Ich sah, und siehe, ein fahles Pferd, und der darauf saß, dessen Name war: Der Tod und der Hades folgte ihm nach. Und ihnen wurde Macht gegeben über den vierten Teil der Erde, zu töten mit Schwert und Hunger und Pest.« In vielen Formen hält der Tod seine Ernte. Allein die Todesbilanz unseres letzten Jahrhunderts sprengt jede Vorstellung. Das müsste den Menschen nach der Ewigkeit fragen lassen. Aber trotz des großen Sterbens wird das Denken an den Tod verdrängt. Wer versteht noch, dass Gottes Gerichte in Form von Kriegen und Katastrophen um die Welt gehen? Die Zeit hat den gerechten Richter aus dem Blickfeld gedrängt. Aber Gottes Belagerungsring um die Erde zieht sich fester und enger.

Durch Jeremia sprach Gott: »Deine Bosheit ist schuld, dass du so geschlagen wirst« (2,19). Und durch Jesaja: »Die Erde ist entweiht von ihren Bewohnern, denn sie übertreten das Gesetz und ändern die Gebote … Darum frisst der Fluch die Erde …, dass wenig Leute übrig bleiben« (24,5f). Und Hosea sagt: »Fluchen, Lügen, Morden, Stehlen und Ehebrechen haben überhand genommen …, darum wird das Land wüst stehen und alle seine Bewohner werden dahinwelken« (4,2f). Wir wissen aber auch, dass alle Gerichte der Neuausrichtung der Erde dienen müssen.

Das fünfte Siegel

Wie gottfeindlich diese gerichtsreife Welt ist, offenbart das fünfte Siegel. Wie sie Christus ans Kreuz gebracht hat, so geht sie auch mit Jesu Jüngern um. Damit kommt das Leiden der Märtyrer in unseren Blick: »Als es das fünfte Siegel auftat, sah ich unten am Altar die Seelen derer, die umgebracht worden waren um des Wortes Gottes willen und um ihres Zeugnisses willen. Und sie schrieen mit lauter Stimme: ›Herr, du Heiliger und Wahrhaftiger, wie lange richtest Du nicht und rächst nicht unser Blut an denen, die auf der Erde wohnen?‹«

Wir kennen den Gebetsruf des Herrn und des Stephanus: »Vater, vergib ihnen, denn sie wissen nicht, was sie tun!« Es liegt eine Spannung zwischen diesem Gebet und dem Schrei des großen Heeres der Blutzeugen aus allen Jahrhunderten. Wir sollten diese Spannung nicht glätten wollen, denn beides hat seine Berechtigung. Ihr Schrei ist ja kein primitiver Racheschrei, sondern ein Ruf der Sehnsucht nach dem Triumph der Gerechtigkeit Gottes. Sie waren wie »Schlachtschafe«, verhöhnt und geschändet. Das muss ein gerichtliches Nachspiel vor Gottes Thron finden.

Welchen Sinn hatte ihr Leiden? Das fünfte Siegel antwortet mit dem Hinweis, dass sie am Altar zu finden sind, und macht deutlich, worum es bei ihrem Märtyrertum ging. Ihr unschuldiges Blut galt auf Erden nichts. Überaus viel gilt es bei Gott, denn »der Tod seiner Heiligen ist wertgeachtet vor Gott« (Ps 116,15). Es ist nicht sinnlos vergossen worden. Sie haben Gott das höchste Opfer gebracht, das ein Mensch bringen kann. Ihr Tod war ein Opfer für Gott! Sie hatten kein Selbstmitleid, sondern empfanden ihr Leiden als Gottesdienst. Leonhard Schiemer, der 1528 um des Evangeliums willen verbrannt wurde, dichtete: »Wie köstlich ist der Heil'gen Tod vor Deinem Angesichte. Drum haben wir in aller Not ein tröstlich Zuversichte!«

Bezeichnenderweise gibt das Neue Testament keine breit ausgelegten Schilderungen der Märtyrerleiden. »Es kennt Leiden und Tod um des Glaubens willen nicht als eschatologische Plage, sondern nur als Verherrlichung« (Lohmeyer). Es ist ja nichts Neues, dass Christen nach Jesu Vorbild um Gottes willen leiden müssen (1.Thess 3,3f; Mt 24,9-10). Ihr Opfer diente vielen, »das Blut der Märtyrer ist der Same der Kirche« (Tertullian). Das Johannesevangelium kommentiert den angekündigten Märtyrertod des Petrus mit dem Hinweis: »mit welchem Tod er Gott preisen würde« (Joh 21,19). Wir finden die Blutzeugen in Gottes Nähe; zwar noch nicht vollendet, aber doch beschenkt mit der Anteilnahme am Geschehen auf Erden. Der Hebräerbrief erinnert uns an die Wolke von Zeugen, die uns umgibt (12,1f). Sie sind nicht ausgelöscht, sondern am Altar. Sie waren treu bis zum Tod wie einst Naboth (1. Kön 21), wie Stephanus und Jakobus. Von ihnen schreibt Hebräer 11,39f: »Diese alle haben durch den Glauben Gottes Zeugnis empfangen und doch nicht erlangt, was verheißen war, weil Gott etwas Besseres für uns vorgesehen hat; denn sie sollten nicht ohne uns vollendet werden.« Ausdrücklich wird erwähnt: »Ihnen wurde gegeben einem jeden ein weißes Gewand, und ihnen wurde gesagt, dass sie ruhen müssten noch eine kleine Zeit, bis vollzählig dazukämen ihre Mitknechte und Brüder, die auch noch getötet werden sollten wie sie.« Diesen Ratschluss des Herrn musste auch Petrus akzeptieren (Joh 21,21f).

Das sechste Siegel

»Und ich sah, als es das sechste Siegel auftat, da geschah ein großes Erdbeben …, und der Himmel wich …, und sie sprachen zu den Bergen und Felsen: Fallt über uns und verbergt uns vor dem Angesicht dessen, der auf dem Thron sitzt, und vor dem Zorn des Lammes, denn gekommen ist der große Tag ihres Zorns und wer kann bestehen?«

Jesus sagte: »Sie werden verschmachten vor Furcht und Warten der Dinge, die da kommen sollen, denn der Himmel Kräfte werden sich bewegen« (Lk 21,25-28). »Alsdann werden sie kommen sehen des Menschen Sohn auf den Wolken des Himmels mit großer Kraft und Herrlichkeit« (Mt 24,30). Das sieht nach dem Ende dieser Weltzeit aus und wirft die Frage auf, wie sich das zu den später folgenden Ereignissen vom Ende verhält. Die Antwort liegt darin, dass das sechste Siegel bis ans Ende heranführt. Das siebente Siegel hat ja keinen eigenen Inhalt, sondern enthält alles Weitere und entfaltet sich in den Posaunen- und Zornschalengerichten. Kein Bunker, kein Basaltberg, keine Panzerung gibt Schutz vor dem wiederkommenden Herrn der ganzen Welt. Alles, worauf der Mensch gründete, was er für ewig hielt, das bricht vor dem kommenden Herrn zusammen. So herrlich Gottes Gnade ist, »der Zorn des Lammes ist das Furchtbarste vom Furchtbaren, was die Bibel kennt« (J. Schneider).

Was das sechste Siegel bringt und in den Posaunen- und Zornschalengerichten ausführlicher beschrieben wird, das ist nach Schilderung der vorigen Siegel durchaus nahe. Noch hält Gott das Furchtbare zurück, weil er an seine Knechte denkt.

Kapitel sieben wird es zeigen: »Tut der Erde und dem Meer und den Bäumen keinen Schaden, bis wir versiegeln die Knechte unseres Gottes!« Erst wenn das geschehen ist, wenn die Scheidung klar ist, kann das Verhängnis seinen Lauf nehmen. Im Buch Gottes ist es schon beschlossen.

»Wer kann bestehen?« Mit dieser höchst wichtigen Frage schließt das Kapitel. Die sie einst stellen werden, stellen sie zu spät. Für sie gibt es nur noch die Antwort des Gerichtes. Heute aber kann die Antwort noch zum Heil beantwortet werden. Noch dauert der »Tag des Heils« an.

Wir können bestehen, wenn auf uns zutrifft, was Johannes schrieb: »Der in euch ist, ist größer als der, der in der Welt ist« (1. Joh 4,4). Bestehen wird, wer mit Dank sagen kann: »Christi Blut und Gerechtigkeit, das ist mein Schmuck und Ehrenkleid. Damit will ich vor Gott bestehn, wenn ich zum Himmel werd' eingehn!«

Die dritte Visionsgruppe

Offenbarung Kap. 7-9

Offenbarung 7,1-8: Die Versiegelten »aus allen Stämmen Israels«

Nach dem sechsten Siegel und bevor Jesus das siebte Siegel öffnen wird, sieht Johannes in einem weiteren Zwischengesicht die Zukunft des Volkes Gottes. Noch ist der furchtbare Ruf des sechsten Siegels nicht verklungen: »Es ist gekommen der große Tag seines Zorns und wer kann bestehen?« (6,17), da gibt uns Kapitel 7 in zwei Gesichten die Antwort auf die Frage, wer bestehen wird.

Es werden bestehen die 144 000 Versiegelten aus Israel (Kap. 1-8) und die unzählbaren Überwinder der Christusgemeinde (Kap. 9-17). Die apokalyptischen Reiter haben sie nicht niedertreten können, und die Verfolgungen konnten sie nicht auslöschen. Unser Kapitel zeigt eindrücklich, dass Jesu Verbindung zu seinem Volk und sein Schutz nie gestört waren. Denn er bewahrt seine Auserwählten zwar nicht vor Trübsal, aber rettet sie hindurch. Bevor die Posaunen blasen und die Schrecken des Gottesgerichtes über die Erde kommen, gewährt der Herr seinem Knecht mit diesem zweifachen Gesicht den tröstlichen Ausblick.

Mit dem Brechen des sechsten Siegels sind die Mächte der Vernichtung gegenwärtig. Kapitel 7 aber zeigt, wie die Stürme noch zurückgehalten werden, bis Gott die Seinen versiegelt hat: »Und danach sah ich vier Engel stehen an den vier Ecken der Erde, die hielten die vier Winde der Erde fest!« Die Gerichtsengel standen schon bereit, um den Gerichtsstürmen den Weg freizugeben. Eine unheimliche Windstille und Schwüle wie vor dem Ausbruch eines Gewitters liegt über dem Ganzen. Vom Osten, wo einmal das Paradies stand, vom Aufgang der Sonne her naht sich ein Engel mit dem Siegel Gottes. Im Namen und in der Vollmacht Gottes ruft er gebietend: »Tut der Erde und dem Meer und den Bäumen keinen Schaden, bis dass wir versiegeln die Knechte unseres Gottes an ihren Stirnen!« Eine endgültige Scheidung wird vollzogen. Wer Gott gehört, soll erkennbar werden durch das Siegel Gottes und unangetastet bleiben von den Mächten des Verderbens.

Das 5. Siegel hat gezeigt, dass sich diese Bewahrung nicht unbedingt auf die Bewahrung des Leibes beziehen muss. Denn es geht um mehr, nämlich um die Bewahrung zum ewigen Leben. Oder sollte es so sein, dass diesen Versiegelten zusätzlich auch dem Leibe nach nichts geschehen darf?

Johannes berichtet: »Und ich hörte die *Zahl* derer, die versiegelt wurden: *hundertvierundvierzigtausend aus allen Stämmen Israels …!*« Ausdrücklich werden alle Stämme Israels einzeln aufgezählt und die Zahl derer, die aus diesen Stämmen versiegelt werden. Man müsste schon viel Mühe aufwenden, um zu belegen, dass es hier nicht um das Volk Israel geht. Ich bin überzeugt, dass der Bezug zu Israel zwingend ist. (Übrigens: Dan fehlt, dafür tritt Manasse ein, neben Josef.) Zu dieser Auffassung stimmt das prophetische Wort über Israel. Wohl hat Israel den Fluch von 5. Mose 28 erlitten, aber der Name »Israel« und »Volk Gottes« ist ihm nicht aberkannt worden. Römer 11 macht klar, dass Gott am Ende durch viel Trübsale zwar nicht alle Juden, aber doch *»ein* ganzes Israel« hin zum Messias retten wird.

Der »Heilige Rest«

Die Propheten des AT und Jesus haben Gericht und Gnade für Israel angekündigt; Gericht als Folge ihres Abfalls von Jahwe und der Nichtannahme des Messias Jesus (Lk 19,41-44). Aber die Bibel spricht auch von der Heimkehr in das Heilige Land (21,24) und der

Wiederannahme Israels (Röm 9-11). Mehrfach haben sich das Gericht und die Gnade in Israels Geschichte wiederholt. Stets fing Gott neu an, nicht mit allen, sondern mit einem heiligen Rest. »Gerettet hat der Herr sein Volk, den Überrest Israels« (Jer 31,7).

So war es auch beim Auszug aus Ägypten (1. Kor 10,1ff). Elia hörte, dass Gott sich aus der Summe des abgefallenen Volkes einen Rest von 7000 Treuen bewahrt hat (1. Kön 19,18; Röm 11,4f). Jesaja sah das Gericht über Israel (6,8ff) und vernahm: »Und ist noch ein Zehntel darin, so wird es wieder dem Niederbrennen anheim fallen wie … die Eiche, an der beim Fällen ein Stumpf bleibt; ein heiliger Same ist sein Stumpf«. Micha weissagt (2,12; 5,6; 7,18): »Versammeln werde ich den Überrest Israels, ich werde ihn zusammenbringen wie Schafe!« »Und der Überrest Israels wird inmitten vieler Völker sein wie ein Tau vom Herrn!« »Wer ist ein Gott wie du, der die Schuld vergibt und Vergehen verzeiht dem Überrest seines Erbteils!« Zefanja kündet an (3,11f; 2,9): »Ich werde in deiner Mitte ein demütiges und geringes Volk übrig lassen!« Sacharja prophezeit (13,8): »Es wird im ganzen Land geschehen, spricht der Herr, zwei Teile werden ausgerottet … und nur der dritte Teil davon bleibt übrig …!«

Die Offenbarung (7,1-8) schreibt, dass Gott sich aus allen Stämmen Israels einen solchen Rest von 144 000 versiegelt. Und Paulus schreibt: »Nicht der ist ein Jude, der es äußerlich ist, noch ist die äußerliche Beschneidung im Fleisch Beschneidung, sondern der ist ein Jude, der es innerlich ist …« (Röm 2,28f).

Die Reden vom Überrest Israels zielen vor allem auf die letzte Zeit, wenn die Zeit der Völker zu Ende geht und Israels Wiederannahme folgt. Zefanja 3,8-13 z.B. bezeugt von den Völkern: »Mein Rechtsspruch ist es, die Nationen zu versammeln, die Königreiche zusammenzubringen, um mein Strafgericht über sie auszugießen, die ganze Glut meines Zornes; denn durch das Feuer meines Eifers wird die ganze Erde verzehrt werden. Dann aber werde ich den Völkern andere, reine Lippen geben, damit sie alle den Namen des Herrn anrufen und ihm einmütig dienen …«

Von Israel heißt es weiter: »Dann werde ich deine hochmütigen Prahler aus deiner Mitte wegnehmen, und du wirst künftig nicht mehr überheblich sein auf meinem heiligen Berg. Und ich werde in deiner Mitte ein demütiges und geringes Volk übrig lassen, und sie werden beim Namen des Herrn Zuflucht suchen. Der Rest Israels wird kein Unrecht tun und keine Lüge reden.«

Jesus sagt: »Ich sage euch, Ihr werdet mich von jetzt an nicht sehen, bis ihr sprecht: Gelobt sei, der da kommt im Namen des Herrn« (Mt 23,38f).

Auch die Apostel wussten um die Verheißung für Israel und fragten den Herrn im Anschluss an ihre nachösterliche Unterweisung (Apg 1,3-6): »Wirst du um diese Zeit wieder aufrichten das Reich für Israel?« Daniel sah unter den Gräueln des Antichrists ein Volk, »welches seinen Gott kennt«, sah die Erwählten, die sich vor der bösen Macht nicht beugen, ein Volk, das sich »stark erweist und handelt« (Dan 11,32).

»Gott hat es nicht auf den Untergang Israels, sondern auf sein Heil und seine Errettung abgesehen.«[20] Offenbarung 11 wird uns Jerusalem und dort zu erwartende Ereignisse ins Blickfeld bringen. Dort soll es mitten in Gerichten auch eine Erweckung geben (11,13).

Offenbarung 14 zeigt den herrlichen Ausgang der Versiegelten. Führt ihr Weg in das Tausendjährige Reich, damit sie dann die einst versäumte Weltmission in nie gekanntem Ausmaß aufnehmen? Wie es auch sei, unser Herr kommt auch mit dem Volk des Alten Bundes zum Ziel. Kapitel 7,1-8 macht klar, dass Gott sein Volk nicht vergessen hat.

[20] Gustav Friedrich Nagel, *Heilige Rätsel und ihre Lösung. Oder: Das jüdische Volk und die christliche Gemeinde in ihren gegenseitigen Beziehungen und in ihren Zielen. Ein biblisch-historisches Zeugnis,* Witten 1899, S. 204.

Offenbarung 7,9-17: Die Gemeinde »aus allen Nationen«

»Siehe, eine große Schar, die niemand zählen konnte«, so groß wird die Gemeinde Gottes sein, wenn sie zu ihrem Ziel gekommen ist. Dann steht sie ganz anders da als jetzt. Denn in dieser Zeit hat die Gemeinde nicht die Verheißung der großen Zahl, sondern bleibt eine »kleine Herde«. Klein ist sie an Zahl, klein an Fähigkeiten, gering in ihrem Einfluss, und politische Bedeutsamkeit hat sie kaum. Manchmal geht es sogar ausgesprochen ärgerlich in ihr zu, und es gibt ein Leiden an der kleinen Herde.

Aber es steht nicht schlecht um Gottes Sache und Reich! Wer mit Sorge nach Israel fragt, hört in 7,1-8 von der Vollzahl der Versiegelten aus den zwölf Stämmen. Wer nach der Gemeinde Jesu fragt und um ihren Bestand zittert, darf nun in V. 9-17 die »unzählbare Schar« in ihrer Herrlichkeit sehen.

Hoffnungsvoller Dienst

Das siebente Kapitel zeigt, wie sehr sich der Einsatz für Jesus lohnt, denn der Tränensaat folgt die Freudenernte. Es wäre ein schlimmes Missverständnis, wenn wir meinen, unsere Mühen, Planungen und Methoden würden die Geretteten aus den zwölf Stämmen Israels (7,1-8) und aus allen Völkern (7,9-17) zusammenbringen. Das ist und bleibt allein Gottes Werk. Er bringt die Erwählten aus Israel und den Völkern zusammen; unsere Ehre ist es, bei diesem großen Gotteswerk Handlanger sein zu dürfen! Darum beten wir auch: »Herr, bringe uns zu denen, die du erwählt hast und die du schon zum Sohn ziehst« (Joh 6,37.44)!

Diese Welt wird nicht christlicher, sondern wir gehen der antichristlichen Zeit entgegen. Eben davon berichtet die Offenbarung auch in diesem Text; er steht wie ein leuchtender Regenbogen auf dunklem Unwetterhimmel. Das letzte Buch der Bibel beschönigt nicht und gibt keine rosarote Brille der Weltbetrachtung. Da ist von großer Schuld und schwerem Gericht die Rede, und die Macht des Bösen wird sehr ernst genommen. Dennoch, trotz Sünde und Satan, es steht gut um das Reich Gottes, weil er regiert.

»Siehe, eine große Schar, die niemand zählen konnte, aus allen Nationen, Stämmen und Völkern und Sprachen, die standen vor dem Thron und vor dem Lamm, angetan mit weißen Kleidern!« Hier ist es die »kleine Herde«, dort die »unzählbare Schar«. Hier sind sie wenig angesehen, dort nehmen sie den Platz beim Thron ein. Hier sind sie Fremdlinge, dort daheim. Hier erleiden sie Trübsal, dort empfangen sie Herrlichkeit. Es ist ein Volk aus allen Völkern, die »Erstlingsfrucht der Erde« (Jak 1,18): »Er hat uns gezeugt nach seinem Willen, durch das Wort der Wahrheit, auf dass wir wären die Erstlinge seiner Schöpfung!« Es ist das auserwählte Volk. Sie stehen vor dem Thron der Heiligkeit, ohne vor dem Licht fliehen zu müssen, denn sie sind bekleidet mit »weißen Kleidern« der Gottesgerechtigkeit und der Weltüberwindung. Als Siegeszeichen tragen sie Palmenzweige. Es ist kein selbst erworbener Schmuck, sondern sie sind bekleidet worden von der Gnade Gottes. Sie werden die Stunde des Triumphes erleben.

»Das Heil kommt von dem, der auf dem Thron sitzt, und dem Lamm« (7,10). Das ist der erste Jubelruf vor dem Thron, kurz und wie noch atemlos nach schwerem Kampf und Sieg. Ihre Augen sehen den König in seiner Schöne. Es ist ein erster, seliger Augenblick! Zum ersten Mal sehen sie IHN vollendet und als Vollendete! Aus tiefstem Herzen schallt ihr »Heilsruf«!

Es ist *eine* Schar, nicht aufgesplittert in viele Bekenntnisse und Konfessionen. Sie streiten sich nicht, sondern loben Gott. Weil sie im Licht Gottes stehen, fehlt es ihnen nicht mehr an der Bescheidenheit und Demut. Es bleibt ja eine Wunde, dass Gottes Volk häufig in ungeistlichem Konkurrenzkampf liegt, anstatt uneigennützig große Ziele zu verfolgen. Am Egoismus von Gemeinden und Kirchen und Werken ist schon manches Gute gescheitert.

Es kommt der Tag! Ein Tag bricht an, ganz groß und wunderbar! Es kommt der Tag, da werden wir nicht mehr das zersplitterte Volk sein, sondern die eine Herde Jesu. Wir werden eine Sprache sprechen und in einem gewaltigen Chor unserem Gott das Loblied singen. In unbedingter Reinheit und großartiger Schönheit werden wir sein Angesicht sehen und ihm dienen.

Der Lobgesang

Vor einigen Jahren feierten wir in Amerika das 100-jährige Bestehen unseres Bruderbundes. Nie werde ich den Abend in der großen Halle mit über 10 000 Besuchern vergessen. Vorn standen drei große Chöre, alle in langen, schönen Gewändern. Zur einen Seite unsere schwarzen Brüder und Schwestern, angetan mit kakaofarbenen, weiß abgesetzten Kleidern. In der Mitte, mit hellen Gesichtern, ein Chor von Leuten, deren Vorfahren aus Europa zugewandert waren. Zur anderen Seite, ganz bunt gewandet, ein Chor von koreanischen Christen. Dann sangen sie. Zuerst der Chor, dessen Wurzeln in Europa lagen. Sie sangen schön und im Stil klassischer Musik. Danach sangen die Koreaner. Es klang, als wären es lauter Solostimmen, mächtig und außerordentlich diszipliniert. Und dann kam der Chor der Schwarzen. Das war ein Singen! Mächtig und rhythmisch und voller Begeisterung. Ihre Körper gingen mit, denn sie sangen nicht nur, sondern sie spielten gleichzeitig das Gesungene. Es war großartig und es riss die Leute von den Stühlen. Dann wurde es ganz still und einer las diesen Text von der großen Schar, die niemand zählen konnte, aus allen Nationen, Stämmen, Völkern und Sprachen. Wieder wurde es still und alle Sänger mischten sich untereinander und bildeten einen einzigen großen Chor und sangen mächtig und schön das große »Halleluja« von Händel.

Es hat mich tief ergriffen, und es war wie eine Vorschau auf jene Schar, die einst in der Zukunft Gott so herrlich loben wird.

Durch Leid zur Herrlichkeit

Der Weg zu dieser Herrlichkeit hat Opfer gekostet. Sieh den Weg, auf dem die vollendete Gemeinde zur Vollendung gekommen ist! Sie kam »aus der großen Trübsal«; damit meint die Schrift zuerst die dunkle kommende Stunde der Versuchung zur antichristlichen Zeit.

Aber das Wort steht auch für alles Leiden um Jesu willen. Gemeint sind alle, die Nachfolger Christi geworden sind und die nun hinter dem hergehen, der einst Knechtsgestalt annahm, ein Diener wurde und das Kreuz auf sich nahm. Durch Leiden wurde der Sohn Gottes vollendet. So wurde er das Lamm Gottes, das die Sünden der Welt hinweggetragen hat.

Wo aber kein Opfer ist, ist auch Christi Weg nicht, und ohne Tränensaat gibt es keine Freudenernte. Johannes sah auf den Gesichtern der großen unzählbaren Schar noch die Tränen stehen. Aber er sah auch, dass Gott »abwischen wird alle Tränen von ihren Augen«. Sie hatten Anteil an Jesu Heil, aber auch an seinem Weg der Leiden. Nun haben sie Anteil an seiner Herrlichkeit. Es steht gut um Gottes Reich, wenn Menschen da sind, die um Jesu willen sich selbst verleugnen und aus Liebe Opfer bringen.

Es ist die Stunde schönster Herrlichkeit für Jesus, der sich diese Schar erkaufte und nun vollendet bei sich sieht. Jetzt ist das Gebet erfüllt: »Vater, ich will, dass, wo ich bin, auch die bei mir seien, die du mir gegeben hast, dass sie meine Herrlichkeit sehen« (Joh 17,24).

Dem ersten Jubelruf folgt der siebengliedrige Lobgesang der Engel, Ältesten und Thronwesen (V. 11-12). Wenn schon Freude im Himmel ist bei einem Sünder, der Buße tut, was wird es sein, wenn die unzählbare Schar in das Licht vollendeter Herrlichkeit tritt!

Die große Trübsal

»Diese sind's, die gekommen sind aus der großen Trübsal!« Es sind die, die herausgerettet wurden aus der Stunde der Versuchung

(3,10). In der letzten schweren Leidenszeit vor dem Kommen des Herrn haben sie festgehalten an dem Namen Jesu, zum Teil bis zum blutigen Martyrium. Daniel schreibt davon (12,1): »Es wird eine solch trübselige Zeit sein, wie sie nicht gewesen ist.« Jesus spricht: »Es wird alsdann eine große Trübsal sein, wie sie nicht gewesen ist von Anfang der Welt bis jetzt und wie sie auch nicht wieder werden wird. Und wo diese Tage nicht verkürzt würden, so würde kein Mensch selig; aber um der Auserwählten willen werden die Tage verkürzt« (Mt 24,21f).

Ob die Blutzeugen von Offenbarung 7,14 ausschließlich aus der letzten Trübsal gekommen sind? Sollten die vielen Märtyrer aus den Jahrhunderten, die wir beim Öffnen des fünften Siegels sahen, ausgeschlossen sein? Soll nicht nach 1. Thessalonicher 4,13ff in einem Augenblick »zur Zeit der letzten Posaune« die ganze Gemeinde aller Zeiten zur Herrlichkeit gelangen?! Die Entschlafenen als auch die dann noch Lebenden? Bengel sagt an dieser Stelle: »Aus der großen Trübsal, das ist alle Mühe und Arbeit auf Erden, die der Herr verflucht hat, und der gesamte Jammer, da hinein das menschliche Geschlecht durch den Fall Adams geraten ist.«[21] Der Hinweis, dass es eine unzählbar große Schar ist, lässt uns an die ganze Christusgemeinde aller Zeiten denken.

Das Bibelwort stellt uns das Leiden nicht als etwas vor, was Gott denen erspart, die er liebt. Die Schrift zeigt es als ein Mittel der formenden Liebe Gottes. Der Herr gebraucht Sonne und Regen, um die Fluren fruchtbar zu machen. So segnet er die Seinen mit Frieden und Freude und bereitet sie auch durch Trübsale zu: »Welchen der Herr lieb hat, den züchtigt er« (Hebr 12,6). Trübsale haben ihren heilsamen Sinn. Aus ihnen soll ihm ein bewährtes, geläutertes Volk erstehen.

Es gibt ja noch so viel Unbewährtes, Ungeheiligtes und Sündiges. Das sind die Schlacken, von denen der Herr spricht: »Siehe, ich will dich läutern, aber nicht wie Silber; sondern ich will dich aus-

[21] J. A. Bengel, *Gnomon*, Anm. 3 zu Kap. 7,14.

erwählt machen im Ofen des Elends« (Jes 48,10). Petrus bereitet die Gemeinde darauf vor: »Lasset euch die Hitze, die euch begegnet, nicht befremden! … Denn es ist Zeit, dass anfange das Gericht an dem Hause Gottes. So aber zuerst an uns, was will es für ein Ende werden mit denen, die dem Evangelium Gottes nicht glauben?« (2. Petr 4,12-17). Vom Leiden sang der Dichter: »Droben bist du eine Würde, die nicht jedem widerfährt!« Der seinen geliebten Sohn durch Leiden zur Herrlichkeit führte, geht mit der Gemeinde den gleichen Weg.

Paulus hat das willig angenommen und bekannte (Phil 3,10): »… zu erkennen ihn und die Kraft seiner Auferstehung und die Gemeinschaft seiner Leiden, dass ich seinem Tode gleichförmig werde« (vgl. Kol 1,24). Der Weg zum Thron der Herrlichkeit geht durch Trübsal!

Das Blut des Lammes

Der schwere Weg der Märtyrer gehört zum zubereitenden Handeln Gottes. Sie haben die angebotene Gnade angenommen, »haben ihre Kleider gewaschen und haben ihre Kleider hell gemacht«! Das ist keine menschlich-verdienstvolle Leistung, sondern ein Lob auf das »Blut des Lammes«! Waschen und Bleichen sind zwei verschiedene Vorgänge. Waschen ist Reinigung und Bleichen ist Veredelung. Das Blut des Lammes reinigt uns und ist eine Kraft zur Heiligung.

Das Blut Christi ist kein überholtes Bild für längst Vergangenes. Es ist das Mittel und die wirksame Macht Gottes, durch die diese Schar gereinigt wurde. Dort oben im großen Gottesdienst kommt keiner an, der nicht persönlich bekennt: »Das Blut Jesu Christi, des Sohnes Gottes, macht uns rein von aller Sünde!« Dieses Blut redet von unserer Schuld. Vor allem redet es von *unserer bezahlten* Schuld. Durch Christi Blut können wir auch heute bekennen: »Ich bin ganz rein!«

Fragt doch die, die in großen Anfechtungen waren. Als die Macht der Finsternis nach ihnen griff, sei es in einer Stunde der Versuchung oder in okkulten Kämpfen, als sie sich bewusst unter die Vergebung des Blutes Christi stellten, wich die böse Macht. Denn wo Vergebung ist, hat der Teufel seine Gewalt verloren.

Vollkommener Dienst

Die so nah bei Gott am Thron sind, haben in diesem Erdenleben Jesu Einladung verstanden und sein Werk im Glauben angenommen. »Darum sind sie vor dem Thron Gottes und dienen ihm Tag und Nacht in seinem Tempel. Sie werden nicht mehr hungern und dürsten …, denn das Lamm mitten auf dem Thron wird sie weiden und leiten zu den Quellen des lebendigen Wassers, und Gott wird abwischen alle Tränen von ihren Augen!«

Wir möchten so gern zum Lob unseres Gottes einen vollkommenen Dienst leisten und leiden oft genug unter unseren Mängeln. Wohl gibt er auch heute schon Dienstgnade. Aber verglichen mit dem Dienst droben bleibt unser jetziger Dienst unvollkommen. Dort aber wird es ein vollkommener Dienst in vollendetem Sein werden; ein Dienst ohne Ermüden, Dienst in nächster Nähe des Herrn und in vollkommenster Gemeinschaft des Tempels. Dort wird unser Dienst nicht mehr behindert und gestört von menschlichen Gebrechen. »Gott wird abwischen alle Tränen von ihren Augen!« Nur den Leidträgern gilt diese Verheißung. Wer dem Leiden für Jesus auswich, jedem Opferweg für ihn fernblieb und keine Tränen weinte, was soll Gott ihm einst abwischen? »Die mit Tränen säen, werden mit Freuden ernten« (Ps 126,5; 56,9). Die Tränensaat wird aufgehen und eine große Ernte bringen. Mit diesem Ausblick wurde Johannes gestärkt, und mit dieser Hoffnung heißt uns der Herr fortschreiten zur Betrachtung der weiteren Kapitel.

Es kommt, wie es kommen muss, damit sich alles erfülle, »was deine Hand und dein Ratschluss zuvor bestimmt hatten, damit es geschehen sollte« (Apg 4,24-28).

Offenbarung 8,1-5: Die Gebete der Heiligen

Als das sechste Siegel brach, kam das Ende in den Blick. Da hätten wir erwartet, dass sich die Öffnung des siebenten Siegels anschließen würde, um den Posaunengerichten den Weg freizugeben. Die Zornschalengerichte hätten sich direkt danach über eine Welt, die sich im Aufruhr gegen Gott befindet, ergießen müssen, damit endlich das Böse gerichtet und aus dem Weg geräumt worden wäre durch den kommenden Christus. Doch das Finale dieser Weltzeit begann noch nicht. Gott gebot mächtigen Engeln, den Sturm antichristlicher Zeit aufzuhalten. Aufhalten? Davon schrieb Paulus an die Thessalonicher: »Was ihn noch aufhält, wisst ihr ... Der es jetzt noch aufhält, muss weggetan werden« (2. Thess 2,6ff). Was das Aufhaltende ist, darüber gibt es verschiedene Meinungen.

Die Antwort könnte in Offenbarung 7,1f zu finden sein. Auch nach Daniel 10 und 11 halten Engelfürsten Wacht über Völker und liegen mit bösen Mächten im Kampf. Wenn diese Wächter abtreten, folgt das Verderben. Noch halten sie den Sturm auf. Sie treten erst ab, wenn die Erwählten aus Israel und den Völkern zur Bewahrung versiegelt sind. Johannes wurde es gezeigt, damit er durch diese Vision gestärkt würde für den schmerzlichen Abstieg ins Tal der Gerichte und Tränen.

Aber jetzt bricht mit Kapitel 8 »das Lamm das siebente Siegel«. Auch das geschieht in dem großen Gottesdienst von Kapitel 4-5. Jetzt liegt das Buch offen da und zeigt Gottes Plan zur Vollendung der Welt. Jetzt muss der Sturm losbrechen. Da ist es, als ob es den Versammelten den Atem verschlüge, denn alle empfinden: Jetzt muss die letzte, alles vollendende Gottestat kommen. Das Buch ist geöffnet, in dem geschrieben steht, was über unsere Erde kommt. Jesus, das Lamm Gottes, war würdig gewesen, das Buch zu öffnen.

Mächtige Engelfürsten treten in den Blick und ihnen werden sieben Posaunen gegeben, mit denen Gott zum Angriff auf das Böse in dieser Welt blasen lässt. Damit sind furchtbare Gerichte verbunden, mit denen sich das Reich Gottes gegen das Böse Bahn brechen wird.

Zwei weitere Visionen geben den Blick frei zu weiteren Handlungen in jenem großen Gottesdienst, der mit Kapitel 4 und 5 begann. Er sah, was die Gebete der Heiligen bewirken. Kaum ein Buch der Bibel ist ja so sehr vom Geist des Gebetes und der Anbetung Gottes durchdrungen wie dieses letzte Buch der Bibel.

Doch bevor der Prophet hinabstieg in die Schau furchtbarer Ereignisse, zeigte ihm Gott den Ausgang aller Gotteswege in Kapitel 7. Durch den Ausblick auf die gerettete Schar der Versiegelten aus Israel und die große gerettete Schar aus allen Völkern, hatte Gott ihn gestärkt für den Eintritt in das dunkle Tal der Tränen.

Das Geschehen vor Gottes Thron

Die Gerichtsengel Gottes stehen bereit »und ihnen wurden 7 Posaunen gegeben«. Posaunen bliesen nach Ablauf von sieben Sabbatjahren, also nach 49 Jahren das fünfzigste Jahr ein, das »Halljahr«. In diesem Jahr wurden die Gefangenen und Geknechteten frei. Posaunen bliesen aber auch zum Krieg und Angriff. Im Ton dieser Posaunen liegt beides. Sie blasen, weil sich die Heilszeit vollenden wird in einer vollendeten neuen Schöpfung. Weil sich dem Heil Gottes aber so viel teuflischer Widerstand entgegensetzt, muss er sich den Weg gewaltsam freikämpfen.

Lange war Gott geduldig und warnte vergeblich. Jetzt bricht Gott auf, denn die Zeit ist erfüllt. Gleich muss der erste Posaunenstoß ertönen, und den Menschen auf Erden wird er in den Ohren gellen; aber noch bläst er nicht. Es ist, als ob Gott nur zögernd zu diesen letzten notwendigen Maßnahmen greifen wollte.

Ein anderer Engel empfängt zunächst Raum für eine überaus wichtige Handlung. Vers 3: »Ein anderer Engel kam und trat an den Altar und hatte ein goldenes Räuchergefäß, und ihm wurde viel Räucherwerk gegeben, dass er es darbringe mit den Gebeten aller Heiligen auf dem goldenen Altar vor dem Thron.« Dieser Engel steht im Dienst der Gebete der Heiligen. Die Kinder Gottes stehen also nicht beziehungslos zum Zeitgeschehen, sondern sind direkt an den Ereignissen in dieser Welt mitbeteiligt. Wodurch? Durch ihre Gebete!

Denken wir an die Lage der Christen damals. Sie wurden verfolgt und galten als Abschaum der Menschheit. Zwar hatten sie die Verheißung, dass Jesus Christus bald kommen würde. Aber er war immer noch nicht wiedergekommen. Sie hatten so sehr gebetet: »Komm bald, Herr Jesus«, mussten aber weiter leiden. Da wurden sie angefochten von der Frage, ob denn ihr Beten überhaupt Sinn habe. Was ist aus den vielen Gebeten geworden? Sind sie vielleicht zu unansehnlich und zu gering? Sind sie überhaupt bei Gott angekommen?

Wir kennen ähnliche Anfechtungen. Wir hatten um Gottes Sieg über die Macht des Bösen gebetet und sahen, wie sich die Mächte der Bosheit nur noch mehr entfalteten. Viele Gebete, Gebetsstunden und Gebetswochen haben scheinbar nichts zum Guten verändert. Die Bosheit nimmt weiter zu. Manchmal empfinden wir, dass unsere Gebete wie an der Zimmerdecke hängen bleiben. Es kommt vor, dass wir überrascht sind, wenn Gott tatsächlich eingreift.

Gebete werden erhört

Auf diese Anfechtung antwortet der Text und zeigt die Macht der Gebete der Heiligen. Die Gebete sind nicht verloren! Vollzählig sind sie da, denn Gott hat sie alle sammeln lassen. Höher als alles Arbeiten, Reden und sogar Opfern sind die Gebete der Kinder Gottes gestiegen. Hier ist nicht von den Gebeten einiger besonderer Heiliger die Rede, sondern vom Gebet *aller* Heiligen. Auch dein Gebet ist dabei!

Unsere Gebete dringen aus der Tiefe zur höchsten Höhe. Die »Gebete aller Heiligen« kommen im Himmel an. Keines ist verloren, keins ist zu gering! Das liegt nicht an der guten Qualität unserer Gebete, sondern an dem Priesterdienst Jesu. Er macht unsere Gebete hochwirksam. Das Bild vom Räucherwerk zeigt an, wie Gott unserem Beten zur Hilfe kommt. Es wird den Gebeten der Kinder Gottes beigegeben, damit es angenehm vor Gott aufsteige. Gott hilft unserem Mangel auf und sendet seinen Engel. Diesem Engel »wurde viel Räucherwerk gegeben, dass er es bringe mit den Gebeten aller Heiligen auf dem goldenen Altar vor dem Thron«. Nun können unsere Gebete in Verbindung mit dem Räucherwerk des Engels zu Gottes Thron aufsteigen. Die Botschaft ist klar: Unsere Gebete sind untermischt vom Eigenen und vom Verkehrten, denn wir sind noch nicht vollendet. Aber Gott trägt gnädig der Unvollkommenheit unserer Gebete Rechnung und fügt unseren Gebeten bei, was fehlt.

Was aber macht unser Gebet angenehm und wirksam und trägt es zum Herzen Gottes, dass wir »in seinem Namen« erhörlich beten können? Jesus hat gesagt, dass wir in seinem Namen beten dürfen (Joh 14,13; 15,16; 16,23f). Vor allem steht Jesus Christus selbst hinter unserem Beten (Hebr 7,25), denn: »Er lebt immerdar und betet für uns.« Er macht unsere Gebete kräftig und durch ihn sind sie wertvoll und werden erhört. Sein Hohepriesterdienst der Fürbitte ist das »Räucherwerk«, das unser Beten zum Thron trägt.

Welch ein Verlust ist es, wenn unsere Gebete dort fehlen! Satan will unsere Gebete verhindern, denn er weiß besser als wir, welche Wirkungen sie haben. Darum versucht er, das Gebetsleben zu lähmen. Er stört uns nicht in unseren vielen Aktionen, denn das gefährdet sein Reich nicht. Aber unser Beten fürchtet er wie die Pest. Wenn Satan den Glauben stören und zerstören will, greift er das Zentrum an. Und das Zentrum unserer Beziehung zu Gott liegt im

Beten. Hat er dies Zentrum getroffen, so hat er das Herz getroffen und hat vollen Erfolg. Dann siechen Gemeindeglieder und Gemeinden dahin. Ein Christ ohne Gebetsleben ist ein geistlich sterbender Christ und eine Gemeinde ohne treue Beter ist eine tote Gemeinde. Jeder Abfall beginnt im vernachlässigten Gebet.

Der Einblick in den Himmel macht Mut zum Teilnehmen am Wirken Gottes durch die Macht unserer Gebete. »Und der Rauch des Räucherwerks stieg mit den Gebeten der Heiligen von der Hand des Engels hinauf vor Gott!« Mehr als auf alles andere Tun achte auf deine Gebete! Sieh zu, dass dein Gebet dort nicht fehlt!

Gebetswirkungen

Wie es mit der Antwort auf die zum Thron gestiegenen Gebete aussieht, zeigen die Worte: »Der Engel nahm das Räuchergefäß und füllte es mit Feuer vom Altar und schüttete es auf die Erde … und die sieben Engel mit den sieben Posaunen hatten sich gerüstet zu blasen.«

Die Gebete waren aufgestiegen aus Seufzern, Tränen und Leiden, die die Gemeinde zu erdulden hatte und immer noch erduldet. Zwar ersehnen die Beter nicht das Gericht, aber es geht ihnen um den Anbruch seines Reiches und das Ende der Sünde. Darum beten sie: »Dein Reich komme!« Mit ihren Gebeten helfen sie, dass dieser Weltzeit ein Ende bereitet wird und Jesu Reich kommt. Die Offenbarung zeigt den starken Zusammenhang zwischen dem was Gott auf Erden tut und unseren Gebeten. Gott beteiligt uns durch unsere Gebete am Kommen seines Reiches.

Aus den ersten Jahrzehnten der nachapostolischen Zeit kennen wir ein Abendmahlsgebet der Gemeinde. Es schließt mit den Worten: »Es komme die Gnade und es vergehe diese Welt. Hosianna dem Sohne Davids. Wenn einer heilig ist, der komme herzu. Wer es nicht ist, der tue Buße. Marana tha« (Apostellehre Kap. 9 u. 10).

Der Textzusammenhang zeigt, dass hier nicht die Gebete beschrieben werden, die selbstsüchtig um das eigene Wohl kreisen. Es geht vor allem um die Gebete, die im Dienst des Reiches Gottes stehen und um die Ankunft Jesu ringen. Es sind zielgerichtete Gebete. Wir aber fragen uns, ob unsere Gebete erlöst sind für die großen Anliegen Gottes. Geht es uns mehr um unser zeitliches Wohl oder um das ewige Heil? Zeigen unsere Gebete Eigenliebe oder Liebe zu Jesus? Sind wir noch wie die Leute, »die auf ihren Herrn warten«?

Wie oft betteln wir vor Gott um kleine Münzen, und Gott hat doch ein Reich zu vergeben! Wir brauchen eine Erweckung zur Haltung jenes Gebetsliedes: »Wir sehnen uns mit dir zu sein bei deiner Hochzeitsfreude. Oh, Jesu, sieh, wir harren dein, geschmückt in deinem Kleide. Wir schauen freudig himmelwärts und immer lauter ruft das Herz: Oh, komme bald, Herr Jesu!« Dieser Grundton urchristlichen Betens ist selten geworden und selten wurde die Bitte: »Amen, ja komm, Herr Jesus!« Wir brauchen eine Korrektur zum zielgerichteten Beten.

Das Gebet des Mose wandte eine Schlacht zum Sieg. Das Gebet des Elia hielt den Regen fern und rief ihn wieder herbei. Das anhaltende Gebet der Gemeinde half Petrus aus dem Gefängnis. Doch eines der stärksten Beispiele von der Gebetsmacht der Heiligen bringt unser Text. Unser Gebet soll zu Feuer werden und mitten in der Zeit Gottes Wirken sichtbar machen, dass Jesu Herrschaft anbreche und bleibe. Vor allem bitten wir um das Feuer der Erweckung, dass uns das Kleine klein werde und das Große groß und viele in Christi Reich finden!

Offenbarung 8,6-9,21: Die ersten 4 Posaunengerichte

»Und die sieben Engel mit den sieben Posaunen hatten sich gerüstet zu blasen.« Der Ruhe vor dem Sturm folgt plötzlich, ohne jede weitere Vorankündigung, die erste Posaune, die zum Gericht bläst. Es hatte allerdings zuvor genug »Zeichen der Zeit« gegeben und durch Gottes Güte genug Möglichkeiten zur Umkehr. Nun redet Gott in schweren Gerichten. »Die sieben Engel, die vor Gott stehen«, bringen mit jedem neuen Posaunenstoß das Gerichtshandeln Gottes über eine Menschheit, die satt und gottlos dahintreibt.

Der erste Posaunenstoß wird zu einem jähen Erwachen aus den Träumen von Frieden und Sicherheit: »Wenn sie sagen werden: Es ist Friede, es hat keine Gefahr, dann wird sie das Verderben schnell überfallen« (1. Thess 5,3; Mt 24,39; Lk 21,34f). Lange hatte Gott Geduld, gab Leben und guten Lebensraum. Für »Böse und Gute« gewährte er Leben und Nahrung. Jetzt wird dem abtrünnigen Menschen der Raum zum Leben eng. Die Naturkräfte versagen ihren Dienst und die Sicherheiten für unsere menschliche Existenz zerbrechen. Die Zeit des Gerichtes ist da. Land, Wasser und Licht werden getroffen, und der dritte Teil dieser Gottesgaben wird zerstört.

Die vier ersten Posaunen treffen die Umgebung des Menschen, während die nachfolgenden Gerichte den Menschen beschädigen. Der Lebensraum wird noch nicht ganz zerstört, sondern nur der dritte Teil. Mitten im Gericht ist Gottes Gnade noch da und gibt dem Menschen die Möglichkeit zur Buße. Aber doch, wie schrecklich wird der Zorn schon in den vier ersten Posaunen offenbar!

Was wird mit den vier Posaunen angekündigt? J. A. Bengel sah in der 1. Posaune den Krieg der Römer unter Hadrian gegen die Juden. Unter den »Bäumen« verstand er die Vornehmen, unter dem »Gras« die allgemeine Mannschaft. Der große Berg der 2. Posaune war für ihn die Völkerwanderung, die erdrückende Masse wilder

Völker, die ins Römische Reich einbrachen. Unter den Fischen verstand er die Menschen; in den Schiffen meinte er Staaten zu sehen. Im vom Himmel fallenden Stern der 3. Posaune erkannte er Arius mit seiner falschen Christologie, der aus dem Kirchenhimmel gefallen sei. Von der 4. Posaune schrieb er: »Das geschah im 5. Jahrhundert, da Italien und Rom … durch fremde Völker besetzt und gleichsam verfinstert ward.«[22] Diese Beispiele zeigen die Grenzen einer Auslegung, die in der Offenbarung die Kirchen- oder Weltgeschichte wiederfinden will.

Andere Ausleger, wie Schlatter, Behm oder Lilje, beschränken sich darauf, die Zerstörung von Lebensraum und Lebensmöglichkeit zu sehen als Sturmboten und Weckrufe zum Gericht. Jesus kündete an (Lk 21,25f): »Auf Erden wird den Völkern bange sein, und sie werden verzagen … Und die Menschen werden vergehen vor Furcht und Erwartung der Dinge, die kommen sollen über die ganze Erde, denn auch die Kräfte der Himmel werden ins Wanken kommen.« Eine Deutung der einzelnen Posaunen wird von ihnen kaum vorgenommen.

Beachtenswerte Hinweise gab 1962 der Naturwissenschaftler Bernhard Philberth in seinem Buch *Christliche Prophetie und Nuklearenergie*.[23] Er sah in den Weissagungen der Offenbarung einen konkreten Ablauf kriegerischer Ereignisse, »eine überaus nüchterne und kurzgefasste Erlebnisbeschreibung«, wie er zur Abfassungszeit seines Buches möglich war.

Philberth weist darauf hin, dass Johannes in einer gänzlich untechnischen Zeit Dinge beschrieben hat, für die ihm nur die Vergleiche seiner Zeit zur Verfügung standen. Mit dem Fachwissen eines Naturwissenschaftlers sieht er in diesen Schilderungen den Verlauf eines Nuklearkrieges. Er betont das Unvermittelte einer solchen Katastrophe und wie die Posaunen ohne Ankündigung auf Erden dem Schrecken Bahn machen.

[22] J. A. Bengel, *Gnomon*, Anm. 2 zu Kap. 8,12.
[23] Bernhard Philberth, *Christliche Prophetie und Nuklearenergie*, Stein am Rhein ⁹1975.

Er sieht in diesen Gerichten einen atomaren Großkrieg, und die Deutung der Posaunen wird erschreckend gegenwartsnah. Weil sie derzeit die am schwersten zu widerlegende Auslegung ist, möchte ich mich bei den Posaunengerichten an seine Ausführungen halten.

Der erste Posaunenstoß lässt Hagel und Feuer vom Himmel fallen, das sich mit Blut vermischt. Das ist zur entsetzlichen Möglichkeit geworden. Um einen vergrößerten Wirkungsbereich zu haben, lässt man A-Bomben in ca. 400 m Höhe zur Detonation gelangen und H-Bomben in ca. 4000 m Höhe. »Buchstäblich wird dabei Feuer in Gestalt von Licht, Röntgen- und Gammaquanten auf die Erde geschleudert« (S. 170). Gesteine und Organismen vergasen.

Aber vermischt sich das Feuer auch mit Blut? »Unmittelbar entstehen mit der Detonation in der Glutwolke die radioaktiven Spalt- und Anlagerungskerne, die vor allem über das Blut als Giftstoffe wirken … Zellausfälle mit Blutzersetzungen und Krebswucherungen sind die hauptsächlichen Folgen« (S. 171). »Diese strahlenden Radioisotope verbreiten sich in der Atmosphäre. Mit dem Regen dringen sie etwa 10 cm tief in den Boden ein und zerstören alles Gras, während die Bäume mit ihren tieferen Wurzeln zum Teil die Katastrophe überstehen« (S. 171).

»Und es stürzte etwas wie ein großer Berg mit Feuer brennend ins Meer« (V. 8f). Eine Wasserstoffbombe der Megatonnenklasse vermag eine Wassermenge von ca. 10 000 000 cbm zu verdampfen. Zur Bekämpfung von Flotteneinheiten plant man solche Einsätze. Sie erzeugen eine feuerglühende, schwach konische Halbkugel. »Mit ihrer Gestalt, ihrem Durchmesser und ihrer Höhe von einigen Kilometern und Megatonnenmasse kommt sie einem großen Berge gleich.« Eine Stoßwelle im Wasser bohrt die Schiffe im weiten Umkreis ins Meer. »Und der dritte Teil der lebendigen Geschöpfe im Meer starben« (V. 9a). »Die Untersuchung dieser biologischen Gefahrenquellen (Hochseefischerei!) und die mechanische Zerstörung von Schiffen (Seekriegsplanung) war das Hauptprogramm verschiedener Nuklearbombenexperimente« (S. 172).

»Und es fiel ein großer Stern vom Himmel, der brannte wie eine Fackel und fiel auf den dritten Teil der Wasserströme« (V. 10f). Unüberwindliche Schwierigkeiten standen einer Auslegung der vom Himmel herabfallenden Sterne im Wege (6,13 und hier). Wie sollten Sterne auf die Erde fallen können, ohne dass die Erde pulverisiert wird? Nun haben wir seit einigen Jahren künstliche Sterne, die unsere Erde mit kosmischen Geschwindigkeiten umkreisen. »Nur mit Raketen sind kosmische Geschwindigkeiten erreichbar. Massen mit kosmischen Geschwindigkeiten – auch künstliche Geschosse – gehören physikalisch den Gestirnen an« (S. 82). »Heute bilden die interkontinentalen Geschosse als künstliche Gestirne das Rückgrat der Kriegstechnik« (S. 173). Beim Wiedereintauchen in die Atmosphäre würde das Geschoss verdampfen. Es war das Problem, die Bremswärme vom Geschossinneren abzuhalten. »Seit 1959 ist dies Problem so gelöst, dass das Geschoss mit einem Kunstharzmantel umgeben wird, in welchen zur Verzögerung der Abbrenngeschwindigkeit hochschmelzende Bestandteile wie etwa Quarz eingelassen sind« (S. 173f). Im Niedergang raucht und brennt dieser Harzmantel wie eine Fackel ab.

Von manchen dieser »Gestirne« geht eine große Giftwirkung aus, die Brunnen und Wasser vergiften. »Es gibt sogar nukleare Giftbomben ohne Explosivwirkung, die gewisse, aus den Reaktorabfällen abgesonderte Radioisotope über dem Zielgebiet abrauchen. Das Fehlen der hochsteigenden Detonationswolken vermeidet eine Verbreitung der Radioverseuchung in das Land des Angreifers selbst« (S. 174).

Philberth sah in den ersten Posaunen den Beginn eines atomaren Großkrieges. Hat er aber für die 4. Posaune eine Erklärung? Er schreibt: »Die Energie jeder A-Bombe der Kilotonnenklasse würde ausreichen etwa 1000 Tonnen Gestein zu verdampfen; jede H-Bombe der Megatonnenklasse etwa Millionen Tonnen … Die ungeheure mechanische Gewalt … führt zu einer Verstaubung noch viel größerer Gesteinsmassen. Durch den Staubsog der hochstrebenden Glutwolken wird dieser Staub in viele km Höhen, zum Teil … bis in die Stratosphäre verbracht, wo er sich über alle Kontinente verteilt. Der Staubauswurf des Krakatau (Sundastraße, 1883)[24] hatte noch jahrelang bis nach Europa eigenartige Sonnenfärbungen und Verschleierungen zur Folge. Ebenso nur in viel größerem Umfang bewirkt die Staubhebung eines nuklearen Großkrieges eine bedeutende Verringerung der Lichteinstrahlung von Sonne, Mond und Sternen … Man kann mit Sicherheit sagen, dass bei Einsatz aller derzeit gelagerten A- und H-Bomben eine sehr viel stärkere Verfinsterung als 30 % eintreten würde« (S. 175). Offenbarung 6,12: »Die Sonne wurde finster wie ein schwarzer Sack …!«

Mit einem schrecklichen Ruf werden in V. 13 die nächsten drei Posaunen angekündigt. Jede der letzten 3 Posaunen wird von einem *»Wehe«* begleitet. Jetzt geht es unmittelbar an den Menschen heran. Gottes Zorn bricht sich in Gerichten Bahn. Es ist ähnlich wie bei den ägyptischen Plagen: Gott befreite mit den Plagen über Ägypten sein Volk. Die ersten Plagen trafen Ägypter und Juden. Die späteren nur die Ägypter. Die Gemeinde weiß, dass die Ereignisse auf Erden im Himmel ausgelöst werden. Und der ihnen Zeit und Stunde bestimmt, vergisst sein Volk nicht.

Der verfinsterte Mensch schuf sich selbst die Waffen zu seiner Zerstörung. Wir sahen in diesen Posaunen, wie sich die furchtbaren Möglichkeiten der Atomwaffen entfalteten. So wird erfüllt, was Jesaja ankündigte (13,8-16; 24,1ff): »Schrecken, Angst und Schmerzen wird sie ankommen … Denn siehe, des Herrn Tag kommt grausam, zornig und grimmig, das Land zu verstören und die Sünder daraus zu vertilgen … Ich will den Erdboden heimsuchen um seiner Bosheit willen … Darum will ich den Himmel bewegen, dass die Erde beben soll von ihrer Stätte!« Gott lässt posaunen, die Dämme wider den Krieg brechen, und das Verderben nimmt seinen Lauf.

»Und ich sah und hörte, wie ein Adler mitten durch den Himmel flog und sagte mit großer Stimme: Weh, weh, weh denen die auf

[24] Vulkanische Insel in der Sundastraße zwischen Sumatra und Java. 1883 wurde durch Vulkanausbruch die halbe Insel weggesprengt.

Erden wohnen wegen der anderen Posaunen ...« (8,13). Die nun folgenden Posaunengerichte greifen den Menschen direkt an, und er erfährt den Zorn Gottes am eignen Leibe.

Mit der fünften Posaune tritt der nukleare Großkrieg in ein neues Stadium. Wieder beschreibt Johannes die Ereignisse mit den Worten einer Zeit, in der allein Muskelkraft das Geschehen beherrschte; etwa 1000 Jahre vor dem Bekanntwerden des Schießpulvers, knapp 2000 Jahre vor dem ersten Flugzeug, dem ersten Leichtmetall, dem ersten Maschinengewehr.

Offenbarung 9,1-21: Die 5. und 6. Posaune

Mit dem Blasen der fünften Posaune sieht Johannes einen Stern vom Himmel auf die Erde fallen, der den Schacht des Abgrunds öffnet (9,1ff). Manche Ausleger denken an einen Engel, der den dämonischen Heeren den Weg zur geplagten Menschheit freigibt. Philberth denkt an einen Satelliten, der mit seiner Vernichtungskraft ohne die Möglichkeit einer Vorwarnungszeit auf das feindliche Land herniederstürzt. »Die ungeheuren Raketengeschwindigkeiten von ca. 8 km/sec zwingen im Rahmen der Konzeption der Abschreckung zu einer Automatisierung des Gegenschlages ... In der Automatisierung des Gegenschlages ist buchstäblich dem niedergehenden Satellitengeschoss der Schlüssel zur Öffnung der unterirdischen Schächte gegeben« (S. 183f).

Aus der ungewöhnlich starken, ofenartigen Rauchentwicklung sieht Johannes ein Heer von Heuschrecken aufsteigen. Alle Züge des Bildes sprengen den Rahmen realer Heuschreckenschwärme. So haben diese Heere auch nicht die Zerstörung der Ernte und des Grüns zum Ziel, sondern richten ihre Waffen direkt gegen den Menschen. Philberth meint hier den Einsatz von Kampfflugzeugen zu sehen, wie sie nach einem H-Bombeneinsatz zu erwarten sind und einem Landkrieg vorangehen. Tiefflieger erregen Panik. Uns erscheint es selbstverständlich, dass solche »Heuschrecken« sich nicht gegen das Gras richten sollen, sondern gegen die Menschen. Einem Menschen von damals aber nicht. »Er sieht die Zerstörungsgeschwader auf die Menschen aus der Luft niederstoßen wie die Heuschreckenschwärme auf die Felder. Mit ihrer Flügel- und Rumpfform, mit ihrer Steifheit und dem metallischen Glanz ihres Chittins, mit der Art der Körperhaltung und der Flugbewegung hat die Heuschrecke mehr Ähnlichkeit mit dem Flugzeug als jedes andere flugfähige Tier ... Er hört den gewaltigen Lärm, den er als ›Flügelschlag‹ bezeichnet und vergleicht sie mit dem Lärm vieler in den Streit ziehenden Streitwagen ... Er sieht die Läufe der Bordwaffen als ›Schwänze und Stacheln‹ und empfindet, dass eben aus diesen kommt, was die Menschen beschädigt und peinigt« (S. 187f).

Philberth gibt *eine eventuell mögliche Erklärung*, wobei offen bleibt, ob sich die Erfüllung der angekündigten Gerichte so oder anders ereignen wird. Ungeachtet dieser Frage entfesselt jeder Krieg in besonderem Ausmaß dämonische Mächte. »Der Krieg ist das Hohngelächter der Hölle« (Klopstock, in: Messias). So wird auch der Satan in diesen Abläufen sein Werk treiben, wird die Glut des Hasses und der Vernichtung schüren. Dies ist das »erste Wehe«. Die Plage ist schwer, dass sie sterben möchten, »aber der Tod wird vor ihnen fliehen« (V. 6).

»Und der sechste Engel blies seine Posaune ...: Lass los die vier Engel, die gebunden sind an dem großen Strom Euphrat. Und es wurden losgelassen die vier Engel, die bereit waren für die Stunde und den Tag und den Monat und das Jahr, zu töten den dritten Teil der Menschen. Und die Zahl des reitenden Heeres war vieltausendmal tausend« (wörtlich: »zweimal Zehntausend mal Zehntausend; ich hörte ihre Zahl«).

Der Krieg weitet sich aus, unermessliche Menschenmassen setzen sich von Osten her (V. 14) in Bewegung, wo Gott ihnen Grenze und Zeit gesetzt hatte. Sie standen schon bereit, zu töten den dritten Teil der Menschheit (V. 15). Aber Gott hatte ihnen die Stunde gesetzt. Erschreckend aktuell werden die aufmarschierenden Riesenheere, deren Zahl heute nicht mehr im Bereich des Phantastischen liegt.

Johannes sah ihre Waffen und beschrieb sie als Rosse, und doch sahen sie so anders aus. Als die Maschinen aufkamen, gab man ihnen Namen aus dem Tierreich. »Die erste, sich selbst bewegende Maschine war zweitausend Jahre später die Lokomotive, die die Leute damals als ›Stahlross‹ bezeichneten.« Als im 15. bis 17. Jahrhundert die langen, kleinkalibrigen Geschütze aufkamen, nannte man sie »Feldschlangen«. Ähnlich kann es hier sein. So sah Johannes die Macht in »ihren Schwänzen«, und sie »hatten Häupter«. »Er erkennt die Geschützrohre aus dem Turm ragen mit ihrer kopfartigen Verdickung, der Rohrrückstoßbremse« (S. 190).

Unvorstellbar groß waren die Verluste der ersten beiden Weltkriege. Der in der Apokalypse beschriebene Krieg wird ihre Schrecken übersteigen. Der dritte Teil der Menschen ist dem Untergang verfallen (V. 15.18). Da müssten die Menschen doch einhalten und umkehren. Aber sie haben sich weder durch Gottes Güte zur Umkehr leiten lassen, noch durch die nun kommenden Gerichte:

»Und die übrigen Leute, die nicht getötet wurden von diesen Plagen, bekehrten sich doch nicht von den Werken ihrer Hände …, und sie bekehrten sich auch nicht von ihren Morden, ihrer Zauberei, ihrer Unzucht und ihrer Dieberei.« Mitten im Gericht hatte Gott noch Gnade angeboten. Aber »sie wollen sich nicht bekehren« (Jer 5,3). »Alles bricht zusammen, nur das menschliche Herz nicht« (Kohlbrügge).

Die Posaunengerichte scheinen dem Offenbarwerden des Antichristen vorauszugehen. Es kann gut sein, dass die kriegerischen Katastrophen mithelfen, ihm den Weg zu bereiten. Denn nach diesen Kriegsschrecken kann die Bereitschaft groß sein, alle Macht in eine Hand zu geben; eine Hand, die verspricht, den Frieden zu bringen.

Wo ist Bewahrung in dieser Schreckenszeit? Es gibt eine Bewahrung, und davon spricht Kapitel 9,4. Ausdrücklich wird der Schutz der Versiegelten erwähnt. Noah durfte eingehen in die Arche. Lot fand ein Zoar. Die Kinder Israels erlebten Bewahrung im Gericht über Ägypten. »Gott der Herr ist Sonne und Schild!« (Ps 84,12). Wie er die Seinen bewahrt, ist seine Sache und es liegt in seinem Willen, ob er auch den Leib schützt. Aber in jedem Fall wird er die Seele unbeschadet nach Hause bringen.

Mit dem Siegel Gottes sind die versehen, die ihm gehören und mit Christi Blut erkauft sind von der Erde. Sie haben den Heiligen Geist empfangen, durch den sie versiegelt sind. Darum: »Betrübet nicht den Heiligen Geist Gottes, mit dem ihr versiegelt seid auf den Tag der Erlösung« (Eph 4,30).

Die vierte Visionsgruppe

Offenbarung Kap. 10-14

Nach der sechsten Posaune und bevor die siebte Posaune ertönt, erschließt sich die vierte Visionsgruppe mit einer vielfältigen Schau in die unsichtbare Welt.

Schreckliche Ereignisse zogen mit dem Ablauf der sechs Posaunen an uns vorüber, Kriegsnöte in ungekanntem Ausmaß und die Dämonisierung der Völker. Gott schwieg nicht mehr, sondern redete im Zorn. Doch »die übrigen Leute, die nicht getötet wurden von diesen Plagen, taten nicht Buße« (9,20f)! Die schrecklichen Gerichte werfen die Frage auf, ob ein Gott der Liebe so etwas zulassen kann. Unsere heutigen Gottesvorstellungen sind ja weithin anders geprägt. Die Heiligkeit Gottes ist einem sentimentalen Jesusbild, das viele Aussagen der Bibel ausblendet (siehe Seite 41-43) gewichen.

Vorübergehend wird Gottes Liebe von seinem Zorn verhüllt. Aber mitten im Ablauf der Schrecken stärkt Gott seinen Knecht mit dem Ausblick auf die Vollendung. Lilje schrieb: »Während sich die Bilder von den unsagbaren Qualen und Nöten fortgesetzt steigern und das Herz der Gemeinde unter der Vorausschau erzittert, ja während die Entfaltung der letzten und stärksten Plagen vor der Tür steht, gerade in diesem Augenblick wird dem Glaubensdenken der Gemeinde noch einmal eine tiefe und klare Weisung gegeben, und noch einmal wird auf den Hintergrund aller Geschichte hingewiesen.«[25]

Je größer die Finsternis wird, desto näher rückt der Tag.

[25] Hanns Lilje, *Das letzte Buch der Bibel,* S. 135/Kap. IV. 4, Anm. zu Offb. 10,1-11.

Offenbarung Kap. 10: Die sieben Donner

Gewaltig steht der starke Engel über der Zerstörung, die sich mit den Posaunengerichten über die Erde ergoss. Der Engel steht zum Zeichen dafür, dass Gott am Werk war und ist. Die Wirkungen aber sind Botschaft an den Menschen: »Kommt her und schauet die Werke des Herrn, der auf Erden solch ein Zerstören anrichtet, der den Kriegen steuert in aller Welt ... Seid stille und erkennt, dass ich Gott bin« (Ps 46,9f). Amos fragt: »Ist auch ein Unglück in der Stadt, dass der Herr nicht tue?« (3,6).

Wohl stehen die Füße des Engels wie Feuersäulen auf der Erde, aber über seinem Haupt leuchtet ein Regenbogen der Gnade. Denn in Gericht und Gnade bricht Gott seinem Reich die Bahn.

Dem mächtigen Ruf des Engels folgt die Antwort der sieben Donner. »Er schrie mit großer Stimme, wie ein Löwe brüllt« (V. 3). Psalm 29 lässt Gottes Stimme im Donner erschallen: »Der Gott der Ehren donnert, der Herr über großen Wassern ...! Der Herr sitzt, eine Sintflut anzurichten; der Herr bleibt ein König in Ewigkeit. Der Herr wird seinem Volk Kraft geben.« Johannes hörte die Botschaft der Donner, aber was hier gesprochen wurde, bleibt versiegelt.

Die Gemeinde muss wissen, dass ihr noch manches verhüllt ist, und es Dinge gibt, von denen wir jetzt noch nichts wissen sollen; eben auch das, was die sieben Donner reden. Wir haben also auch mit Ereignissen zu rechnen, die vorerst verborgen bleiben. Lassen wir uns daran genügen, dass Gott es weiß, der alles gerecht und weise geplant hat.

Mit einer heiligen Beteuerung, dass Gottes Plan unabänderlich seinen Gang nimmt, schwört der Engel beim Höchsten, »dass hinfort keine Zeit mehr sein soll« (V. 6). In Kapitel 6,11 lasen wir beim fünften Siegel, dass sie »ruhen müssten, bis vollzählig dazu kämen ihre Mitknechte und Brüder«. Jetzt soll keine Zeit mehr sein. Zu Ende ist die Zeit der Gnade, und die Unbußfertigkeit empfängt ihre schreckliche Bestätigung.

Das gleiche Wort aber ist ein Wort des Erbarmens für die Gemeinde, die auf ihren Herrn wartet. Jetzt gibt es keine Verzögerung mehr. Die Tage sollen abgekürzt werden (Mt 24,22)! »Bald kommt das Ende, und was es bringt, ist die Überwindung des Bösen, die alle Schrecken vergessen lässt, ist die Seligkeit des Heils des Reiches Gottes, die Erfüllung aller Heilsverheißungen.«[26] Die Zeit flieht und die Ewigkeit naht! Was durch Sünde verdorben wurde, zerbricht, und die heilvolle Ewigkeit schreitet zum Sieg.

Denn »in den Tagen, wenn der siebente Engel ... seine Posaune blasen wird, soll vollendet werden das Geheimnis Gottes!« Was sagt die Heilige Schrift vom Geheimnis Gottes? Römer 11,25f spricht Paulus von einem Geheimnis: »Blindheit ist Israel zum Teil widerfahren, bis die Fülle der Heiden eingegangen und also ein ganzes Israel gerettet werde!« Offenbarung 11 wird mehr darüber sagen! In 1. Korinther 15,51ff lesen wir von einem Geheimnis, das die Gemeinde betrifft: »Siehe ich sage euch ein Geheimnis, wir werden nicht alle entschlafen, wir werden aber alle verwandelt werden, und dasselbe plötzlich, in einem Augenblick, zur Zeit der letzten Posaune« (15,51ff).

Die »große Stimme« des Engels ist für Menschenohren nicht hörbar. Darum wird dem Apostel ein Auftrag zur weiteren prophetischen Rede gegeben. Er sieht ein Buch in des Engels Hand und hört: »Geh hin, nimm das offene Büchlein! Geh hin und verschling's. Und es wird dir bitter im Magen sein, aber in deinem Mund wird's süß sein.« Die Botschaft muss den Propheten durchdringen und ein Teil seiner selbst werden; denn wenn es nur sein Denken erreichen würde, wäre das viel zu wenig. Es ist eine Freude, Gottes Wort zu empfangen, »süß« wie es Hesekiel einst erfuhr (Hes 3,3); süß, weil es die Botschaft vom Sieg Gottes ist. Aber das Wissen und die Weitergabe können schmerzlich sein. Bitter und schwer kann die Botschaft auf dem Verkündiger lasten, weil der Sieg mit hartem Kampf verbunden ist. Süßigkeit und Bitterkeit gehören zum Dienst.

[26] Johannes Behm, Die Offenbarung des Johannes, in: *Das Neue Testament Deutsch, Teilband 11,* Göttingen ^{4}1949, S. 57.

Offenbarung Kap. 11: Die Zeugen und das Tier

Der Machtkampf in Jerusalem zwischen den beiden Zeugen und dem Antichristen

Eindeutig führt uns das elfte Kapitel nach Jerusalem (V. 8) als dem Mittelpunkt des jüdischen Staates. Es wird vorausgesetzt, dass Israel sich wieder im Land der Väter gesammelt hat, ganz so wie es die Propheten angekündigt haben (Dan 12,7).

Johannes wird beauftragt, in einer symbolischen Handlung mit einem göttlichen Maßstab den Bezirk abzugrenzen, der zu Gott gehört und wohl die versiegelten Juden (7,1-8) meint. Erfordert diese Weissagung den Aufbau eines Tempels in Jerusalem? Das ist eine Möglichkeit der Erfüllung. Eine andere würde die Handlung symbolisch fassen und auf den »heiligen Rest« weisen, den Gott sich aus diesem Volk herausläutert. Die wahren Anbeter, die wirklichen Kinder Abrahams zählen zum eigentlichen Tempel Gottes. Der Vorhof des Tempels wird den Heiden preisgegeben und 3 $^1/_2$ Jahre zertreten. Die Zeit der Scheidung ist da.

Was ist das für eine Zeit? Im Gang der sechsten Posaune hat ein gewaltiger Krieg die Erde erschüttert. Wahrscheinlich ist damit Israel in den Mittelpunkt der politischen Ereignisse gerückt. Hesekiel sprach von einem Volk, das »in der Mitte der Erde wohnt« (Hes 38,12). In den Kapiteln 37-39 beschreibt er Israels Wiederherstellung und den großen Krieg, der vom Norden her über das heimgekehrte Israel hereinbrechen wird »am Ende der Zeiten« (38,8).

In der allgemeinen Not bietet sich dem kleinen, bedrängten Volk ein zwielichtiger Bundesgenosse an, von dem Jesus ankündigte: »Ihr nehmt mich nicht an. Wenn ein anderer kommen wird in seinem eigenen Namen, den werdet ihr annehmen« (Joh 5,43). Mit diesem Wort hatte Jesus auf den Antichristus hingewiesen.

Im 11. Kapitel tritt erstmals in der Offenbarung der Antichrist deutlich hervor. Damit müssen wir zunächst verweilen bei dieser geheimnisvollen Persönlichkeit, dem letzten großen Diktator während der »Zeit der Heiden«. Seine Zeit ist kurz bemessen. Die Propheten Johannes und Daniel nennen zweimal 3 1/2 Jahre, mal nach Tagen gezählt, mal nach Monaten. Die erste Phase scheint die Zeit seiner Machtanbahnung zu sein, in den zweiten dreieinhalb Jahren übt er seine Macht total aus.

Die Danielweissagungen deuten auf Antiochus Epiphanes IV. Dieser ist der Prototyp des Antichristen. Aber wie die Zerstörung Jerusalems im Jahre 71 nach Christus über sich selbst hinausweist auf die »Zeit des Endes«, wie sie beschrieben wird in Sacharja 14 und Matthäus 24,15ff, so ist es manchmal in der Prophetie. Auch die Schreckensherrschaft dieses Seleukiden-Herrschers ist zum apokalyptischen Vorbild und Maß geworden. Aus Daniel 11 (V. 7f) geht hervor, dass er aus geringen Anfängen, aber aus einem Zehnstaatenbund aufsteigen wird. »Der wird unerwartet kommen und sich durch Ränke die Herrschaft erschleichen« (11,21). Offenbarung 17,12-13 zeigt den staunenswerten Vorgang, dass die Machthaber seiner Zeit sich seinen Zielen einordnen und sogar unterordnen: »Diese sind eines Sinnes und geben ihre Kraft und Macht dem Tier.« Dies ist kaum denkbar, wenn sie nicht durch eine große Bedrohung dazu gedrängt werden. Wie das aussehen kann, zeigen die Ereignisse nach der Zerstörung des World Trade Centers durch den islamistischen Terror. Wie schnell kam es da zu einer »uneingeschränkten Solidarität« mit der Führung der Weltmacht.

Dem einsamer gewordenen und ständig mehr angefeindeten Israel scheint er als Helfer zu kommen. Daniel 11,21-23 spricht von einer Freundschaft des Antichristen mit dem Bundesfürsten Israels. »Nachdem er mit ihm befreundet ist, wird er listig gegen ihn handeln« (Dan 11,23). »Durch seine Klugheit wird ihm der Betrug geraten« (nach Dan 8,25; Elberfelder). Noch während der Bündnisse wird er sein Herz gegen den »heiligen Bund« richten (Dan 11,28).

Aber in dieser ersten Zeit antichristlichen Wirkens gibt Gott noch einmal in außerordentlicher Weise Israel sein Wort. Im Schnittpunkt der antichristlichen Bestrebungen hat Gott seine zwei Zeugen, die von Jerusalem ausgehend 3 1/2 Jahre lang einen Dienst tun sollen, zunächst für Israel, dann aber auch weltweit. Ihre Botschaft ist Bußpredigt (11,3-10). Mit Vollmacht ausgerüstet, die Botschaft durch mitfolgende Wunder zu bekräftigen, halten sie die Welt in Atem. Sie sind Gottes Werkzeuge, mit denen er noch einmal um die Menschen, jetzt besonders um Israel, ringt. Aber sie stehen einsam und werden als Plagegeister empfunden.

So treffen in Jerusalem die zwei radikal gegensätzlichen Mächte aufeinander, die Macht der Gottesboten und die Macht des Antichristen. Jerusalem ist der Hauptort des Aufeinanderpralls; Jerusalem, »wo auch ihr Herr gekreuzigt wurde«, ein Jerusalem, das seine Heiligkeit verloren hat und genannt wird »geistlich: Sodom und Ägypten« (V. 8).

»Und wenn sie ihr Zeugnis vollendet haben, so wird das Tier, das aus dem Abgrund aufsteigt, mit ihnen kämpfen und sie überwinden und wird sie töten. Und ihre Leichname werden liegen auf dem Marktplatz der großen Stadt.« Drei Tage lang sieht alle Welt ihre Leichname dort liegen und bejubelt den Sieg des Antichristen (V. 9f), denn jetzt scheint dem Paradies auf Erden nichts mehr im Weg zu stehen. Der Antichrist steht auf dem Gipfel seiner Macht und wird als Heilbringer verehrt.

Aber wie Jesus über das Kreuz zur Auferstehung ging und zur Erhöhung, so handelt Gott auch an diesen beiden Zeugen. Gott legitimiert sie, indem er sie auferweckt und vor aller Welt erhöht. »Und eine große Furcht fiel auf die, die sie sahen … es sahen sie ihre Feinde …« »Zu derselben Stunde geschah ein großes Erdbeben in Jerusalem, und es wurden getötet in Jerusalem 7000 Menschen, und die anderen erschraken und gaben dem Gott des Himmels die Ehre« (V. 13; Sach 13-14).

Im Augenblick des antichristlichen Triumphes zeigt sich in seinem Reich ein großer Riss. Eben durch die Auferstehung der Zeugen, durch das Erdbeben und durch die Erweckung in Jerusalem.

Es ist gut vorstellbar, dass dies den Zorn des Antichristen steigert. Jetzt bricht er offen den Vertrag mit Israel und richtet den

»Gräuel der Verwüstung« auf (Dan 11,30-35; Mt 24,15ff). Jetzt lässt er seine Maske fallen und zeigt seine satanische Zielsetzung. Die Mitternachtsstunde ist da. »Das zweite Wehe ist vorüber; siehe das dritte Wehe kommt schnell.« Es naht mit dem Blasen der siebenten Posaune.

Offenbarung 11,15-19: Die »letzte Posaune«

Endlich bläst die siebente Posaune. Ihr Gewicht wird mit der besonderen Ankündigung von Offb 10,7 unterstrichen, denn mit ihr »ist vollendet das Geheimnis Gottes!« Dem entsprechen die »großen Stimmen im Himmel, die sprachen: Es sind die Reiche der Welt unseres Herrn und seines Christus geworden, und er wird regieren von Ewigkeit zu Ewigkeit« (11,15).

Während die Erde in ihre dunkelste Stunde eintritt, kommt im Himmel schon der Siegesjubel auf. Ist es die Zeit, von der 1. Korinther 15,51f kündet? »Wir werden aber alle verwandelt werden, und das plötzlich, in einem Augenblick, zur Zeit der letzten Posaune.«

Die Mitternachtsstunde dieser Weltzeit ist gekommen. Gog und Magog brechen auf und überfluten das Heilige Land (Hes 38-39; Sach 14). Doch bevor die sieben Zornschalen ausgegossen werden – mit ihnen wird der Zorn Gottes vollendet, bevor Johannes das tiefe Tal der Tränen schauen muss, hört er in dem großen Gottesdienst im Himmel (V. 4-5) den Jubelruf (V. 17f) und die Anbetung der Vertreter des Gottesvolkes Alten und Neuen Bundes:

> »Wir danken dir, Herr, allmächtiger Gott,
> der du bist und der du warst,
> dass du an dich genommen hast deine große Macht
> und herrschest!

Und die Völker sind zornig geworden;
und es ist gekommen dein Zorn
und die Zeit, die Toten zu richten …,
und zu verderben, die die Erde verdorben haben« (V. 17-18).

Der Antichrist tritt seine absolute Herrschaft an und ist doch schon besiegt. Auf der Erde, die von den Posaunengerichten schwer gezeichnet und verwüstet ist, richtet er nun einen weit schlimmeren Schaden an, die Verwüstung der Herzen. Das Böse triumphiert, denn die große Trübsal ist da.

Wie tröstlich ist es, dass diese dunkle Stunde eng begrenzt ist und über allem schon Gottes Sieg steht! »Der Tempel Gottes im Himmel wurde aufgetan, und die Lade seines Bundes wurde sichtbar …« (V. 19). Schlatter schrieb dazu: »Der verschlossene Tempel bedeutet das verborgene Reich, der offene Tempel bezeugt dagegen das gegenwärtige Reich.«[27] Der offene Tempel macht mitten im Gericht die Gnade sichtbar, die alles herrlich vollenden wird.

Die sich an den lebendigen Gott halten, und denen sich darum die Türen dieser Welt schließen, die haben das bessere Teil erwählt. Ihnen steht der Himmel offen. Sie werden eingehen in den Tempel Gottes. Wer diese Erwählten sind und wie sie überwunden haben, wird das nächste Kapitel zeigen.

Offenbarung 12:
Der große Kampf – Die Frau und der Drache

Unsere Welt trägt ein rätselhaftes Doppelgesicht von Schönheit und Schrecken, Lachen und Weinen, von Leben und Tod. Warum ist das so?

[27] A. Schlatter, *Erläuterungen zum Neuen Testament*, Anm. zu Offb. 11,19.

Alles Streiten, alle Kriege und alles Elend haben eine einzige Ursache, und die liegt im Abfall des Menschen von Gott. Dahinter aber steht der große Aufruhr des Teufels gegen den Allmächtigen. Der Mensch hat sich im Sündenfall auf die Seite des Teufels geschlagen; damit ist die Schöpfung der Zerstörung preisgegeben. So entstand das widersprüchliche Doppelantlitz der Welt. Seitdem ist die Menschheitsgeschichte wie ein Schlachtfeld und wir sind unentrinnbar eingelagert in den Kampf zwischen Gott und Satan. Dieser Krieg endet nicht mit dem Triumph des Bösen, sondern mit dem Sieg Gottes.

Im Machtzentrum der Weltreiche seiner Zeit lebte einst Daniel, der Politiker unter den Propheten. Ihn müssen die weltbewegenden Fragen nach dem Sinn und Wohin der Geschichte sehr bewegt haben. Es ist nicht verwunderlich, dass sich sein Buch eng verwandt zeigt mit den Visionen der Offenbarung. Die Weltmächte schilderte er als Raubtiere (Dan 7), die aus dem stürmenden Völkermeer aufsteigen; das letzte Tier war überaus schrecklich. Die Offenbarung zeigt das antichristliche Reich und schreibt: »Und ich sah ein Tier aus dem Meer steigen« (Offb 13,1).

Beide schildern die abgrundtiefe Feindschaft gegen Gott und sein Volk (Dan 7,21.25; 11,36; Offb 12-13). Beide bezeugen übereinstimmend die zeitliche Begrenzung des Aufruhrs gegen Gott (Dan 7,12) und sprechen von »einer Zeit, zwei Zeiten und einer halben Zeit« (Dan 7,25; 12,7; Offb 12,14) und zählen die dreieinhalb Jahre auch als Tage (Dan 12,11; Offb 12,6). Beide zeigen in vielen Variationen das Ende des Reiches des Bösen (Dan 7,11.26; 11,45; 2,44; Offb 16,12ff; 19,17ff) und vor allem den Sieg des Reiches Gottes (Dan 2,44; 6,27; 7,14.27; Offb 1,7; 11,15; 15,4; 19,6). Es ist ratsam, beim Betrachten der Offenbarung das Buch Daniel zu lesen.

Die Visionen von Offenbarung 12 und 13 schildern die Endphase des Kampfes. Werden historische Ereignisse geschildert? Ja, sie kommen in den Visionen vor. Da ist die Rede vom Kommen des Christus und dem Auftreten seines teuflischen Gegenspielers, des

Antichristus, und das sind Ereignisse der Geschichte. Aber die Visionen zeigen mehr.

Darum beginnen die Kapitel mit dem Hinweis: »Und *ein großes Zeichen* erschien im Himmel!« »Und es erschien ein anderes *Zeichen* im Himmel« (12,1.3). In diesen Zeichen verdichten sich geschichtliche Fakten mit ihrer tieferen Bedeutung und ihrem Wesen zu einer Botschaft. Es ist wie bei einer mechanischen Uhr. Zifferblatt und Zeiger sind sichtbar, aber dahinter liegt das komplizierte Räderwerk. Es treibt die Uhr an und steuert sie. *Im Zeichen fügen sich die sichtbaren Fakten und die dahinter liegenden Dinge zusammen* und lassen uns den großen Kampf im Licht Gottes sehen.

Was beschreibt das »große Zeichen«?

Ist es die Geburt Jesu? Wäre es nur eine historische Schilderung, dann müsste die Frau Maria sein, angetan mit der Herrlichkeit des Himmels. Dann würde es sich hier um eine Weihnachtsgeschichte handeln, nicht nach Lukas oder Matthäus, sondern nach Johannes.

Aber hier ist mehr als ein historischer Bericht. Es ist ja ein *Zeichen*. Um das besser zu verstehen, müssen wir die Symbolsprache der Offenbarung kennen. Es sind tiefsinnige Bilder, die den Teufel beschreiben als den »Drachen« oder die »alte Schlange«. Sein Sendbote auf Erden wird *»das Tier«* genannt, und gemeint ist der Antichrist. Dann ist von der *»Frau«* die Rede; das ist im AT und NT ein Bild für die Gottesgemeinde. Denn Gottes Volk ist Gott angetraut und hängt ihm in Treue an. Wenn sie aber von Gott abgefallen ist und untreu wurde, wird sie *»Hure«* genannt. – *»Der Sohn«* aber steht für Jesus Christus, den Herrn der ganzen Welt.

Warum sollen wir das wissen? Damit wir Hoffnung haben! Denn die Zeit der bösen Mächte geht zu Ende und Jesu Reich kommt. Die Zeit der Erlösung naht! Das dürfen wir von der hohen Warte des Himmels aus schauen.

Das Zeichen – die Frau in Geburtsnot

Was Johannes im Zeichen sah, realisiert sich auf der Erde. Satan hat die Welt verdorben und der Mensch wurde sein Komplize. Damit hat sich Gott nicht abgefunden, sondern machte sich ans Werk, um die Welt zu erlösen.

Er begann mit Israels Erwählung. Aus diesem Volk sollte der Erlöser kommen. Gott erwählte und gebrauchte Israel als Mittel zum Zweck der Ankunft des Messias Jesus Christus.

Jahrhundertelang hat Israel den versprochenen Messias und sein Reich sehnlichst erwartet, so wie Kinderlose ein Kind ersehnen. Not und Hoffnung gingen mit Israel, und hier sehen wir Gottes Volk im Zeichen der Frau in den Wehen der Geburt. Wie sehr sich die Armen und Propheten hilfesuchend nach dem Messias sehnten, zeigt der Ruf: »Ach, dass du den Himmel zerrissest und führest herab« (Jes 64,1). Wie stark diese Erwartung ist, wird darin sichtbar, dass noch heute ein frommer Jude vor einer werdenden Mutter aufsteht, weil sie den Erlöser unter dem Herzen tragen könnte, und ihn will man ehren.

Das Zeichen von der Frau, die ihr Kind zur Welt bringen soll, umfasst ebenso das junge Paar, das vor 2000 Jahren nach Bethlehem zog. Sie stammten aus König Davids Familie, von dessen Nachkommen der Messias in Bethlehem geboren werden sollte. Es war verarmter, heruntergekommener Adel. Die beiden sind wie ein Bild für den Menschen, der nach Gottes Bild geschaffen wurde und durch den Abfall von Gott seine Herrlichkeit verlor.

Maria und Joseph wanderten ihren mühsamen Weg, bis sich Ort und Zeit für Gottes Stunde trafen: »Als aber die Zeit erfüllt war, sandte Gott seinen Sohn, geboren von einer Frau« (Gal 4,4). In Maria konzentriert sich Israels Erwählung, denn sie wird zum Tor für den Erlöser.

Aber darin liegt kein Verdienst und keine Leistung, sondern in ihrer Armut empfängt sie Gnade; *empfängt* den Erlöser aus der Macht des Heiligen Geistes. Da macht Gott aller Welt klar, dass das

Schlüsselwort für unsere *Rettung empfangen* heißt, so wie sich ein Kind beschenken lässt.

Das Zeichen schließt ebenso die Gemeinde ein. Auf Erden hat sie meist weder Rang noch Namen, und ihr Erscheinungsbild ist wenig beeindruckend. Aber wie schön sieht sie im Himmel aus! Da ist sie bekleidet mit dem Glanz der Gestirne, geschmückt mit Hoheit und Würde.

Wie eine Frau leidet, wenn sie ein Kind zur Welt bringt, so ist es mit der Gemeinde. Unser Leiden ist hoffnungsvoll. Vom Leiden sang der Dichter: »Hier nennt man dich eine Bürde; droben bist du eine Würde, die nicht jedem widerfährt.« Leiden hat seinen Sinn und Wert, vergleichbar den Geburtswehen. Durch die Wehen des alttestamentlichen Bundesvolkes nahm Christus seinen Weg in die Welt und Jesus wurde geboren. So wird es auch vor dem Wiederkommen Jesu sein. Dann wird es keine zahlenmäßig wachsende Gemeinde mehr sein, sondern es wird viel »dürres Holz« abgerissen vom Baum der Gemeinde. Durch solche Wehen soll eine neue Zeit geboren werden, mit der Jesus Christus herrlich erscheinen wird, »so weit die Welt ist«.

Der Sohn!

Der Sohn Gottes ist gemeint. Er ist einzigartig um seiner Herkunft willen, denn seine Existenz beginnt nicht vor 2000 Jahren, sondern vor aller Zeit. »Er ist der Erstgeborene vor aller Schöpfung« und »es ist alles durch ihn und zu ihm geschaffen«, bezeugt Kolosser 1,15f.

Einzigartig ist Christus um seines Weges willen, der ihn so tief hinabführte, dass er Mensch wurde. Er ist zu uns heruntergekommen »bis … zum Tode am Kreuz«.

Einzigartig ist er um des Kampfes willen. Bildhaft wird es hier beschrieben: Von seiner Menschwerdung an wollte ihn der »Drache« vernichten. Dazu gebrauchte der Teufel Herodes, den Kindermord und die Weltmacht Rom. Jesus wurde gekreuzigt, und eben darin hat er den Teufel besiegt. Im reinen Opfer trug er die Sünden der Welt hinweg und versöhnte uns mit Gott. Scheinbar triumphierte der Böse, aber kein Mensch und kein Satan haben ihn bezwingen können. Er hat den Thron eingenommen und regiert. Und er ist schon unterwegs, um den letzten Kampf zu führen, und in den Zeichen der Zeit hören wir seine Schritte nahen.

Noch sehen wir Gottes Weltherrschaft nicht. Das »eiserne Zepter«, geführt von Jesu starker Hand, das die Welt richtet und neu ausrichtet, ist noch verborgen (*deus absconditus*). Uns soll dieses eiserne Zepter nicht schrecken, weil es als Willkür und Gewalttat missverstanden werden könnte. Das Bildwort sagt: Jesu Macht kann nicht zerbrochen werden, ist unwiderstehlich, und ihm werden sich alle Knie beugen müssen.

Weil von Jesu Macht noch nichts zu sehen ist, haben manche Christen seine Herrschaft in geistlichen Dampf aufgehen lassen. Von der Erwartung seiner Wiederkunft haben sie gesagt, das sei kein zukünftiges Faktum, denn »er komme alle Zeit«. Sein Reich auf Erden wurde umgedeutet und verinnerlicht zu einem Reich der Herzen, und es wurde auf das Jenseits verkürzt. Jedoch, bei seiner Menschwerdung haben die Engel nicht nur einen Herzensfrieden versprochen, sondern den »Frieden auf Erden!« Weil der Friede auf Erden bis jetzt noch ausgeblieben ist, haben viele vom Fehlschlag des christlichen Glaubens gesprochen. Sie nahmen die Heilung der Welt in die eigenen Hände; mit schrecklichen Ergebnissen. Sie zogen aus, um selbst ein Paradies zu gestalten, und schufen eine Hölle.

Nur Gott kann die Welt heilen und er wird es tun. Die Not wird sich nicht von einer Generation auf die nächste weitervererben und das Böse wird nicht unbegrenzt weiterwuchern. Denn Gottes Sohn kommt und richtet seine Herrschaft über alle Welt auf.

Mit Jesu Geburt brach nicht sofort das durch die Propheten verheißene Gottesreich auf Erden an. Warum begann das nicht schon mit Bethlehem? Vorher musste die Schuld der Welt gesühnt werden. Dann musste Christus auferstehen und den Thron einnehmen. Hier finden wir den Hinweis: »Ihr Kind wurde entrückt zu Gott und seinem Thron!« Danach soll er wiederkommen in Macht und Herrlichkeit. Die Zeit zwischen dem ersten und dem zweiten Kommen Jesu steht unter dem Zeichen des großen Kampfes, der sich zum Ende aufs Höchste steigert.

Der Kampf

Mit Christi Machtübernahme ist der Kampf zwischen Gott und Satan in seine Endphase getreten: »Und es entbrannte ein Kampf im Himmel!« Da ist nun kein Platz mehr für den »Verkläger der Brüder«; Christus steht für sein Volk ein.

Geschah dies bei Jesu Thronbesteigung oder ereignet es sich zur Zeit der letzten Trübsal? Beides ist richtig, denn es wurde ausdrücklich erwähnt, dass es sich hier um ein *»Zeichen« handelt*, in dem beides zusammenfindet.

Gegen Jesus kommt er nicht an. Darum wendet er sich gegen Gottes Volk, um es zu verschlingen. Das ist zuerst Israel. Aber Israel geht nicht unter und kein Strom kann es ersäufen, denn Gott sorgt mitten im Sturm für Bewahrung. Jesu Wort über Israel sagt: »Dies Geschlecht wird nicht vergehen, bis alles geschieht« (Mt 24,36). Israel gilt es zuerst: »Ich will mich meiner Herde annehmen« (Hes 34,11ff).

Hinter der Feindschaft gegen Israel steht der Böse. Wie könnte ich da mit den Wölfen gegen Gottes Herde heulen? Mein Platz soll bei denen sein, die Israel beistehen und segnen. Ich will die Wurzeln unseres Glaubens nicht vergessen. Wie könnten wir in einer Zeit wachsender Feindschaft gegen Juden und den Staat Israel vergessen, dass unser Erlöser Jude war, von einer Jüdin im Heiligen Land geboren wurde und dorthin wiederkommen wird.

»Jesus liebt sein Volk, weh, wenn wir's vergessen. Wer dies Volk nicht ehrt, scheitert selbstvermessen. Seht, der Ölbaum trägt alte, neue Zweige, bis vor Gott sich neige endlich alle Welt« (D. Trautwein).

Israels lange, schmachvolle Wanderschaft fern der Heimat, durch viele angstvolle Tiefen und schlimme Zeiten, ist düster und spannungsgeladen. Diese Zeit geht zu Ende, denn zum Heil und Segen für Israel und für die Völker wird die Erde erfüllt werden von der »Erkenntnis des Herrn, wie Wasser das Meer bedeckt« (Hab 2,14). Das wird mit dem machtvollen Wiederkommen Jesu erfüllt werden.

Zum Volk Gottes gehört ebenso die Gemeinde Jesu. So ist es logisch, dass der Teufel sich auch gegen die wendet, die »das Zeugnis Jesu« haben. Die Gemeinde wird ihrem Herrn folgen über ein Golgatha zur Herrlichkeit, und durch Leiden soll sie vollendet werden (2. Thess 1,5-7): »Ihm wurde Macht gegeben, zu kämpfen mit den Heiligen und sie zu überwinden« (13,7).

Die Offenbarung macht deutlich, dass mit Bethlehem nicht der Weltfriede gekommen ist. Vielmehr ist nach Bethlehem auf Erden der Teufel los. Doch der Sieg Gottes steht fest und wird im Himmel bejubelt mit dem herrlichen Satz:

»Sie haben ihn überwunden
durch des Lammes Blut
und durch das Wort ihres Zeugnisses
und haben ihr Leben nicht geliebt
bis hin zum Tod!«

Damit kommt die große Trübsal in unseren Blick.

Offenbarung Kap. 13: Das Tier – Zeit des Antichristen

Das dreizehnte Kapitel beschreibt eine dunkle und schreckliche Zeit, nämlich die »Stunde der Versuchung, die kommen wird über den ganzen Weltkreis« (Offb 3,10; Mt 24,21f).

Ist das die zweite Hälfte antichristlicher Regierungszeit, sind es die zweiten »dreieinhalb Jahre«, in denen Satan durch den Antichristen seine ganze Macht in den letzten Kampf wirft? Er wird gegen die kämpfen, die »Gottes Gebote halten und haben das Zeugnis Jesu« (Offb 12,17). Gottes Volk wird im Brennpunkt des großen Kampfes stehen.

Das Wissen um die kommende Not wird nur erträglich durch die feste Zusage Jesu: »Ich bin bei euch alle Tage bis an das Ende dieser Welt« (Mt 28,20). Er behält alle Dinge in der Hand und nichts soll uns scheiden von seiner Liebe.

Das entschärft nicht die Gefahren, mit denen wir rechnen müssen. Sie gehen weit über das hinaus, was sonst einem Menschenleben droht. Denn »der Böse wird in der Macht des Satans auftreten mit großer Kraft und lügenhaften Zeichen und Wundern und mit jeglicher Verführung« (2.Thess 2,9). Jetzt steigert sich der Kampf, von dem Paulus in Epheser 6,12 schreibt: »Wir haben zu kämpfen mit den Herren der Welt, die in der Finsternis herrschen, mit den bösen Geistern unter dem Himmel.« »Satanische Wirkungen« bestimmen die Welt und stürmen auf die Gemeinde ein.

Die kommende Unheilszeit wird geprägt von einem Diktator von Weltformat: »Der Antichristus kommt« (1. Joh 2,18). Es naht eine Zeit, in der die Weltprobleme unlösbar werden. Da wird der starke Mann den Weg zur Macht finden und als Heilbringer auftreten. Er scheint den Schlüssel zur Lösung der Weltprobleme zu haben.

Wer ist der geheimnisvolle, kommende Weltdiktator? Paulus nennt ihn den »Menschen der Sünde«, das »Kind des Verderbens«, den »Gesetzlosen« (2. Thess 2,2). Die Offenbarung bezeichnet ihn als »das Tier aus dem Abgrund«. Wann wird er kommen und woher? Wer ist er, und wessen Werk treibt er, und wie lange kann er es tun?

Der 1. Johannesbrief (2,18-27) unterscheidet zwischen *den* Antichristen und *dem* Antichristen. In der langen Reihe der Vermutungen, wer der Antichristus sei, wurden viele benannt:

In der apostolischen Zeit hat man an den Kaiser in Rom gedacht, vor allem an die Kaiser der großen Christenverfolgungen. Beim Kampf zwischen Kaisern und Päpsten bezeichneten sich gegenseitig Kaiser Friedrich II. (1215-1250) und der Papst als Antichrist. Wyclif (um 1328 geboren) sah in der römisch-katholischen Kirche die Kirche des Antichristen.[28] Luther bezeichnete seit 1518 immer schärfer so den Papst.[29] Diese Sicht blieb, teilweise bis heute, in protestantischen Kreisen vorherrschend. Aber auch in Napoleon und Hitler meinten nicht wenige den Antichristus zu sehen. Viele Christen gingen Hitler nicht auf den Leim, weil sie nach Darstellung des »Weißen Herzog« (Hoffmann) einer heimlich im Hitlerreich verbreiteten Schrift, überzeugt waren, dass Hitler der Antichrist sei. Das war er zwar nicht, aber er war doch ein Vorläufer, wie der Antichristus ja viele Vorläufer gehabt hat.

»Das Geheimnis der Bosheit ist bereits am Werk« (2. Thess 2,7). Wer eine lesenswerte Schilderung dieses »Menschen der Sünde« lesen möchte, dem empfehle ich W. Solowjews Abhandlung aus dem Jahr 1900, die »Kurze Erzählung vom Antichrist« (Verlag Erich Wewel, München).

Daniel 9,27 (11,31) spricht von einem »Gräuel der Verwüstung«. Daran knüpft Jesus an und sagt, dass sich diese Weissagung abermals erfüllen wird in einer zukünftigen, großen Trübsalszeit (Mt 24,15-28). Der Herr spricht von »falschen Christussen und falschen Propheten« (24,24) und der Macht ihrer Verführung. Die Offenbarung schildert ihn als den, der die Reiche dieser Welt beherrschen

[28] Karl Heussi, *Kompendium der Kirchengeschichte*, Tübingen [18]1991, § 68.d.
[29] Ebd., § 75.w.

wird. Ihn rechtzeitig zu erkennen, wird in der Stunde der Versuchung wichtig sein.

Der 1. Johannesbrief nennt Merkmale: Er ist ein Irrlehrer und Verführer, und der Kern seiner Lüge liegt darin, dass er leugnet, »dass Jesus der Christus ist. Das ist der Antichrist, der den Vater und den Sohn leugnet« (1. Joh 2,22).

Noch liegt sein Erscheinungsbild im Dunkeln. 2. Thessalonicher 2,1, Johannes 2,22, wie auch Offenbarung 13 geben nur knappe Hinweise. Es ist aber eindeutig von einer Person die Rede. »Und ich sah ein Tier aus dem Meer steigen«, also von Westen her sieht er das gottlose Untier kommen.

A. Schlatter schreibt hierzu: »Johannes wiederholt und bestätigt Daniels Weissagung, der den menschlichen Herrschern und Staaten in wilden Tieren ihr Gleichnis gegeben hat. Dadurch ist ihre streitbare Kraft dargestellt und ihr Vermögen, zu rauben und zu töten. Ihre Herrschaft beruht darauf, dass die anderen unterworfen werden und ihre Freiheit verlieren; ihr Reichtum darauf, dass die anderen verarmen; ihre Ehre darauf, dass die anderen erniedrigt sind.«[30] Im Antichrist konzentrieren sich die Eigenschaften aller bösen Mächte.

»Zehn Hörner und sieben Häupter« werden sichtbar und symbolisieren die Macht. Kapitel 17,8 ergänzt: »Das Tier, das du gesehen hast, ist gewesen und ist jetzt nicht, und wird wieder aufsteigen aus dem Abgrund und wird in die Verdammnis fahren.« Es handelt sich also um ein Reich, das war, verging und dann wieder ersteht.

Es ist wohl das Römische Reich gemeint, das im 5. Jahrhundert unterging, dessen Gedanken aber weiterlebten und sich zwischen dem 9. und 19. Jahrhundert im »Heiligen Römischen Reich Deutscher Nation« zeigten.

Der Weg zur Welteinheit erscheint zwingend zu sein. Der britische Historiker Toynbee meinte, dass dieser Welt nur noch zu helfen sei durch eine Weltregierung und eine Weltreligion. Bereits im Jahr 1900 schrieb W. Solowjew in seiner *Kurzen Erzählung vom*

[30] A. Schlatter, *Erläuterungen zum Neuen Testament*, Anm. zu Offb 13,1.

Antichrist: »Im 21. Jahrhundert stellte Europa einen Bund von mehr oder weniger demokratischen Staaten dar, die Vereinigten Staaten von Europa.«

Ein Staatenbund im Kulturkreis des früheren Römischen Reiches ist wahrscheinlich. Aus diesem soll der Antichrist wie ein »Horn« erstehen. Kapitel 13 zeigt wohl die zweite Hälfte seiner totalen Herrschaft.

Er wird zum perfekten Werkzeug des Satans und trägt die Züge eines politischen Herrschers. Die Mächtigen dieser Erde werden ihm folgen (Offb 13,7; 17,12). Ist er der letzte Herrscher, der in der Zeit, die den Völkern bestimmt ist, regieren wird?

Sein Erscheinungsbild ist auch religiös. Er will Christus ersetzen und gibt sich schließlich als Gott aus. Er ist eine satanische Kopie Christi und kann sogar seine eigene Passion vorzeigen, denn: »Seine tödliche Wunde wurde heil. Und die ganze Erde wunderte sich über das Tier, und sie beteten den Drachen an, weil er dem Tier die Macht gab, und beteten das Tier an« (Offb 13,3f).

Wie ist seine tödliche Wunde, von der er heil wird, zu verstehen? Gilt dies von seiner Physis oder seiner Machtposition, oder von beiden? Wenn ein Mann von großer Weltgeltung total erledigt erscheint und dann doch zu größter Macht kommt, muss dies alarmieren.

Zur Seite hat er seinen »Propagandaminister«, den »falschen Propheten«. Der hat »zwei Hörner wie ein Lamm und redete wie ein Drache. Und es übt alle Macht des ersten Tieres aus vor seinen Augen, und es macht, dass die Erde und die darauf wohnen, das erste Tier anbeten …, und es tut große Zeichen … und es verführt, die auf Erden wohnen … und es macht, dass sie allesamt … sich ein Zeichen machen an ihre rechte Hand oder an ihre Stirn …« (11-18).

Große Wunder geschehen in der antichristlichen Zeit im Lager des Feindes. Und er wird großen Erfolg haben (2. Thess 2,9-12).

Und was bedeutet die »Zahl seines Namens«? Der Antichrist soll ja an der Zahl 666 erkannt werden: »Niemand kann kaufen oder verkaufen, wenn er nicht das Zeichen hat, nämlich den Namen des

Tieres oder die Zahl seines Namens … Wer Verstand hat, der überlege die Zahl des Tieres, denn es ist die Zahl eines Menschen, und seine Zahl ist sechshundertsechsundsechzig« (13,17-18).

Die Buchstaben der alten Sprachen haben auch Zahlenwerte. Manche haben die Namen von Kaisern und Päpsten so lange hin und her geschoben, bis sie auf 666 kamen. Diese Deutungen haben sich schon dadurch erledigt, dass der Antichrist zukünftig ist. Es kann sein, dass der Name des Antichrists den Zahlenwert 666 haben wird.

Zahlen haben aber auch symbolische Bedeutungen. So gilt z.B. die »Sieben« als die Zahl göttlicher Vollkommenheit, und die »Acht« als Zahl des Neuanfangs. Die »Sechs« hingegen wird auch als Zahl des Menschen bezeichnet. Wenn die »Sechs« dreimal genannt wird, kann das der Hinweis darauf sein, dass der Antichrist der Mensch der absoluten Selbstüberhebung und Selbstvergottung sein wird.

Paulus spricht von einer Macht, die den Antichristen aufhält: »Ihr wisst, was ihn noch aufhält, bis er offenbart wird zu seiner Zeit. Denn es regt sich schon das Geheimnis der Gesetzlosigkeit; nur muss der, der es jetzt noch aufhält, weggetan werden« (2. Thess 2,6f). Hier gibt es verschiedene Deutungen. Manche sagen, damit sei das Rechtsgefüge gemeint, wie es im römischen Recht verankert sei. Andere glauben, dass es sich dabei um den Heiligen Geist und die Gemeinde handle, die vorher weggetan werden müssten. Näher liegt es, an eine Engelmacht zu denken, die die antichristliche Flut noch aufhält. Denn sowohl in der Offenbarung wie im Buch Daniel tun Engelfürsten in der unsichtbaren Welt Wächterdienste. Daniel 10,8-14 berichtet von dem Kampf der Engelfürsten, die für Gottes Volk kämpfen. Ebenso nennt die Offenbarung (12,7ff; 9,14f) Gerichtsengel und schreibt: »Lass los die vier Engel, die gebunden sind an dem großen Strom Euphrat! Und es wurden losgelassen die vier Engel, die bereit waren für die Stunde und den Tag und den Monat und das Jahr, zu töten den dritten Teil der Menschen.« –

Wie ein Komet wird der Antichristus zunächst glänzend aufsteigen, um nach der ihm zugemessenen Zeit unterzugehen. Eine kurze Zeit ist ihm bestimmt. Das prophetische Wort misst ihm zweimal 42 Monate bzw. 1260 Tage zu (Offb 11,2; 13,5; 11,3; 12,6). Das sind jeweils 3 $^{1}/_{2}$ Jahre.

Es ist wahrscheinlich, dass Kriegsnöte dem Antichrist den Weg zur totalen Macht bereiten. Darauf deutet der Umstand, dass der Antichristus in der Offenbarung zum ersten Mal bei den kriegerischen Geschehnissen der sechsten Posaune erwähnt wird (Offenbarung11,7ff). Noch fehlt uns die Weisheit, um alles erklären zu können.

Wichtiger als die Beschäftigung mit dem Antichristen ist die Liebe zu Jesus, die seine Gebote hält und sich darum dem Antichristen verweigert. Von denen sagt Offb 14,12: »Hier sind, die da halten die Gebote Gottes und den Glauben an Jesus!« Die Heilige Schrift warnt davor, ihn anzubeten und »sein Bild« und »sein Zeichen« zu tragen (Offb 13,12-18). Die den satanischen Verführungen widerstehen, werden selig genannt, denn sie haben den Bösen überwunden »durch des Lammes Blut und durch das Wort ihres Zeugnisses und haben ihr Leben nicht geliebt bis hin zum Tod« (12,11).

Der Triumph

Wir haben Grund zur Freude, weil Christus lebt und regiert. Er kommt zurück auf seine Erde und mit ihm sind wir auf der Straße des Siegers. Niemand wird dem Sohn Zepter und Reich entreißen! »Die Herrschaft ist auf seiner Schulter!« (Jes 9,5). Darum nehmen wir den Kampf an und klagen nicht. Wir haben das Privileg, die Entwicklungen von der Warte des Himmels sehen zu dürfen. Wir sehen auf Jesus und reden von seiner Macht und Herrlichkeit. Nur wer Jesus vor Augen behält, wird auch das Leiden antichristlicher Zeit ertragen können. Dann werden Christen boykottiert, ausgegrenzt und verfolgt. Sie scheinen die Störenfriede einer neuen Weltordnung zu sein, denn sie verweigern sich einer durch den falschen Propheten geschaffenen Einheitskirche der Religionen.

Der geistlichen Einheit der Nachfolger Jesu im Leiden steht die antichristliche Welteinheit gegenüber, »die Kleinen und Großen, die Reichen und die Armen, die Freien und die Sklaven!« Diese gottlose Welteinheit überspringt alle Gesellschaftsschranken. Sie verfolgt die »Nonkonformisten«, die an Jesus glauben. »Hier ist Geduld und Glaube der Heiligen!« Wenn Christen überwinden, dann nicht aus eigenen Kräften, sondern »sie haben ihn überwunden durch des Lammes Blut« (12,11; 13,10).

Von der Gemeinde der Überwinder schrieb Auberlen: »Es wird eine freie, aber zugleich eine vogelfreie Kirche sein«, die unschön in den Augen der Welt ist, aber sehr schön in Gottes Augen. Ihre Leiden sind die Wehen der kommenden, messianischen Zeit des Reiches Gottes. Denn unser Herr kommt, und wir haben Zukunft und Hoffnung! Wir gehen dem größten Fest aller Zeiten entgegen.

Offenbarung 14: Das »ewige Evangelium«

Während auf Erden der Teufel los ist (Kap. 12-13), ist schon oben im Himmel Feierzeit und das große Fest der Vollendung wird vorbereitet (Kap. 14). Wer diesen Durchblick nicht hat und nicht aufsehen kann zum Himmel, wie will der in der Not bestehen können? Wer kann dann die Fragen aushalten, die sorgenvoll die Zukunft des Volkes Gottes und der Welt zu klären suchen?

Die Hundertvierundvierzigtausend

Was ist aus denen geworden, die aus allen zwölf Stämmen Israels für Gott versiegelt wurden (Kap. 7)? Sind sie in diesen antichristlichen Nöten untergegangen? Nein, denn sie stehen unter dem Schutz des Allmächtigen. Kapitel 14 berichtet von ihnen: »Und ich sah, und siehe, das Lamm stand auf dem Berg Zion und mit ihm die Hundertvierundvierzigtausend, die hatten seinen Namen und den Namen seines Vaters geschrieben auf ihrer Stirn« (V. 1).

Der Berg Zion steht in Jerusalem, und in Jerusalem ist böse Zeit, weil der Antichrist sein Schreckensregiment ausübt. Psalm 46 könnte dann sehr aktuell für die sein, die dem Messias folgen: »Gott ist unsere Zuversicht und Stärke, eine Hilfe in den großen Nöten, die uns getroffen haben. Darum fürchten wir uns nicht, wenngleich die Welt unterginge!« Sie wohnen nun, »wo des Satans Thron ist«.

Die Hundertvierundvierzigtausend von Gott Versiegelten des siebten Kapitels, hier sehen wir sie wieder, stehend in Gemeinschaft mit dem Lamm. Sie bekennen sich nicht nur zum »Vater«, dem Gott Abrahams, Isaaks und Jakobs, sondern auch zu Jesus, dem Lamm Gottes. Auf ihren Stirnen steht des Sohnes und des Vaters Name, nicht das Mal des Antichristen.

Man hat in dieser Schar gern besonders Geheiligte sehen wollen, eine geistliche Elite, die um des Himmelreichs willen auf die Ehe verzichtet hat (Mt 19,12). Aber der Gedanke, dass Ehelosigkeit eine höhere Heiligkeit habe und eheliche Gemeinschaft zwischen Mann und Frau eine Art von Befleckung sei, ist der Bibel fremd (1.Tim 4,3). So wird man diese Aussagen wohl bildhaft verstehen müssen im Zusammenhang der Bildsprache, die seit Hosea die treue Gottesgemeinde im Bild der Ehe beschrieb.

Der Hinweis, dass diese Erwählten sich einerseits nicht »mit Frauen befleckt« haben, andererseits aber als »Jungfrauen« bezeichnet werden, macht deutlich, dass hier weder Frauen noch Männer ausgeschlossen sind. Es muss sich um den bildhaften Hinweis handeln, dass diese Hundertvierundvierzigtausend die Treuen in Israel sind, die in »erster Liebe« (Kap. 2,4) Jesus folgen.

»Diese sind erkauft aus den Menschen als Erstlinge für Gott und das Lamm, und in ihrem Munde wurde kein Falsch gefunden; sie sind untadelig.« Inwiefern aber sind sie Erstlinge? Jakobus bezieht das Wort »Erstlinge« auf die Christusgemeinde (1,18), der Hebräerbrief spricht von der »Gemeinde der Erstgeborenen« (12,23). Sie sind die Erstlinge am »Tag des Heils« und kommen aus allen Völkern. Hier aber begegnen wir den »Erstlingen« aus den Juden, mit denen Gott ein neues Kapitel der Geschichte aufschlagen wird, wenn »das Reich für Israel« (1,3-6) anbricht. Gleich den drei Männern im Feuerofen Nebukadnezars (Dan 3,17-18) weichen sie nicht von der Wahrheit, verleugnen den Namen Jesu nicht. Werden sie durch die antichristliche Zeit hindurchgerettet zu den Aufgaben im Tausendjährigen Reich? Sie »folgen dem Lamm nach, wohin es geht«.

Im Zusammenhang dieser Versiegelten hörte Johannes »eine Stimme vom Himmel wie die Stimme eines großen Wassers und wie die Stimme eines großen Donners, und die Stimme, die ich hörte, war wie von Harfenspielern, die auf ihren Harfen spielten«. Ähnlich war es in Kapitel 1,15. Es ist ein gegensätzliches Bild, denn zwischen mächtigem Donnern und Wasserrauschen einerseits und dem feinen Klang des Harfenspielens besteht doch ein großer Unterschied. Daran wird deutlich, dass Johannes nur in Bildern beschreiben kann, was er tatsächlich hörte. Was auf Erden unvereinbar ist, wird bei Gott zu einer großen Komposition und zu einem »neuen Lied vor dem Thron«. »Und niemand konnte das Lied lernen außer den Hundertvierundvierzigtausend, die erkauft sind von der Erde.«

Die vierundzwanzig Ältesten als Vertreter der Gottesgemeinde aus dem Alten und Neuen Bund (5,8ff) und die Gemeinde Jesu haben das neue Lied schon vorher lernen dürfen. Das Lied vom Lamm Gottes, das die Sünden der Welt hinweggetragen hat, tönt gewaltig und schön durch alle Ewigkeit. Nun wird es auch gelernt von dem »heiligen Rest« aus Israel. Es erfüllt sich die Weissagung des Apostels: »So wird ein ganzes Israel gerettet werden« (Röm 11,25-36).

Die Botschaft der drei Engel

»Und ich sah einen anderen Engel fliegen
mitten durch den Himmel,
er hatte *ein ewiges Evangelium* zu verkündigen,
denen, die auf Erden wohnen ...:
Fürchtet Gott und gebt ihm die Ehre;
denn die Stunde seines Gerichtes ist gekommen!
Und betet den an, der gemacht hat
Himmel und Erde und Meer und die Wasserquellen!«
(Offb 14,6-13)

Die Engelbotschaften gehören wahrscheinlich in die Zeit zwischen der ersten und zweiten Jahrwoche antichristlicher Herrschaft. Das ist die Zeit direkt vor dem Ausschütten der sieben Zornschalen. Der Kampf zwischen Gott und Satan ist in sein letztes Stadium getreten. Satan mobilisiert alle seine Mächte zum letzten Streit. Aber auch Gottes Engel sind aufgeboten.

Engel begleiteten den Eintritt Jesu in unsere Welt und gaben frohe Botschaft. Engel rufen ihre Botschaft auch beim Wiederkommen Jesu.

Der erste Engel ruft ein ewiges Evangelium aus. Was ist damit gemeint? Bengel bezog das auf Luther und die Reformation. Aber jenes Jahrhundert war nicht die antichristliche Zeit. Die Botschaft weist vielmehr in die dunklen Jahre des Antichristen.

Wenn wir Evangelium sagen, meinen wir das Wort von der Liebe Gottes, von Versöhnung und vom Heil. Doch zum Evangelium gehört auch das Wort vom Ende des Bösen. Gottes Gerechtigkeit muss doch endlich über alle Ungerechtigkeit siegen. Gott richtet die Welt, um sie neu herzurichten. Nun soll das Gebet der Märtyrer (6,10) erhört werden: »Herr, du Heiliger und Wahrhaftiger, wie lange richtest und rächst du nicht unser Blut?« Bald werden sich alle Knie vor dem wiederkommenden Christus beugen.

Der Triumph der Gerechtigkeit Gottes über alles Böse und Widergöttliche gehört zum ewigen Evangelium. Es ist »Evangelium«, wenn in der Gerichtszeit zur Umkehr gerufen wird, weil sie noch möglich ist.

»Fürchtet Gott und gebt ihm die Ehre!«, lautet die letzte Aufforderung zur Umkehr. Buße ist auch Abkehr vom Antichristen und seinen Werken. Sie fordert Absage von jeder Verehrung des »Tieres« und seiner Machtwirkungen.

Ob die Menschen die letzte Warnung hören werden? Wenn sie es nicht hören, so muss es doch gesagt werden. »Sie gehorchen oder lassen es«, sagte Gott (Hes 2,5-7). Ungewarnt läuft keiner ins Gericht.

Der Ruf des zweiten Engels zeigt, was auch zum ewigen Evangelium gehört, nämlich der Fall der Stadt und Hure *Babylon*. Babylon hat sein geschichtliches Vorbild in der Stadt am Euphrat. Dort nahm in der Frühzeit der Griff nach Selbstbestimmung gegenüber Gott seinen Anfang: »Wohlan, lasst uns einen Turm bauen, dessen Spitze bis an den Himmel reiche« (1. Mose 11,4). Es gibt längst weit höhere Bauwerke, aber hier nahm zum ersten Mal in der Geschichte der Völker die Idee Gestalt an, sich eigenständig gegen Gott zu behaupten und sich selbst bestimmen zu wollen. Hier war der Herd der Verführung der Völker und hier nahm seinen Ausgang, was die Völker trunken machte und berauschte. Babylonisch war der Ruf Nebukadnezars: »Das ist das große Babel, das ich mir erbaut habe durch meine große Macht, zu Ehren meiner Herrlichkeit« (Dan 4,27). Die Hybris findet ihre Vollendung in der antichristlichen Gesinnung, die sich selbst zur Mitte und zum Ziel macht und selbst Gott sein will.

Doch über aller Menschenverherrlichung babylonischer Großmäuligkeit steht schon der Ruf: »Sie ist gefallen; sie ist gefallen!« Im Ruf des zweiten Engels scheint das Gericht schon der Vergangenheit anzugehören. Denn, was kommt, ist bei Gott schon perfekt und geschehen.

Die Kapitel 17 und 18 schildern den Untergang Babels. Dort wird auch erkennbar, dass die uralte babylonische Gesinnung ihre Ergänzung findet in der »Hurerei«; letzteres bezieht sich auf die Untreue des Gottesvolkes zu Gott. Dort wird Babel »die Hure Babylon« genannt.

Die dritte Engelbotschaft vor dem letzten Gerichtszyklus der Zornschalen warnt eindringlich vor der Anbetung des Antichristen, des Tiers! Die Massenbewegung hin zum Antichristen und die Gleichschaltung der allgemeinen Meinung gibt dem Einzelnen keine Entschuldigung für sein Mitschwimmen im bösen Strom. Wer mitmarschiert und nicht widersteht, wählt sich eine schreckliche Zukunft.

Es liegt nahe, dass sich dieser Warnruf an die Glieder des Gottesvolkes wendet. Nur sie wissen um das prophetische Wort, und nur sie haben durch den Geist Gottes die Chance, widerstehen zu können. Diese Meinung wird dadurch gestützt, dass Vers 12f die Heiligen zur Geduld aufruft und ihr Sterben gesegnet genannt wird. Wer zu Christus gehört, muss die Folgen sehen, die der kleinste Kompromiss mit dem Feind einbringt.

Wer von Babels Becher trinkt, erhält den Zornesbecher Gottes gereicht. Von Jeremia 25,15 an wird das Bildwort vom »Becher mit dem Wein meines Zorns« gebraucht. Denn »schrecklich ist es, in die Hände des lebendigen Gottes zu fallen«, lesen wir in Hebräer 10,31. Auf die antichristliche Drangsal bezogen, ist folgende Lage denkbar: Viele werden das Malzeichen des Tieres nicht freudig annehmen, sondern aus nackter Angst. Denn ohne des Tieres Zeichen kann keiner kaufen oder verkaufen.

Vom Kaufen und Verkaufen hängen Wasser, Brot und Lebensraum ab. Was soll aber werden, wenn alle Konten gesperrt sind? Die Feindschaft gegen Gottes Volk zeigt sich hier weniger in der plumpen, blutigen Verfolgung, sondern in der subtilen Verfolgung, die den Ausschluss bringt aus allen sozialen Beziehungen der modernen Gesellschaft.

Gottes Zorn

Viele werden sich dann dem Leidensdruck beugen und die Kennziffer des Antichristen annehmen. Irgendwann und irgendwie wird es offenbar, ob einer von der Menschenfurcht oder der Gottesfurcht bestimmt wird. Dann bleibt nur die Wahl zwischen dem Zorn des Antichristen oder dem Zorn Gottes.

Diese letzten Entscheidungen werden lange zuvor vorbereitet. Wer heute keine Angst vor dem Sündigen hat und in der Hoffnung auf die Gnade gegen Gottes Gebote lebt, programmiert sich für den Abfall vor.

Wer aber heute konsequent mit Jesus lebt, wird rechtzeitig gestärkt für die kommende Stunde der Versuchung.

Schrecklich ist der Zorn Gottes, und Gott kann in seinem Zorn buchstäblich fürchterlich sein. Die Warnung – es ist eine Strafandrohung – ist an Deutlichkeit nicht zu überbieten. Wer des Tieres Zeichen annimmt, »der wird von dem Wein des Zornes Gottes trinken … und er wird gequält werden … vor den heiligen Engeln und vor dem Lamm. Und der Rauch ihrer Qual wird aufsteigen von Ewigkeit zu Ewigkeit; und sie haben keine Ruhe Tag und Nacht, die das Tier anbeten und wer das Zeichen seines Namens annimmt. Hier ist Geduld und Glaube der Heiligen! Hier sind, die da halten die Gebote und den Glauben an Jesus!« Ein Christ steht vor der Wahl, ob er die Prüfung und das Leiden um Jesu willen annimmt oder in die ewige Not der Hölle geht.

Es ist besser, mit Jesus in der Not zu sein, als ohne ihn in kurzlebigen Vorteilen. Selbst wenn diese Glaubenshaltung den Tod bringt, so steht doch darüber:

> »Selig sind die Toten,
> die in dem Herrn sterben von nun an.
> Ja, spricht der Geist, sie sollen ruhen von ihrer Mühsal;
> denn ihre Werke folgen ihnen nach!«
> (Offb 14,13)

Die Mühsal der Überwinder ist hoch gesegnet und hat ihren großen Lohn und der gilt für immer und ewig.

> »Selig sind, die Verfolgung leiden,
> denn ihrer ist das Himmelreich!« (Mt 5,10)

Die Waffen der Überwinder sind Geduld, das Halten an den Geboten Gottes und der Glaube an Jesus. Diplomatie, Anpassungsbereitschaft und menschliche Machtmittel können nur schaden. Die Gemeinde Gottes braucht in der kommenden Notzeit, aber auch schon jetzt, das Vorbild Jesu, der »gehorsam wurde bis zum Tode, ja zum Tode am Kreuz« (Phil 2,8). Ihm zu folgen bedeutet ja, ganz nahe bei ihm zu sein und gestärkt zu werden zum Leiden und zur Herrlichkeit. Der Nachfolger Jesu darf sagen: »Ich habe den Herrn allezeit vor Augen. Denn er steht mir zur Rechten, damit ich nicht wanke. Darum ist mein Herz fröhlich« (Apg 2,25f).

Die gute Ernte der Erde

Die siebte Posaune eröffnet die sieben Zornschalen. Dies scheint die Zeit der zweiten Hälfte des Antichristen zu sein. Da wird es auf der Erde aussehen, als sei die Zeit der Christen vorbei. Das gilt auch für die Treuen in Israel, die ihre »Knie nicht vor Baal gebeugt haben«. Die Zeit wird notvoll sein, denn Jesus sagt: »Wenn diese Tage nicht verkürzt würden, würde kein Mensch selig werden!« (Mt 24,22).

Von oben, vom Himmel her, sieht der Stand der Dinge völlig anders aus. Die Vision von der doppelten Ernte zeigt, dass Gott zu seinem Ziel kommt und seine Ernte ganz nahe ist. »Und ich sah und siehe, eine weiße Wolke. Und auf der Wolke saß einer, der gleich war einem Menschensohn; der hatte eine goldene Krone auf seinem Haupt und in seiner Hand eine scharfe Sichel … Setze an deine Sichel und ernte, denn die Ernte der Erde ist reif geworden!«

Es ist die gute Ernte guter Saat, die Jesus mit seinem Sterben und Auferstehen gesät hat. Jetzt ist er nicht mehr der leidende Gottesknecht (Jes 53), sondern trägt die Krone der Herrschaft über alles. Er ist der Menschensohn nach Daniel 7,13: »Siehe, es kam einer mit den Wolken des Himmels wie eines Menschen Sohn und gelangte zu dem, der uralt war ..., der gab ihm Macht, Ehre und Reich!« In der Hand hält der Herr die Sichel, mit der man die Ernte schneidet, um sie einzubringen.

Aus dem Tempel, also vom Vater, überbringt ein Engel den Auftrag an den Menschensohn: »Setze deine Sichel an und ernte; denn die Zeit zu ernten ist gekommen und die Ernte der Erde ist reif geworden!« Jetzt ist die Stunde gekommen, die sich der Vater selbst vorbehalten hat und von der Jesus sagte: »Von dem Tage aber und der Stunde weiß niemand ..., auch der Sohn nicht, sondern allein der Vater!« (Mt 24,36; Apg 1,7). In der Hitze der Trübsal ist die Ernte zur Reife gekommen.

Die Ernte der Erde, das ist die Christusgemeinde aus allen Völkern, gewachsen aus der Saat des »Weizenkorns« (Joh 12,24). Paulus beschreibt die Vollendung der Gemeinde in 1. Korinther 15,51ff (vgl. 1. Thess 4,13ff):

> »Siehe, ich sage euch ein Geheimnis.
> Wir werden nicht alle entschlafen,
> wir werden aber alle verwandelt werden;
> und das plötzlich, in einem Augenblick,
> zur Zeit der letzten Posaune.«

Die letzte Posaune hat geblasen, und die ihm so wertvolle Ernte wird eingebracht. Haben wir also hierin die Entrückung der Gemeinde zu sehen? Es ist möglich, aber nicht gesichert. Es gibt auch andere Schriftstellen in der Offenbarung, die auf die Entrückung hinweisen könnten. Es fällt auf, dass das prophetische Wort zwar die Entrückung der Gemeinde eindeutig bezeugt, es lässt sich aber aus keinem dieser Worte der Zeitpunkt der Entrückung ableiten.

Dafür gibt es einen guten Grund. Unser Herr wollte nicht, dass sich Christen darüber streiten, ob die Entrückung vor, aus oder am Ende der großen Trübsal stattfindet. Er hat uns dringend gesagt: »Darum seid auch ihr bereit, denn der Menschensohn kommt zu einer Stunde, da ihr's nicht meint!« (Mt 24,44).

Weinlese und Gericht

Dann schreitet ein anderer Engel aus dem Tempel, »der hatte ein scharfes Winzermesser …, und der Engel setzte sein Winzermesser an die Erde und schnitt die Trauben am Weinstock der Erde und warf sie in die große Kelter des Zornes Gottes. Und die Kelter wurde draußen vor der Stadt getreten, und das Blut ging von der Kelter bis an die Zäume der Pferde.«

Im Ablauf der Ereignisse stehen wir mit dieser Schilderung bereits in Kapitel 16 mit dem Hinweis auf »Harmagedon«. Aber das Wort von der zweifachen Ernte ist eine Vision im Himmel, die historische Ereignisse mit tieferen Einsichten verbindet (siehe Erklärung zu Offb 12), aber sich der Einordnung in einen Kalendertermin entzieht.

Im Unterschied zur Ernte (Kap. 14-16) hat die darauf folgende Weinlese Gerichtscharakter. Der Engel, der den Befehl gibt, die »Trauben« für die »große Kelter des Zornes Gottes« zu schneiden, kommt vom Altar. Wir erinnern uns an Kapitel 8, wo uns der Zusammenhang zwischen Gottes Gericht über das Böse und den Gebeten der Heiligen vor Augen gestellt wurde. Jetzt ist das Ende des Reiches des Bösen gekommen, und schon stehen die Gerichtsengel bereit, um die »Zornschalen« der »sieben Plagen« über das antichristliche Reich auszugießen.

Bald wird das Gericht gegen den gewaltigen Aufmarsch des Bösen geschehen, und das Zentrum des Aufruhrs gegen Gott soll bei Harmagedon gerichtet werden (Sach 14,12ff).

»Schrecklich ist es, in die Hände des lebendigen Gottes zu

fallen!« (Hebr 10,31). Ein Blutbad ohnegleichen beendet den weltweiten Überfall in das Heilige Land, von dem Hesekiel 38-39 geweissagt hat. Einst floss vor den Toren der Stadt Jerusalem das Blut Jesu zur Bezahlung der Sünden der Welt. Von hier aus erging das Wort des Heils, das uns zur Versöhnung mit Gott ruft. Gott hat alles, was ihm nur möglich war, zu unserer Rettung getan. Keiner geht mehr verloren, weil er gesündigt hat, denn Christus ist die Sühne für unsere Sünden und die der ganzen Welt (1.Joh 2,2). Jetzt kann ein Mensch nur noch verloren gehen, weil er dieses große Heil verachtet und von sich stößt. Er will sich nicht retten lassen vor dem kommenden Zorn Gottes und bleibt damit unter dem Gericht. Weil er verstockt gegen solche Liebe streitet, streitet nun Gott, »damit gerichtet werden alle, die der Wahrheit nicht glaubten«, und lässt den Zornschalen freien Lauf.

Exkurs zur letzten Jahrwoche nach Daniel 9,24-27

Zur Zeit der sechsten Posaune kommt die Stadt Jerusalem in den Blick. Vor allem wird der Antichrist erkennbar und als solcher offenbar (11,7). Die Worte »heilige Stadt«, »Tempel«, »Ölbäume« (Sach 4) setzen voraus, dass Israel nach langer Zeit in das Land der Väter heimgekehrt ist (Lk 21,24). Für das heimgekehrte Israel verdichtet sich die Lage zu einer Notzeit von 42 Monaten (11,1f).

Wenn anschließend die letzte, die siebte Posaune geblasen wird, werden die sieben Zornschalen über die antichristliche Welt ausgegossen; mit der 5. Zornschale auch »auf den Thron des Tieres« (15,10). Die Zeitangaben der Offenbarung für die Dauer der antichristlichen Zeit (11,2f; 12,6) wurzeln in der Weissagung Daniels von den 70 Jahrwochen, deren letzte Jahrwoche die Zeit des Antichristen ist. Darum folgt hier ein Exkurs zu Daniel 9,24-27.

Daniel war der Politiker unter den Propheten. Er wirkte im Zentrum damaliger Macht und seine Arbeit und sein Denken bewegten sich um das Wesen und den Weg der Mächte dieser Welt. Ihm öffnete Gott die Augen für den Weg der Weltmächte. Er sah nicht alle Königreiche dieser Erde, sondern die, die einen besonderen Bezug zu Israel hatten. Seine Weissagungen zielen vor allem auf Gottes Volk.

Als er die prophetische Botschaft empfing, hatte er zuvor im Buch des Jeremia (Dan 9,2ff) von den siebzig Jahren babylonischen Triumphes und der damit verbundenen Gefangenschaft Israels gelesen. Schrecklich hatte sich die Prophetie erfüllt: »Dieses ganze Land wird zur Trümmerstätte und zur Wüste werden!« (Jer 25,11). Aber nun gingen die 70 Jahre Babylonischer Gefangenschaft zu Ende und Daniel sah zurück und fragte nach seines Volkes Zukunft. Große Schuld hatte es in schreckliches Elend getrieben. Priesterlich fürbittend hatte er sich unter die Schuld seines Volkes gestellt und nach der Heimkehr seines geliebten Volkes gefragt. Daniel glaubte, dass die Zeit der Erquickung direkt bevorstehe! Aber unsere Wege sind nicht Gottes Wege. Wohl waren 69 Jahre der Gefangenschaft vorbei, und es begann das 70. Jahr der Not. Danach sollte das Gericht des Exils beendet sein. Daniel schaute nach dem Gesalbten aus, der nun kommen sollte. Doch die Botschaft korrigiert ihn. Mit dem Ende der 70 Jahre kommt das messianische Reich noch nicht, sondern sieben mal siebzig Jahre müssen vergehen. Siebzig Jahrwochen! Dann erst wird die »ewige Gerechtigkeit« gebracht werden. Erst nach der Vollendung der siebzigsten Jahrwoche soll die messianische Zeit anbrechen.

Auf sein Beten antwortete der Engelfürst Gabriel und zeigte ihm Israels weiteren Weg. Da werden die siebzig babylonischen Schikksalsjahre zu einem Symbol für die weitere Geschichte des Gottesvolkes. Siebzig Jahre stehen für sieben mal siebzig Jahre, die so genannten Jahrwochen, die zwei Zäsuren haben: Die erste steht für sich (V. 25) und ebenso die letzte (V. 27). Sie werden unterschieden von den 62 Jahrwochen, die sich der ersten Jahrwoche anschließen.

Daniel war von der Frage bewegt: Wann endet Israels Schuldgefängnis, und wie gestaltet sich Israels Zukunft? Wann wird erstens die Schuld gesühnt sein, wann wird zweitens der »Frevel zu Ende gebracht« und wann kommt drittens die »ewige Gerechtigkeit« (9,24)?

Wenn eine *ewige Gerechtigkeit* eingeführt wird, kommt für diese Erde der Friede und »das Reich für Israel« (Apg 1,3) die »Zeit der Erquickung« (Apg 3,20). Wir denken als Kinder der Reformation hier gern an die »Gerechtigkeit, die aus dem Glauben« (Röm 3) kommt. Der Prophet unter den Politikern aber dachte an die messianische Zeit des Friedens für alle Welt.

Wie lange soll's noch dauern, bis eine »ewige Gerechtigkeit gebracht« wird? Angefangen vom Befehl, Jerusalem wieder zu bauen, sollten sieben Jahrwochen, das sind 49 Jahre, vergehen. Dann sollte es in Israel wieder einen Gesalbten geben. Das setzte einen Tempel mit dem Priesterdienst voraus und erfüllte sich unter Esra und Nehemia. Damit war aber noch nicht die Zeit des Heils und der Erquickung gekommen. Weitere 62 Jahrwochen, das sind 434 Jahre, fügen sich an, so dass es sich zusammen um 483 Jahre handelt. Ausdrücklich wird von einer »kümmerlichen Zeit« gesprochen, und so war ja auch die Zeit zwischen der Heimkehr aus dem Babylonischen Exil und dem Kommen Jesu.

»Wisse also und verstehe: Vom Ausgang des Wortes betreff der Wiederherstellung und Neugründung Jerusalems bis auf einen Gesalbten, einen Fürsten, sind sieben Wochenjahre (bis zu Esra und Nehemia), und innerhalb zweiundsechzig Wochenjahren wird es wiederhergestellt und neuerbaut sein …, allerdings in drangsalsreichen Zeiten (die Zeit zwischen Nehemia und dem 1. Kommen des Messias). Und nach den zweiundsechzig Wochenjahren wird ein Gesalbter ums Leben gebracht werden, ohne dass eine Schuld an ihm wäre; und die Stadt samt dem Heiligtum wird das Kriegsvolk eines Fürsten zerstören … und bis zum Ende wird Krieg stattfinden, fest beschlossene Verwüstungen« (9,25-26; nach Menge).

Eine präzise Datierung für den Befehl des Cyrus, Jerusalem wieder aufzubauen, ist schwierig. Das Zeitmaß der 483 Jahre reicht ungefähr bis zur Zeit Jesu. Am Ende der 69. Jahrwoche »nach den zweiundsechzig Wochenjahren wird ein Gesalbter ums Leben gebracht werden, ohne dass eine Schuld an ihm wäre« (V. 26). In dieser Art, den Tod Jesu zu beschreiben, liegt die Ungeheuerlichkeit des Kreuzes angedeutet. Es musste für Daniel unvorstellbar sein, dass der »Gesalbte« sterben müsse. Von der Art und Weise, wie die Schuld gesühnt werden würde, und von der Auferstehung des Herrn, hat er keine Offenbarung empfangen. So sah er nur das Unbegreifliche des Todes des Messias. Mit dem Ende der 69. Jahrwoche schaute er auch das neuerliche Gericht, das in dem Untergang der Heiligen Stadt und des Tempels durch die Römer im Jahre 71 erfolgen würde. Es sollte eine Zeit der Verwüstung werden für ca. 2000 Jahre.

Warum aber wird die lange Zeit zwischen der 69. und der 70. nicht gezählt? Es wird von dieser langen Zeit nur gesagt: »bis zum Ende wird Krieg stattfinden, fest beschlossene Verwüstungen« (V. 26). Mit dem Gericht im Jahre 71 n.Chr. brach Israels Geschichte als Staat im Heiligen Land ab. Die dazwischen liegende Zeit ist »die Zeit der Völker« nach Römer 11,25 und Lukas 21,24. In dieser Zeit der Zerstreuung unter alle Völker gibt es im Heiligen Land keinen Staat Israel. Darum wird diese Zeit innerhalb der 70 Wochenjahre für Israel nicht mitgezählt.

Wenn die siebzigste Jahrwoche anbricht, die Israels Heimkehr voraussetzt, kommen sieben Jahre äußerster Not. Die »Zeit der Nationen« ist zu Ende, und Gott setzt seine Geschichte mit Israel fort. Von dieser siebzigsten Jahrwoche sehen wir, dass es wieder ein »Heiligtum« gibt (V. 27). Das setzt voraus, dass im Heiligen Land wieder ein heimgekehrtes Israel wohnt (12,7). Denn ein »Heiligtum« kann es nur in Jerusalem geben (V. 27; Mt 24,15f). Mit Israels Heimführung wird also der heilsgeschichtliche Faden für Israel wieder angeknüpft.

Diese siebzigste Jahrwoche ist verfinstert vom Auftreten des Antichristen, dessen Zeit sich in zweimal 3 1/2 Jahre gliedert, zusammen eine Jahrwoche = 7 Jahre.

Es kann sein, dass der Antichrist in seinen ersten 3 ½ Jahren seine Macht auf- und ausbaut und noch die Maske des Weltbeglückers trägt. Mit dem Beginn der zweiten Hälfte seiner Zeit (11,31-35; 12,11f) zeigt er sein wahres Gesicht, und die Trübsal steigert sich zur »großen Trübsal«. Wann dies Geschehen der siebten Jahrwoche einsetzt, ist noch verborgen. Aber Israels Heimkehr zeigt uns, dass die Zeit nahe ist.

Diese siebzig Jahre Babylonischer Gefangenschaft waren Gerichtszeit. Die folgenden siebzig Jahrwochen (= 490 Jahre) liegen auf derselben Ebene. Erst danach kommt Jesus Christus in Herrlichkeit, und damit bricht das messianische Reich an, »das Reich für Jakob« und »die Zeit der Erquickung«.

Die fünfte Visionsgruppe

Offenbarung Kap. 15-18

Offenbarung 15,1-4: Das Lied des Mose und des Lammes

Bevor die Engel die Zornschalen über das antichristliche Reich ausgießen und sich der »Zorn Gottes vollendet« (15,1), sah Johannes in einer himmlischen Vision die Schar der Überwinder: »Und ich sah, und es war wie ein gläsernes Meer, mit Feuer vermengt, und die den Sieg behalten hatten über das Tier …, die sangen das Lied des Mose!«

Bis heute hat Israel die Nacht des Durchzugs durchs Rote Meer nicht vergessen; die Nacht, als Gottes Rettung durchs Meer zu neuen Ufern führte; die Nacht, die Israels Feinde aus ihren Siegesträumen riss und elend umkommen ließ. Die Erinnerung an jene Nacht zieht sich bis zur Offenbarung, wo es von den Überwindern der kommenden Trübsal heißt (15,2f):

> »Die standen an dem gläsernen Meer
> und hatten Gottes Harfen
> und sangen das Lied des Mose, des Knechtes Gottes,
> und das Lied des Lammes:
> Groß und wundersam sind deine Werke,
> Herr, allmächtiger Gott.
> Gerecht und wahrhaftig sind deine Wege,
> du König der Völker.
> Wer sollte dich nicht fürchten
> und deinen Namen preisen?
> Denn du allein bist heilig.«

Am Ende dieser Weltzeit wird es eine vergleichbare und doch noch größere Rettung für Gottes Volk geben, dann wenn Christus sein Volk aus der Not der Verfolgung durch übermächtige und antichristliche Gewalten rettet. Dann wird dem Lied des Mose das neue Lied des Lammes hinzugefügt werden und das große Halleluja der vollendeten Christusgemeinde. In diesem Sinn war das Siegeslied des Mose auch ein eschatologisches Lied. Denn durch große kommende Gerichte hindurch bahnt sich Christus den Weg zur Rettung seiner Herde aus allen Völkern, und es wird sein »eine Herde und ein Hirte« (Joh 10,16). Das wird ein Lobgesang werden!

Unsere Meere verbergen mit ihren undurchdringlichen Tiefen so viel; das wird zu einem Bild für die verborgenen Wege Gottes. In der Vollendung am »gläsernen Meer« aber gibt es keine Unklarheiten mehr. Alle unsere Fragen finden dort ihre Antwort und Gottes Lob wird sehr groß werden.

Es gibt also den Brückenschlag von jener Nacht am Roten Meer zum »gläsernen Meer«. Wieder wird deutlich, dass das Vergangene nicht vergangen ist, sondern über sich selbst hinaus weist in die Zukunft. Was einst geschah, wird ähnlich wieder geschehen. Was Gott damals tat, dient unserer Ermutigung zum Glauben und Gehorsam auf unserem Weg in unsere große Zukunft. Gottes Herrlichkeit wird triumphieren, und der Herr wird König sein über alle Lande, und »die Erde wird erfüllt werden von der Herrlichkeit des Herrn, wie Wasser das Meer bedeckt« (Hab 2,14). »Er wird zur selben Zeit herrlich werden, so weit die Welt ist. Und er wird unser Friede sein« (Mi 5,3f). Gottes Volk preist den Sieg schon heute im Lobgesang, denn von dem großen Ziel her fällt Licht auf unsere Tage und in unsere Nächte.

Von den Überwindern lesen wir, dass sie den »Sieg behalten hatten«, obwohl Kapitel 13,7 von der antichristlichen Zeit sagt, »ihm wurde Macht gegeben, zu kämpfen mit den Heiligen und sie zu überwinden«. Aber sie sind eben darin ihrem Herrn ähnlich geworden, der über den Karfreitag zum Ostermorgen ging. Dieser Ausblick soll für den weiteren Gang durch die Offenbarung stärken.

»Danach sah ich; es wurde aufgetan der Tempel, die Stiftshütte im Himmel, und aus dem Tempel kamen die sieben Engel, die die sieben Plagen hatten, angetan mit reinem, hellen Leinen.« Sie kommen aus dem großen Gottesdienst, und wenn sie nun Gottes Gerichte vollstrecken werden, so richten sie keinen blindwütigen Tyrannenzorn aus, sondern ebnen den Weg zu Gottes herrlichem Ziel und Reich. Es ist ja kein menschlicher Zorn, von dem Jakobus schreibt: »Des Menschen Zorn tut nicht, was vor Gott recht ist« (Jak 1,20). Es ist kein Zorn des Teufels (12,12), der das Gute zerstören will. Gottes Zorn ist lauter, rein und heilig. Sein heiliger Zorn wird Gutes wirken, wird das Böse hinwegtun und die Völker zum Heil bringen, denn »alle Völker werden kommen und anbeten vor dir, denn deine gerechten Gerichte sind offenbar geworden«. Im Dienst dieses heiligen Kampfes stehen die sieben Engel mit den Zornschalen in »reinen« Gewändern.

Aus dem Tempel sind sie herausgetreten. Unwiderruflich nehmen die weiteren Ereignisse ihren Gang: »Der Tempel wurde voll Rauch von der Herrlichkeit Gottes und von seiner Kraft. Und niemand konnte in den Tempel gehen, bis die sieben Plagen der sieben Engel vollendet waren« (Offb 15,8). Jetzt kann niemand mehr Gott in den erhobenen Gerichtsarm fallen. Einst sprach Gott zu Jeremia (15,1): »Und wenn auch Mose oder Samuel vor mir stünden, so habe ich doch kein Herz für dieses Volk. Treibe sie weg von mir!« So wird gleich anschließend eine mächtige Stimme aus dem Tempel befehlen: »Geht hin und gießt aus die sieben Schalen des Zornes Gottes auf die Erde!« (Offb 16,1).

Gott verhüllt sich im Gericht, und keine Macht wird ihn am Handeln hindern. Das versteht nur, wer von hier aus zurückdenkt an jenen Tag, an dem Gott sein Angesicht vor seinem Sohn verbarg, weil die Sünden der Welt auf ihm lagen. Damals hielt Gott Gericht über alle Sünden aller Welt und richtete an seinem reinen Sohn die Sünde selbst. Gott hatte sein Haupt so sehr verhüllt, dass Jesus rief: »Mein Gott, mein Gott, warum hast Du mich verlassen?« (Mt 27,46)!

Damals brannte Gottes Zorn und hat ein schreckliches Gericht gehalten damit die Gnade siegen kann. Denn wer nun den Ruf des Evangeliums hört und sich zu Jesus flüchtet, der ist dort, wo bereits Gericht gehalten wurde und für ewig kein Gericht mehr stattfinden wird. Keiner als er rettet vor dem »kommenden Zorn« (1. Thess 1,10). Wer ihm nicht glaubt und folgt, bleibt im Gericht.

Offenbarung 15,5-16,21: Die sieben Zornschalen

Es gibt eine auffallende Ähnlichkeit zwischen den Ereignissen der siebten Posaune und der sieben Zornschalen. Daraus haben manche geschlossen, dass die beiden Gerichtszyklen Gleiches aussagen. Auch die Gerichte der zweiten, dritten, vierten und sechsten Posaune haben mit den entsprechenden Zornschalen vergleichbare Inhalte.

Neben diesen Ähnlichkeiten zeigen sich jedoch wesentliche Unterschiede. Auch bringen die Zornschalen gegenüber den Posaunen eine Steigerung der Ereignisse und treiben die Dinge auf die letzte Spitze. Es handelt sich wohl um zwei dicht aufeinander folgende Gerichtsabläufe; ähnlich, aber nicht gleich.

Die Welteinheit gegen Gott unter dem Zeichen des Antichristen ist da, und sein Thron (16,10) scheint fest zu stehen. Hinter ihnen liegen die Schrecken der Posaunengerichte. Endlich scheint das Weltfriedensreich aus der Macht des Menschen, das so oft am Menschen gescheitert war, erreichbar zu sein. Jetzt haben sie unter ihrem genialen Führer das erreicht, was man schon bei Babels Turmbau gewollt hatte: die Welteinheit. Aber es ist eine Einheit ohne und gegen Gott.

Nicht Gott beten sie an, sondern den Antichristen und den, der hinter ihm steht. Sein Zeichen tragen sie an Hand oder Stirn. Sie denken und sprechen: Es ist »Friede und Sicherheit!« Es soll eine

Zeit kommen, von der Paulus weissagte (1. Thess 5,3): »Wenn sie sagen werden: Es ist Friede, es hat keine Gefahr –, dann wird sie das Verderben schnell überfallen!«

Der lügenhafte Friede zerbricht am Handeln Gottes. »Und ich hörte eine große Stimme aus dem Tempel ...: Geht hin und gießt aus die sieben Schalen des Zornes Gottes auf die Erde! Und der erste Engel ging hin und goss seine Schale auf die Erde; und es entstand ein böses und schlimmes Geschwür an den Menschen, die das Zeichen des Tieres hatten und die sein Bild anbeteten.«

Die erste Zornschale zeigt Gottes Gericht im Zusammenhang mit der bösen Tat der Menschen. Worin sie gesündigt haben, darin werden sie gestraft. Weil sie ihrem Leib das Mal der Sünde gaben, zeichnet sie Gottes Gericht mit bösen Geschwüren. Gott hat eingegriffen und kein Antichrist und Teufel kann sie gegen Gott schützen. Gegen Gottes Handeln greifen die Wunder des Bösen nicht mehr; die Ohnmacht des Antichristen wird erkennbar.

Der zweite und dritte Engel gießen ihre Schalen ins Meer und auf die Wasserströme, und »sie wurden zu Blut«. Der Lebensraum für alles Leben im Wasser verdirbt, und das für den Menschen lebensnotwendige Wasser ebenso. Wir erkennen, dass das Trinkwasser unter Gottes besonderem Schutz stand, und er einen Engel darüber gesetzt hatte. Dieser Schutz ist nun weggenommen. »Und ich hörte den Engel der Wasser sagen: Gerecht bist du, der du bist und der du warst, du Heiliger, dass du dieses Urteil gesprochen hast. Denn sie haben das Blut der Heiligen und der Propheten vergossen, und Blut hast du ihnen zu trinken gegeben; sie sind es wert!« Vom Altar her, wo wir in Kapitel 6 die Seelen der Märtyrer sahen, kommt der bestätigende Ruf:

> »Ja, Herr, allmächtiger Gott,
> deine Gerichte sind wahrhaftig und gerecht.«

Stärker wird die Plage, denn der vierte Engel gießt seine Schale in die Leben spendende Sonne: »Und es wurde ihr Macht gegeben, die Menschen zu versengen mit Feuer. Und die Menschen wurden versengt von der großen Hitze« (V. 8f). Wie abhängig ist der Mensch von der Sonne! Ohne jedes Zutun des Menschen spendet sie Licht und Wärme, und kein Mensch kann ihren wundersamen Gang beeinflussen. Sie ist ein tägliches Zeichen für die totale Abhängigkeit des Menschen von dem, der sie schuf und erhält.

Dennoch haben die Menschen Gott nicht geehrt und ihm gedankt, sondern bleiben im Aufruhr gegen ihn. Sie leben maßlos und sprechen: »Lasset uns zerreißen ihre Bande und von uns werfen ihre Stricke« (Ps 2,3). Maßlos brennt nun die Sonne vom Himmel und ihr Segen wird zum Fluch. Es liegt ein Staunen über die Verdorbenheit der Menschen in den Worten: Sie »lästerten den Namen Gottes … und bekehrten sich nicht« (Offb 16,11).

Sie können es wohl nicht mehr, weil es eine ähnliche Situation ist wie einst bei dem Pharao. Als er sich der Weisung Gottes verweigerte, verstockte Gott sein Herz (2. Mose 10,20). Erst wollte er nicht, dann konnte er nicht mehr. Ein Mensch kann durch fortgesetztes Widerstreben gegen Gott die Grenze zur Umkehrmöglichkeit überschreiten. Dann steht er absolut und unwiderruflich außerhalb jeder Gnade. Er ist verfinstert und satanisch geworden und wagt es sogar, gegen Gott zu lästern. Er steht unabwendbar außerhalb der Gnade und ist »dahingegeben« (Röm 1,24f).

Enger zieht sich Gottes Belagerungsring um den Antichristen und seinen Regierungssitz. Die sechste Zornschale ergießt sich über den »Thron des Tieres, und sein Reich wurde verfinstert, und die Menschen zerbissen ihre Zungen vor Schmerzen und lästerten Gott im Himmel«. Der Kosmos ist in Bewegung geraten und die guten Schöpfungsordnungen versagen ihren Dienst.

Ein Reich des Lichtes versprach der Antichrist den Menschen – ein Paradies. Da zeigt Gott, wie finster es bei ihnen geworden ist in einem Paradies aus des Teufels Hand. Der Verfinsterung ihrer Herzen entspricht nun auch ihr Reich (Röm 1,21). Geplagt von Geschwüren und Wassermangel, geplagt von (abwechselnd?) sengender Hitze und tiefer, kalter Finsternis, reift nun die Wahnsinnstat aus, offenen Krieg mit Gott zu führen.

Die sechste Zornschale löst den großen, den letzten Krieg dieser Weltepoche aus. Der Antichristus sammelt die Völker zur großen Schlacht bei Harmagedon. »Der sechste Engel goss seine Schale auf den großen Strom Euphrat, und sein Wasser trocknete aus, damit der Weg bereitet würde den Königen vom Aufgang der Sonne.« Die Initiative scheint beim Antichristen zu liegen. Die Welteinheit gegen den »Gott Abrahams, Isaaks und Jakobs« und gegen Jesus Christus kommt mit teuflischer Hilfe zustande. (Die unreinen, teuflischen Geister aktualisierte Luther und bezog sie auf seine Zeitgenossen Faber, Eck und Emser. Auch dieses Beispiel bestätigt, dass der endgeschichtliche Schlüssel zum Verstehen der Offenbarung ihrem Inhalt am besten entspricht.)

Die Offenbarung kündet Strömungen und Ereignisse an, für die unser Zeitgeschehen Fallbeispiele liefert. Als nach dem schrecklichen Angriff auf New York eine Antwort gegen den Terror anstand, kam innerhalb weniger Wochen eine weltweite und notwendige Front gegen die Bedrohung zustande. Der Ruf zu einer globalen Verantwortung zeigte, wie weit wir auf dem Weg zu einer Welteinheit sind.

Eben davon spricht die Offenbarung im symbolträchtigen Bild der »zehn Hörner«, die für einen Staatenbund stehen, der sich vor dem Wiederkommen Jesu bilden soll (Offb 13 u. 17): »Die zehn Hörner, die du gesehen hast, das sind zehn Könige, die ihr Reich noch nicht empfangen haben; aber wie Könige werden sie für eine Stunde Macht empfangen zusammen mit dem Tier. Diese sind eines Sinnes und geben ihre Kraft und Macht dem Tier (= Antichrist)« (Offb 17,12f).

Nachdem mit dem Ende des Dreißigjährigen Krieges (1618-48) gut 300 Jahre lang zwischen den europäischen Staaten das Prinzip der Nichteinmischung galt, gilt seit Anfang der neunziger Jahre das Prinzip verantwortungsvoller Einmischung und dafür gibt es gute Gründe.

Die Offenbarung spricht von Geistern, die zu den Königen der ganzen Welt gehen, »sie zu versammeln zum Kampf am großen Tag unseres Gottes, des Allmächtigen« (Offb 16,12-16; 17,12f). Damit beschreibt die Offenbarung das Phänomen einer freiwilligen, politischen Machtbündelung. Wenn Politiker ihre Macht freiwillig delegieren und uneingeschränkte Solidarität versprechen, muss eine Bedrohung sehr groß sein. Dann muss die Lage keine andere vernünftige Wahl mehr zulassen, als dem Feind in einem globalen Weltverbund zu begegnen. In der Reisediplomatie und Machtdelegation unserer Zeit sehen wir einen vergleichbaren Vorgang.

Der teuflischen List und Verführung der Lügengeister können die Mächtigen der Erde nicht widerstehen. Zeichen und Wunder, die von unten geschehen werden, hatte Paulus in 2. Thessalonicher 2,9-12 angekündigt. Sie tun ein Übriges, um die Völker zu einen.

Das Kriegsziel ist, Gottes Volk zu vernichten. Ein gewaltiger, neuer Holocaust scheint zu kommen. In der gegenwärtigen Krise ist die zunehmende Feindschaft gegen Israel auffallend. Immer wieder weisen Führer der islamischen Welt darauf hin, dass der Terror kein Ende nehmen wird, bis die palästinensische Frage geklärt sei. Mehr und mehr wird die Existenz Israels als die Wurzel allen Übels ausgemacht. Mich erinnert das an die mörderische Parole: »Die Juden sind unser Unglück.« Diese Überzeugung könnte zu dem allgemeinen Kriegszug der Völker gegen das Heilige Land führen, den Offb 16,10ff ankündet (ebenso Hes 38 u. 39; Sach 14). Weil Israel dem Weltfrieden hinderlich zu sein scheint, soll es weggeräumt werden.

Am 27. 10. 2001 schrieb Prof. D. Gelernter von der Yale-Universität zum Judenhass: »Der Gedanke, die arabischen Terroristen handelten aus purem Hass auf Amerika und die westliche Welt, ist absurd. Warum ermordeten sie keine Berliner oder Pariser … Das eigentliche Thema des heutigen Nahen und Mittleren Ostens ist nicht Hass auf den Westen, sondern auf die Juden. Und Hass auf Amerika als das einzige Land der Welt, das den Juden in Israel beisteht … Bereits 1929 stellte der britische Hochkommissar in Jerusalem fest: ›Der latente, tief verwurzelte Hass der Araber auf die Juden ist nun in allen Teilen des Landes ausgebrochen‹ … Bin Laden ist geradezu auf New York fixiert. New York ist die reichste und mächtigste

Stadt der Welt. Zugleich ist es die größte jüdische Stadt der Welt … Bin Ladens Terroristen haben versucht, die größte jüdische Stadt der Welt in ein Brandopfer (Holocaust) zu verwandeln.«

In einem Interview mit dem arabischen Fernsehsender Al Jazirah sagte Osama Bin Laden im Dezember 1998: »Jeder Moslem hasst die Amerikaner, Juden und Christen« (Westdeutsche Allgemeine Zeitung, 25. 9. 2001). Im Dezember 2001 sagte Bin Laden im gleichen Sender: »Unser Terrorismus ist ein gesegneter Terrorismus, um … Amerikas Unterstützung für Israel zu stoppen …« (Süddeutsche Zeitung, 28. 12. 2001).

Ich bin bestürzt, dass sich sogar überzeugte Christen von der Feindschaft gegen Israel anstecken lassen. Wohl ist Israel noch kein Gottesstaat und darf deswegen nicht mit anderen Maßstäben gemessen werden als andere Länder, aber mit diesem Staat macht Gott Geschichte und in diesem Volk hat er seine Auserwählten (Offb 7,1-8).

Hinter der Feindschaft gegen Israel steht der Teufel. Wie könnte ich mich in diese Front der Feinde Israels einreihen lassen? Ich will bedenken: »Gesegnet sei, der dich segnet, und verflucht, wer dich verflucht« (4. Mose 24,9).

Von einem letzten großen Krieg, der Israel überschwemmen wird, weissagt Hesekiel 38 und 39: »Am Ende der Zeiten sollst du in ein Land kommen, das dem Schwert entronnen ist, und zu dem Volk, das aus vielen Völkern gesammelt ist, nämlich auf die Berge Israels, die lange Zeit verwüstet gewesen sind, und nun ist es herausgeführt aus den Völkern (38,8) … Auf den Bergen Israels sollst du fallen« (39,4). Das ist der letzte Krieg der Geschichte, die Schlacht von Harmagedon. Gottes Feinde bilden sich ein, dieser Krieg sei ihre Planung und ihr Werk. Sie wissen nicht, dass sie keineswegs die Planer, Gestalter und Herren sind. Obwohl sie sich schuldhaft gegen Gott wenden, sind sie Werkzeuge in Gottes Hand. »Starke, die sich Treiber dünken, werden doch nur selbst getrieben; Heergeräte eines Stärk'ren, die gebraucht, verbraucht zerstieben« (F. W. Weber, Dreizehnlinden). Tatsächlich handelt Gott. Er hebt die alte Grenze zwischen den Mächten des Ostens und Westens auf und gibt den Weg frei zur großen Schlacht: »*Er* hat sie versammelt«, betont Vers 16.

Er hat sogar den Ort bestimmt, die Ebene Megiddo, aus der der Trümmerhügel der uralten Stadt als kleiner Berg aufragt: Harmagedon (Berg von Megiddo). Hier soll das Zentrum der Entscheidungsschlacht sein, wobei der Krieg wohl viel weiter ausgreifen wird (Hes 39,6)!

Der Schlachtverlauf wird in Kapitel 19,11ff beschrieben. Aber auch in Sacharja 14! Während die Völker imponierend auftrumpfen und eine Auswahl ihrer Heeresmacht heranmarschiert in Richtung Harmagedon und das Geschrei ertönt: Wir kommen! Eben da kommt unvermittelt die Botschaft: »Siehe, *ich komme* wie ein Dieb. Selig ist, der da wacht und seine Kleider bewahrt!« Jesus Christus wird da sein am »großen Tag Gottes«.

Richtet sich dies Wort an die aus Israel, »die ihre Knie nicht vor Baal gebeugt haben« und das Malzeichen des Tieres nicht annahmen? Oder ist auch die Gemeinde Jesu angesprochen, weil jetzt ihre Entrückung nahe ist? Im Zusammenhang der Ernte von Kapitel 14,14-16 wurde geschrieben, dass der Zeitpunkt der Entrückung nicht genau festzumachen ist, denn es gibt einige Stellen, an denen sie möglich wäre. Darum ist eine Festlegung der Entrückung auf einen bestimmten Zeitpunkt abwegig.

Endlich, endlich kommt das Finale der Weltgeschichte. Erinnern wir uns: Aus dem siebten Siegel wuchsen die sieben Posaunen und alles weitere Geschehen bis zum Ende. Aus der siebten Posaune folgten die sieben Zornschalen und alles bis zum Ende. Nun wird die siebte Schale ausgegossen und hat einen übergroßen Inhalt. Mit ihr ist Gottes Zorn vollendet.

»Der siebente Engel goss seine Schale in die Luft; und es kam eine große Stimme aus dem Tempel vom Thron, die sprach: Es ist geschehen. Und es geschahen Blitze und Stimmen und Donner, und es geschah ein großes Erdbeben, wie es noch nicht gewesen ist, seit Menschen auf der Erde sind, so groß. Und aus der großen Stadt wurden drei Teile, und die Städte der Heiden stürzten ein. Und Babylon, der großen, wurde gedacht vor Gott« (16,18ff). Diese Worte geben eine kurze Zusammenfassung der nun zu betrachtenden Kapitel 17 und 18.

Epheser 6,12 steht geschrieben, dass in der Luft die Mächte der Finsternis herrschen. Sie sind mit betroffen vom Gerichtshandeln Gottes, das über die Erde geht. Gewaltige, seit Menschengedenken nicht dagewesene Erdbeben verändern das Angesicht der Erde. In Jerusalem spaltet sich der Ölberg (Sach 14,4) und die Städte der Völker sinken in Schutt.

Zu Beginn der sechsten Posaune kam der Ruf aus dem Tempel: *»Es ist geschehen!«* Mit dem Ruf Jesu am Kreuz »Es ist vollbracht!« begann Gottes Sieg über die Macht des Bösen. Mit dem Ruf aus dem Tempel wird nun der Sieg vollendet. Das Ende des Zeitalters ist gekommen, und »das Rad der Geschichte ist zu Ende gelaufen«[31]. Das zeigen die weiteren Kapitel.

Offenbarung Kap. 17-18: Die Hure Babylon

Einer der Engel, die die Zornschalen ausgegossen hatten, sprach zu dem Seher: »Komm, ich will dir zeigen das Gericht über die große Hure, die an vielen Wassern sitzt, mit der die Könige auf Erden Hurerei getrieben haben; und die auf Erden wohnen, sind betrunken geworden von dem Wein ihrer Hurerei. Und er brachte mich im Geist in die Wüste. Und ich sah eine Frau auf einem scharlachroten Tier sitzen, das war voll lästerlicher Namen und hatte sieben Häupter und zehn Hörner ...« (17,1f). Wer das Tier ist, wurde in Kapitel 13 gesagt. Es ist der Antichrist mit seinem Staatenbund. Die Hure ist seit dem Propheten Hosea bis hin zur Offenbarung das Bildwort

[31] H. Lilje, *Das letzte Buch der Bibel*, S. 185/Kap. IV. 6, Anm. zu Offb 16,1-21.

für die abgefallene Gottesgemeinde. Als Johannes die Hure sah, war er überaus verwundert. Wie war es möglich, dass die, die einmal »mit Gott vermählt« war, nun auf dem Tier saß, von ihm getragen wurde und es wohl auch zügelte? Das Tier war doch der Inbegriff des Bösen. Es trug sieben Häupter und zehn Hörner (13,1). Daniel sah die Weltreiche und ihren Charakter in Raubtieren verkörpert, die nacheinander Macht hatten. In diesem Tier aber ballt sich alle böse Macht zusammen.

»Die sieben Häupter sind sieben Berge, auf denen die Frau sitzt, und es sind sieben Könige« (V. 9). Die Berge werden als Könige bezeichnet, von denen zur Zeit des Johannes schon fünf der Vergangenheit angehörten (V. 10), einer noch da und der siebente noch gar nicht gekommen war. Sollte die Erklärung darin liegen, dass bis zum Kommen des Erlösers fünf Weltherrschaftsansprüche gestellt wurden und das damalige Römische Weltreich nach prophetischer Schau in seinen unterschiedlichen Formen das sechste Reich war? Die Weltgeschichte der letzten 2000 Jahre zählt ja zur Zeit der Völker und ist ein Einschub, der im prophetischen Wort nicht besonders erwähnt wird (s. »Die gute Ernte der Erde« in diesem Buch). Davon wird gesagt, es sei gewesen, und dann nicht mehr da. Es würde jedoch wieder erstehen im siebten Weltreich. Kapitel 17,8 erwähnt ausdrücklich:

»Es werden sich wundern, die auf Erden wohnen, deren Namen nicht geschrieben stehen im Buch des Lebens vom Anfang der Welt an, wenn sie das Tier sehen, dass es gewesen ist und jetzt nicht ist und wieder sein wird.« Das kann sich sowohl auf dieses Reich als auch auf den Antichristen selbst beziehen.

Aus dem siebten Weltreich soll das Reich des Antichristen hervorbrechen und im achten Tier den Antichristen selbst präsentieren (V. 11). Die Versuche der Deutung bleiben unvollkommen, und die Beschreibung bleibt wohl bis zur Erfüllung rätselhaft.

Mit dem Tier verbündet und von ihm regiert wird ein Zehnstaatenbund erkennbar. Die Zahl »zehn« kann auch symbolisch verstanden werden im Sinn einer umfassenden Weltherrschaft: »*Wie* Könige werden sie für eine Stunde Macht empfangen zusammen mit dem Tier« (V. 12). Das Bildwort deutet auch die Kürze der antichristlichen Zeit an.

Merkmale der Hure Babylon

»Die sieben Häupter sind sieben Berge, auf denen die Frau sitzt, und es sind sieben Könige« (V. 9). Die Botschaft ist verschlüsselt, denn von der Hure wird auch gesagt, dass sie auf dem Tier sitzt, in der Wüste ist (V. 3) und an vielen Wassern wohnt (V. 15). Und »die Wasser, die du gesehen hast, an denen die Hure sitzt, sind Völker und Scharen und Nationen und Sprachen« (V. 15). Also: *Ihr Einfluss ist weltweit!*

Die Hure besitzt unglaublich viel Einfluss und hat sich das Tier scheinbar dienstbar gemacht. Sie wird vom Tier getragen und scheint es am Zügel zu haben. Sie ist ja auch viel älter als das Tier und hat viele Zeiten durchstanden. Also: Hier wird ihr großer *politischer Einfluss* sichtbar. Sie ist unermesslich reich; sie ist so reich, dass die »Kaufleute auf Erden« durch ihren Fall ruiniert werden. Das schreibt Kapitel 18. Also: Sie wird eine *weltwirtschaftliche Schlüsselstellung* haben.

Die Hure Babylon ist prächtig anzusehen. Hoch schwingt sie den goldenen Becher, der mit gottlosem Gräuel gefüllt ist und die Völker betrunken macht und in verkehrte Träume wiegt. Ihre Sinnenlust ist ungehemmt. Die Hure beraubt die Völker ihrer Orientierung an den ewigen Geboten Gottes und verführt zu vielfacher Gesetzlosigkeit. Sie ist *»die Mutter … aller Gräuel auf Erden«*. Also: Was immer die Völker moralisch verdorben hat, hat bei ihr den Ausgang genommen.

Sie selbst ist auch betrunken und lebt im triumphalen Rausch des Sieges über die Gemeinde, die Gott treu geblieben ist. Betrunken ist sie »von dem Blut der Heiligen und der Zeugen Jesu«. Also: *Schon seit Apostelzeiten ist sie eine Verfolgerin der Gemeinde Jesu.*

Wer kann die Hure Babylon sein?

Gott hatte sich mit seinem Volk verlobt, verbündet und nannte es seine Frau. Sie aber hat den Bund mit Gott gebrochen und ist zur Hure verkommen. Wie war es möglich geworden, dass aus der »treuen Frau« eine Hure geworden war? Wie tief ist sie gefallen! So tief ist sie gestürzt, dass die »Hure« ausgerechnet auf dem gottfeindlichen, bösartigen Tier reitet.

Die »Hure« wird auch »Babylon« genannt. Im ersten Buch der Bibel wird von Babels Turmbau erzählt, vom Eingreifen Gottes und der Sprachenverwirrung (Kap. 11); im letzten Buch vom Untergang der gottfeindlichen Macht. Es ist ungeheuerlich, dass Gottes »Frau« babylonisch geworden ist. –

Wo die Hure Babylon zu finden sei – diese Frage hat Christen zu allen Zeiten beschäftigt. Die Merkmale der Hure sind: weltweites Wohnen, politischer Einfluss, weltwirtschaftliche Schlüsselstellung, verdorbene Moral und Verfolgerin der Propheten und Blutzeugen. Weil es sich um eine Gott untreu gewordene Gottesgemeinde handeln muss, wurde sie zu recht in diesem Umfeld gesucht.

Häufig fiel der Blick auf die römisch-katholische Kirche, weil dort weltweites Wohnen, Reichtum, politischer Einfluss zu finden sind und diese auch viele Verfolgungen zu verantworten hat. Aber ähnliche Merkmale hat es auch in anderen Kirchen gegeben. Doch eine weltwirtschaftliche Schlüsselposition, wie sie Offb 18 beschreibt, ist da kaum zu finden. Ein Untergang Roms wäre für die Weltwirtschaft kein vernichtender Schlag. Auch die Blutzeugen der apostolischen Zeit und das Blut der Propheten (17,6; 18,24) kommen nicht auf Roms Konto.

Es ist nicht zu übersehen, dass das Blut der alttestamentlichen Propheten durch Gottes eigenes Volk vergossen wurde (Mt 23,29; Lk 11,50; 13,33). Ebenso das Blut der ersten Märtyrer (Apg 7,54ff; 12,2ff; Offb 2,9; 3,9; Gal 5,11f). Der erste Abfall von Gott fand im alten Gottesvolk (Hos 2,7; 5,3; Jes 1,21; Hes 16,35) statt. Offenbarung 17,5 spricht von der »*Mutter* der Hurerei«.

Die Gefahr untreu zu werden, steckt in jeder Glaubensrichtung. Wenn sich die Gemeinde Gottes nicht mehr auf Christi Sühnetod und Auferstehung gründet und nicht fest hält an seinem Wort, wenn sie sich nicht allein auf Christus stützt und nicht hört, »was der Geist den Gemeinden sagt«, dann ist sie verdorben und zur Hure degeneriert. Babylon hat viele Kinder, und jede Gemeinde oder Kirche kann untreu und damit zur Hure werden.

Für Johannes war es überaus erstaunlich, das merkwürdige Bündnis zu sehen, denn Staat und Gemeinde standen sich als zwei gegensätzliche Welten gegenüber. Uns erscheint es vielleicht normal, Staat und Kirche im Bund zu sehen. War es denn nicht oft die Gefahr der Gottesgemeinde, sich mit der weltlichen Macht zu verbünden, sich von ihr tragen zu lassen und die staatliche Macht zu nutzen?

Und gab es nicht auch Versuche des »Tieres«, die »Hure« abzuwerfen? Diese widersprüchliche Gemeinsamkeit soll in der Zukunft seine Vollendung erfahren.

Wir müssen in der Zukunft mit einer Weltkirche rechnen, die sich mit Glanz und Gloria dem Antichristen zugesellt, ja ihn in seinen Anfängen stützt und mit leitet, bis der Antichrist schließlich die Hure abwirft: »Das Tier, die werden die Hure hassen, und werden sie ausplündern und entblößen und werden ihr Fleisch essen und werden sie mit Feuer verbrennen« (V. 16). Diese Weltkirche wird viel Zuzug aus vielen Konfessionen haben. »Die große Hure Babylon in ihrer schließlichen Ausgestaltung und Reife wird vielleicht ein noch größeres Gefolge aus den protestantischen Volkskirchen bekommen als aus der römischen« (H. W. Rinck). Warnend mahnt Kapitel 18,4 von einer kommenden Zeit: »Geht aus von ihr, mein Volk, dass ihr nicht teilhabt an ihren Sünden und nichts empfangt von ihren Plagen!«

Der Untergang der Hure

Das 17. Kapitel beschreibt die antichristliche Koalition von Weltmacht (Tier) und Weltkirche (Hure Babylon) (17,1-6). Ihr Kampf richtet sich gegen Christus und sein Volk. »Die werden gegen das Lamm kämpfen« (17,14). »Und ihm wurde die Macht gegeben, zu kämpfen mit den Heiligen und sie zu überwinden« (13,7). Sie hassen die treue Gottesgemeinde aus Juden und Heiden, aber ihr Gericht kommt bald und ist schrecklich:

»Das Lamm wird sie überwinden, denn es ist der Herr aller Herren und der König aller Könige; und die mit ihm sind, sind die Berufenen und Auserwählten und Gläubigen« (17,14).

Ein mächtiger Engel, der die gerichtsverfallene Erde mit seinem Glanz erleuchtet, bestätigt mit seinem Ruf den Untergang Babels. Die Worte scheinen anzudeuten, dass die weltverfallene Kirche auch einen geographischen Ort hat, ein Zentrum ihrer Verführung. Manche denken an Jerusalem, aber Jerusalem wird noch seine Zukunft im Reich Gottes haben, während Babylon »nicht mehr gefunden« wird (18,21). Andere sehen hier den Hinweis auf Rom, das zur Zeit des Johannes tatsächlich die Stadt war, »die die Herrschaft hat über die Könige auf Erden« (17,18).

»Hure Babylon«! Das Doppelbild zeigt einerseits die untreue Gottesgemeinde und deutet andererseits auf einen geographischen Ort. Beides mischt sich babylonisch und steht in einer rätselhaften Symbiose.

Babel wird untergehen. Das wirtschaftliche Zentrum der Welt mit seinem weltumspannenden politischen und religiösen Einfluss zerbricht im Gottesgericht. –

Eine Vorstellung für eine solche kommende Katastrophe gab es am 11. 9. 2001, als das World Trade Center, das Symbol weltumspannender Wirtschaftsmacht, urplötzlich in einer Stunde unterging. Der Philosoph Peter Sloterdijk schrieb im »Focus« vom 24. 9. 2001 unter dem Titel »Die Schrift an der Wand« vom »Einsturz der Doppeltürme im heutigen *Babylon*«.

Gott handelt in der Geschichte und hat auch das alte Babylon gestürzt (Jes 13). Im Lauf der Geschichte sind manche Weltstätten von zentraler Bedeutung untergegangen.

James A. Mitchener gibt uns dafür ein Beispiel: Er bereiste mehrfach Afghanistan und schrieb zu dem heute fast vergessenen Balkh in »Karawanen der Nacht«: »Das ist Balkh, sagte er. Dies war die Mutter der Städte, das schöne, berühmte Balkh, wo sich Alexander (d. Gr.) mit Roxane vermählte, die Stadt der Gelehrsamkeit, in der sich die Weltstraßen kreuzten, die Metropole Zentralasiens. Seit meiner Schulzeit beschäftigte mich die Vorstellung von dieser Stadt, die ehrwürdig und berühmt war schon vor den Tagen Darius'. Alle berichteten von diesem Juwel … Ihre Vergangenheit war blendend, ihr Andenken finster, und jetzt war selbst ihre Umgebung zerstört. Konnte dies wirklich Balkh sein, diese staubbedeckten, unfruchtbaren Hügel, auf denen Kinder Ziegen weideten …? Ein tristes Schuttgelände ohne jede Spur einstiger Bedeutung. Keine Ruine, kein Rest einer Grundmauer, die ahnen ließ, wo einstmals die weltberühmten Bibliotheken waren. Ich stand enttäuscht und deprimiert vor dieser ausgelöschten Stätte der Geschichte … Die Mullahs verkündeten, dass Allah diese Stadt unter seinen besonderen Schutz genommen habe; die Heerführer behaupteten, dass die Festungen uneinnehmbar seien; die Geldleute versicherten, dass die Einkommen in der Stadt … steigen würden und jedermann sich zwei Sklaven leisten könne. Und nun sehen Sie also Balkh, aber Sie sehen gleichsam auch New York.«

Noch ist uns das apokalyptische Babylon verborgen, aber erkennbar wird die Mischung von weltlicher Regierungsmacht mit ihrem Machtzentrum und einer weltförmigen Kirche. Noch wissen wir nicht, wo sich das Konkordat zwischen endzeitlicher Welteinheitsreligion und dem Antichristus zeigen wird, um im Gericht unterzugehen.

Der Herd der Verführung, der Verbrechen und des Unheils wird für immer ausgelöscht. »Durch deine Zauberei sind verführt worden alle Völker; und das Blut der Heiligen ist in ihr gefunden worden, und das Blut aller, die auf Erden umgebracht worden sind« (V. 23f).

Der Triumph

Kann man, darf man sich angesichts solcher kommenden Dinge noch freuen? Müssten wir nicht die Köpfe hängen lassen? Man kann im Voraus trauern und kommende Dinge schon heute beweinen nach der Weise: »Du bebst vor allem, was nicht trifft, und was du nie verlierst, dass musst du stets beweinen« (Goethe).

Nein! Nicht Vortrauer, sondern Vorfreude ist angesagt. Wir können uns freuen, weil Christus lebt und regiert. Er kommt zurück auf seine Erde. Niemand wird dem Sohn Zepter und Reich entreißen! »Die Herrschaft ist auf seiner Schulter!« (Jes 9,5). Wir dürfen die Entwicklungen von der Warte des Himmels sehen. Wir sehen auf Jesus und reden von seiner Macht und Herrlichkeit.

Ein zweiter Engel ruft die Kinder Gottes zur Trennung von dieser weltförmig gewordenen Kirche auf: »Geht hinaus von ihr, mein Volk, dass ihr nicht teilhabt an ihren Sünden und nichts empfangt von ihren Plagen. Denn ihre Sünden reichen bis an den Himmel!« Augustin (354-430) schrieb dazu: »Dies prophetische Gebot muss geistlich verstanden werden, und zwar so, dass wir aus dem Bürgertum dieser Welt mit Schritten des Glaubens zu Gott hinfliehen.« Es ist wohl nötig, die Lösung vom Wesen dieser Welt zu vollziehen, um in Christus zu Hause zu sein (Kol 3,2f). Aber die Welt ist eben nicht die Hure Babylon. Gemeint ist vielmehr eine echte Trennung von hurerischen und babylonischen Verbindungen und Mitgliedschaften.

Als die Zerstörung Jerusalems nahe bevorstand, gab Gott seiner Gemeinde in Jerusalem eine Prophetie, die sie die Stadt rechtzeitig verlassen ließ, um sich im Ostjordanland in Pella niederzulassen. Es ist möglich, dass Gott die Seinen, die in einer solchen Metropole leben, dann ausziehen heißt.

In Notzeiten fanden sich stets auch die eng zusammen, die zwar verschiedenen Kirchen angehörten, aber nicht kirchenhörig waren, sondern Jesus von Herzen nachfolgten. Diese Gemeinschaft der Kinder Gottes aus allen Kirchen und Gemeinden gilt es heute schon zu suchen.

Plötzlich und an einem Tag soll Babel untergehen. Die Könige beweinen ihren Machtverlust und die Seefahrer ihren Arbeitsplatz. Am längsten klagen die Händler und trauern um ihren Verlust. Sie waren so ganz auf das Materielle eingestellt, auf ihren Profit, ihre Aktien und ihren Genuss. Lilje schrieb: »Der Genuss ist der kurzlebigste unter allen Versuchen, ohne Gott zu leben.«[32] Bei der Gewinnmaximierung kannten sie keine Rücksicht, denn sogar »Leiber und Seelen der Menschen« waren für sie Handelsware und »Menschenmaterial«.

Alle drei Gruppen sind zutiefst mitbetroffen vom Gericht. Babel reißt sie mit in den Untergang. Das Böse wird gerichtet, damit Gottes Reich komme.

Schließlich besiegelt ein dritter Engel den Untergang und begründet noch einmal die endgültige Zerstörung Babylons: »Durch deine Zauberei sind verführt worden alle Völker; und das Blut der Heiligen ist in ihr gefunden worden, und das Blut aller, die auf Erden umgebracht worden sind« (V. 23f).

[32] H. Lilje, *Das letzte Buch der Bibel,* S. 200/Kap. IV. 7, Anm. zu Offb 18,1-14.

Die sechste Visionsgruppe

Offenbarung Kap. 19-20

Vorbemerkungen zu Kap. 19-22

In der Offenbarung nehmen die Kapitel 19-20 eine besondere Stellung ein. In Kapitel 12-13 z.B. wurden »Zeichen im Himmel« vorgestellt. In diesen Zeichen mischten sich Ereignisse, Hintergründe und Wesensdeutungen. Dann aber gibt es Abschnitte, die zuerst und nachdrücklich Gottes Handeln in der Geschichte zeigen, und das ist auch mit Geschichtsabläufen verbunden. So verhält es sich mit den Kapiteln 19-20.

Dort wird von Ereignissen berichtet, die in einer Reihenfolge stehen und nicht beliebig vertauscht werden können. Die Aufeinanderfolge der Handlungen ist logisch und zwingend:

1. Die Vollendung der Gemeinde (19,1-10),
2. Christi sichtbares Wiederkommen und das Ende des antichristlichen Reiches (19,17-21),
3. der Beginn seines Weltfriedensreiches (20,1-6),
4. der letzte Kampf (20,7-10),
5. das Vergehen von Himmel und Erde und
6. das Weltgericht (20,11-15).

Die Kapitel 21-22 hingegen stehen außerhalb der Zeit und gehören zur Ewigkeit. Sie schildern den neuen Himmel, die neue Erde und das neue Jerusalem.

Offenbarung 19,1-10: Die Hochzeit des Lammes

Dem Klagegeschrei der Könige, Kaufleute und Seefahrer folgt der Jubelgesang im Himmel. Für ewig ist die Hure verstoßen und ihre Untreue, Weltverfallenheit und Verdorbenheit ist gerichtet. Für ewig ist die wahre Braut, die Treue hielt und dem Kommen des »Bräutigams« erwartungsvoll entgegenging, offenbar geworden. »Und seine Braut hat sich bereitet« (V. 7).

Ein gewaltiger Gesang kommt im Himmel auf und gibt Gott die Ehre: »Halleluja, denn der Herr, unser Gott, der Allmächtige, hat das Reich eingenommen!« Gott, der Gerechte, hat entschieden und zeigt vor der sichtbaren und unsichtbaren Welt, wer wirklich zu ihm gehört.

Offenbarung 19,4-9 zeigt den Festcharakter der Vollendung für die Gemeinde Jesu. So schön, wie für Liebende eine Hochzeit ist, so wunderbar wird es sein, wenn die Christusgemeinde ihr Ziel erreicht und bei »dem Herrn sein wird allezeit«. Gott arbeitet auf das große, kommende Hochzeitsfest hin, von dem Offenbarung 19,7 schreibt: »Wir wollen uns freuen und jubeln, und ihm die Ehre erweisen. Der Hochzeitstag des Lammes ist gekommen und seine Braut hat sich bereit gemacht.« Nichts ist normaler, als dass sich die Braut auf die Hochzeit freut!

Entrückung und Hochzeit

Die Hochzeit setzt die Entrückung nach 1.Thessalonicher 4,15-18 voraus. Sie muss vorher stattgefunden haben, ist aber weder in der Offenbarung noch in anderen biblischen Schriften terminmäßig zu markieren.

Was die Offenbarung mit dem Bildwort von der Hochzeit beschreibt, lehrt 1.Thess 4,15-17 ausführlich: »Das sagen wir euch mit einem Wort des Herrn ...« Die hohe Bedeutung der Information wird dadurch unterstrichen, dass sich Paulus auf ein »Wort des Herrn« beruft (V. 15). Jesu Wort gibt der Botschaft von seiner Ankunft und der damit verbundenen Entrückung der Gemeinde höchste Autorität.

Bevor der Herr seine Erde sichtbar betritt (Sach 14,4), hat er seine Gemeinde aus dem brennenden Weltgebäude, aus dem Leid in die Freude geholt. Das ist verbunden mit der »ersten Auferstehung«. Nach der Entrückung findet nun die erste Generalversammlung der ganzen Gemeinde statt. Wohl denen, die bereit sind, weil sie Jesus lieb haben!

Das Wort von der »Hochzeit des Lammes« nimmt alles auf, was in der Bibel von der Verbindung Gottes mit seinem Volk gesagt wird. Jesus hat sich mit einem »Bräutigam« der Seinen verglichen (Mt 9,15).

Im Gleichnis von den »Zehn Jungfrauen« (Mt 25,1ff) hat er dieses Bild weitergeführt und den *zentralen Ruf* unserer Hoffnung formuliert:

»Der Bräutigam kommt! Geht aus, ihm entgegen!«

Paulus hat in Epheser 5,23ff die Ehe als Gleichnis für Jesus und seine Gemeinde bezeichnet: »Das Geheimnis ist groß! Ich deute es aber auf Christus und die Gemeinde.«

Zwei Grundhaltungen des Menschen gegenüber Gott stehen einander unüberbrückbar gegenüber und lassen sich festmachen in den Bezeichnungen »Tier« und »Frau«. Das antichristliche Tier will sich gegenüber Gott behaupten und durchsetzen. Es besteht auf Selbstbestimmung und behauptet, nur sich selbst zu gehören. Die Frau aber ist aus Liebe Gott untertan, will Jesus gehören und tut seinen Willen gern. Diese Grundhaltungen stehen einander feindlich gegenüber wie Finsternis und Licht, wie Lüge und Wahrheit, wie Tod oder Leben.

Der Hochzeitstag ist der Tag, der dem »Bräutigam« Christus alle Ehre gibt. »Lasst uns freuen und fröhlich sein und *ihm die Ehre geben*!« Herrlich tritt zu Tage, was er vollbracht hat. Sein Werk wird offenbar: die Gemeinde, die er sich »durch sein eigenes Blut erworben hat«.

»Wenn aber Christus, euer Leben, sich offenbaren wird, so werdet auch ihr offenbar werden mit ihm in Herrlichkeit« (Kol 3,4). Jetzt ist die Gemeinde nicht mehr niedrig und verachtet, nicht mehr unansehnlich und verfolgt, sondern steht im Hochzeitsschmuck vor Jesus Christus: »Seine Braut hat sich bereitet!«

Das ist keine Eigenleistung, denn »es wurde ihr *gegeben*, sich anzutun mit schönem reinen Leinen. Das Leinen aber ist die Gerechtigkeit der Heiligen.« Er hat sie gerettet, hat sie gereinigt, »damit er sie vor sich stelle als eine Gemeinde, die herrlich sei und keinen Flecken oder Runzel oder etwas dergleichen habe, sondern die heilig und untadelig sei« (Eph 5,27). Der Bräutigam hat's getan, und die Braut war eine Empfangende, sich Hingebende und ihm Folgende. Um Seinetwillen trug sie auch Christi Schmach, hielt fest an seinem Namen und Wort und ließ sich heiligen, damit er sich in ihr auspräge. Jetzt ist sie bereit für das größte Fest aller Zeiten, für das Hochzeitsmahl des Lammes.

Eine Seligpreisung

»Selig sind, die zum Hochzeitsmahl des Lammes berufen sind!« Diese Seligpreisung steht über ihnen. Jetzt sehen sie die Leiden dieser Weltzeit rückblickend als zubereitende Gnade und erkennen die Treue, mit der Jesus vor ihnen herging und sie hindurchbrachte. Was sie läuterte, werden sie als hohe Gabe preisen. Glücklich nennen sie den Tag ihrer Geburt, weil sie in ihrem Leben Jesu Ruf hörten und einen Tag der Wiedergeburt erlebten.

Glückselig sind sie, weil sie Jesus jetzt ganz ohne Mängel und Sündhaftigkeit loben: »O wohl dir! Glaube mir! Endlich wirst du droben ohne Sünd' ihn loben!« Glückselig sind sie, weil ihre Gemeinschaft mit Gott nun vollkommen ist. Sie sind eingegangen in die große, alle Herrlichkeit übersteigende Harmonie der Liebe Gottes. Damit keiner meine, das sei ein selbst gemachter Trost, darum spricht der Engel: »Das sind wahrhaftige Worte Gottes!«

Die Freude an solch großem Heil hat Johannes so sehr erschüttert, dass er zu Boden sank, um den Engel, der lichtstrahlend vor ihm stand, anzubeten. Der aber wohnte in der Wahrheit und wehrte ab, damit alle Ehre dem zukomme, dem sie allein gehört. »Er sprach: Tu es nicht! Ich bin dein und deiner Brüder *Mitknecht* (nicht Dienstbote!), die das Zeugnis Jesu haben. Bete Gott an!«

Solange wir noch unterwegs sind, nicht vollendet und oft belastet, solange ist schon jetzt jede Anbetung Gottes ein Stücklein Himmel. Es ist Vorfreude auf die Zukunft mit Jesus und auf die Herrlichkeit, die er uns bereitet hat. Wer ihn, wer diese Zukunft vor Augen hat, der kann auch den beschwerlichen Weg durch die Zeit aushalten – bis er kommt.

Offenbarung 19,11-21: Der kommende König

»Es werden ihn sehen aller Augen« (1,7), sagte der Eingang des Buches. In einem gewaltigen Bild beschreibt Kapitel 19,11-21 *»die Erscheinung«* Christi (griechisch: *epiphaneia täs parousias autou*, 2. Thess 2,8). Mit seinen Heiligen wird er nun der Welt offenbar als Herr aller Herren: »Ich sah den Himmel aufgetan und siehe, ein weißes Pferd. Und der darauf saß, hieß Treu und Wahrhaftig, und er richtet und kämpft mit Gerechtigkeit … und sein Name ist: das Wort Gottes.« Unser Herr Jesus kommt mit allen seinen Heiligen! »Der Herr Jesus wird sich offenbaren vom Himmel her mit den Engeln seiner Macht« (1. Thess 3,13; 2. Thess 1,7).

Die neue Weltzeit der Gerechtigkeit und des Friedens beginnt mit diesem Hauptereignis des Tages Christi, denn Jesus soll ja sichtbar wiederkommen. Der Herr hat gesagt (Mt 24,27): »Wie der Blitz ausgeht vom Osten und leuchtet bis zum Westen, so wird auch das

Kommen des Menschensohnes sein.« Bei seiner sichtbaren Ankunft wird er das Reich des Bösen, das antichristliche Weltreich, zerstören und sein messianisches Reich auf Erden aufrichten, für 1000 Jahre. Dann endlich »werden ihn sehen alle Augen« (Offb 1,7). Dann erfüllt sich die Prophetie des Sacharja (Kap. 14): »Da wird dann kommen der Herr, mein Gott, und alle Heiligen mit ihm … Und seine Füße werden stehen zu der Zeit auf dem Ölberg … Und der Herr wird König sein über alle Lande!« Vers 16 nennt Jesus den »König aller Könige und den Herrn aller Herren«.

Das ist das Ende für den Antichristen und alle Menschen-Machtsysteme. Sie stellen sich zum Kampf gegen Christus. Wir haben bereits gelesen von dem letzten Krieg mit seinem Zentrum bei Harmagedon (Offb 16,16) und den versammelten Völkern.

»Und ich sah das Tier und die Könige auf Erden und ihre Heere versammelt, Krieg zu führen mit dem, der auf dem Pferd saß und seinem Heer. Und das Tier wurde ergriffen und mit ihm der falsche Prophet, der vor seinen Augen die Zeichen getan hatte … lebendig wurden die beiden in den feurigen Pfuhl geworfen …, und die anderen wurden erschlagen …« (19,19ff). Das ist der Untergang des antichristlichen Reiches.

Die Reiche der Welt sind vergangen und Christi Reich kommt. Jetzt erfüllt sich das Wort:

»Es sind die Reiche der Welt unseres Herrn
und seines Christus geworden,
und er wird regieren
von Ewigkeit zu Ewigkeit.«
(Offenbarung 11,15)

Was das für unsere Erde bedeutet?

Offenbarung 20,1-6: Das Tausendjährige Reich

Es gibt einen uralten Menschheitstraum, und er ist wie eine Erinnerung an das Paradies. Das ist der Traum von einem »Goldenen Zeitalter« auf Erden voll Frieden und voller Gerechtigkeit; einer Zeit, wo keiner einem anderen Leid zufügt und wo selbst die Raubtiere friedlich werden (Jes 11,6-9). Wer als Christ unter dem leidet, was Menschen an Schaden anrichten, der betet: »Dein Reich komme!«

Von einer solchen Zeit haben die Propheten geweissagt und verbanden diese Erwartung mit dem Kommen des Messias. Von Gott und seinem Kommen erwarteten sie den Weltfrieden. Das hat Israel bewahrt. Ein israelischer Prospekt »Über die jüdische Religion« aus unseren Tagen schreibt: »Traditionell lebt das jüdische Volk in der Erwartung eines messianischen Zeitalters, in dem universaler Friede auf Erden herrschen wird, wie es die Visionen der Propheten Israels verkündigen. Möge es rasch und in unseren Zeiten kommen!«

Auch die Völker haben auf ein »Goldenes Zeitalter« gehofft. Im 16. Jahrhundert schrieb Thomas Morus sein Buch über einen gerechten und guten Staat und nannte es »Utopia«. Doch die Vision von einer heilen Welt ist kein realitätsfernes Niemandsland. Gottes Wort kündet eine solche Friedenszeit auf Erden an, und von diesem Reich lehrte Jesus seine Jünger beten: »Dein Reich komme!«

Offenbarung 20 berichtet von einem tausendjährigen Friedensreich auf dieser Erde für Israel und die Völker. Wir lesen von den »tausend Jahren«. Es gibt keinen triftigen Grund, es nicht wörtlich zu nehmen, zumal diese Zahl sechsmal genannt wird. Dieses Reich ist identisch mit dem messianischen Reich, von dem die Propheten Israels prophezeit haben und auch mit dem kommenden Gottesreich, von dem Jesus selbst so oft sprach. Er selbst wird die Dinge in seine Hand nehmen und zum Guten wenden.

Es soll auf diese Weltzeit der ungerechten politischen und wirtschaftlichen Systeme noch eine durch und durch gute und gerechte

Regierung folgen. Auf die Zeit der Ausbeutung des Menschen durch den Menschen, auf die Zeit der vielen Gefangenen, Hungernden, Verzweifelten und Kranken soll das folgen, was Köbner sang: »Auf der Woche Schreckenstage folgt des Sabbats goldne Zeit.« Wo Christus regiert, gibt es keinen Platz für den Teufel. Vom Thron Gottes war er schon verbannt. Jetzt gibt es für ihn auch auf Erden keinen Platz mehr. Nach dem erschütternden Gericht von Harmagedon greift ihn ein Engel, »fesselte ihn für tausend Jahre, und warf ihn in den Abgrund, verschloss ihn und setzte ein Siegel oben darauf, damit er die Völker nicht mehr verführen sollte«.

In eine solche Zeit passen auch die Verheißungen an Israel, die noch nicht erfüllt sind und sich auch nicht auf die Vollendung beziehen können. So kündete Sacharja an: »So werden noch viele Völker, Heiden in Scharen, kommen, den Herrn Zebaoth in Jerusalem zu suchen und den Herrn anzuflehen. So spricht der Herr Zebaoth: Zu der Zeit werden zehn Männer aus allen Sprachen der Heiden einen jüdischen Mann beim Zipfel seines Gewandes ergreifen und sagen: Wir wollen mit euch gehen, denn wir hören, dass Gott mit euch ist« (Sach 8,22f; Jes 2,1-4.11; 66,19ff; Mi 4,1-5; Hag 2,6f).

Wenn sich das erfüllt, dann könnte Israel wieder eingesetzt werden in den alten Auftrag, Träger der Weltmission zu sein, »ein Segen auf der Erde« (Jes 19,24). Dürfen wir bei den Trägern der Mission im Tausendjährigen Reich an die 144 000 Versiegelten von Offenbarung 7 und 14 denken? Es scheint der Hauptsinn des Tausendjährigen Reiches zu sein, der Erstlingsernte (Jak 1,18) am »Tag des Heils« nun die »Haupternte« der Erde folgen zu lassen.

Jetzt ist die vollendete Gemeinde auf ewig ungeschieden bei Christus! Vers 4 und 6 sagt: »Und ich sah Throne, und sie setzten sich darauf, und ihnen wurde das Gericht übergeben. Und ich sah die Seelen derer, die enthauptet worden waren um des Zeugnisses von Jesus und des Wortes Gottes willen und die nicht angebetet hatten das Tier und sein Bild und die sein Zeichen nicht angenommen hatten …, diese wurden lebendig und regierten mit Christus tausend Jahre. Selig ist der und heilig, der teilhat an der ersten Auferstehung. Über diese hat der zweite Tod keine Macht; sondern sie werden Priester Gottes und Christi sein und mit ihm regieren tausend Jahre.«

Bezieht sich das auf die Gemeinde? Ganz sicher gilt das Teilhaben an der ersten Auferstehung der ganzen Christusgemeinde (1.Thess 4,15ff). Wie aber steht es mit dem Regieren im messianischen Reich? Bezieht es sich nur auf die Märtyrer der antichristlichen Zeit? Regiert die Gemeinde aus der unsichtbaren Welt mit? In welcher Form werden die Zeugen Jesu mitregieren? Das sind Fragen, auf die jetzt kaum eine Antwort gefunden werden kann. Fest bleibt: »Selig sind die Sanftmütigen, denn sie werden das Erdreich besitzen« (Mt 5,5).

Missverständnisse zum Tausendjährigen Reich

Das Wort vom Tausendjährigen Reich ist recht unterschiedlich verstanden worden. Die einen waren und sind überzeugt, dass dieses Friedensreich mit dem sichtbaren Wiederkommen Jesu anbrechen wird als das noch ausstehende messianische Reich, von dem die Propheten des Alten Bundes prophezeit haben und von dem Jesus seine Jünger beten lehrte: »Dein Reich komme!«

Andere verstehen es als Bildwort für Christi Herrschaft in der Gegenwart, weil Satan durch Christi Kreuz und Auferstehung gebunden sei (Kol 2,15), damit die Völker nicht mehr verführt würden. Der Verlauf der tränenreichen Geschichte der vergangenen zweitausend Jahre entspricht dieser Vorstellung jedoch nicht.

Wieder andere meinen, vor der sichtbaren Wiederkunft des Herrn werde das Reich Gottes auf Erden eine letzte, triumphale Ausweitung erfahren. Aber das würde eine Umstellung von Offenbarung 20,1-4 und 19,11-21 erforderlich machen.

Die Lehre vom Tausendjährigen Reich ist also umstritten. Christen, die mit der Wiederkunft Jesu auch mit einem Reich der Gerechtigkeit und des Friedens auf Erden rechneten, hat man

Chiliasten genannt und als Schwärmer bezeichnet. Die Confessio Augustana hat diese Lehrmeinung mit aller Schärfe als »jüdische Lehre« verworfen. Man sah das Tausendjährige Reich als den Zeitraum zwischen Konstantin und der Türkenbedrohung. Tatsächlich meinte die alte Kirche, als sie zur Staatsreligion aufgestiegen war, das »Tausendjährige Reich« sei angebrochen (Augustin, Gottesstaat, XX, 7; auch Eusebius). Die Kirche triumphierte, aber doch wohl zu früh. Wie war es möglich, dass diese durch den Gang der Geschichte als überholt erwiesene Meinung weithin beibehalten wurde? Die konkreten Beschreibungen wurden vergeistigt und als Bilder verstanden. So meinten manche, die Kette, mit der Satan gebunden sei, sei eben eine sehr lange Kette wie bei einem Hofhund, der trotz Anbindung beißen könne. Doch so etwas passt nicht zu den Aussagen von Kapitel 20,1-3.

Aber hatte nicht der Herr gesagt: »Mein Reich ist nicht von dieser Welt« (Joh 18,36)? Müssten die Texte also nicht bildhaft ausgelegt werden? Doch Jesu Wort ist kein Thronverzicht auf seine Herrschaft über die Erde, sondern meint, dass sein Reich von total anderer Art ist als alle Reiche dieser Welt.

Die schlimmsten Missdeutungen des Tausendjährigen Reiches fanden dort statt, wo es aus der Kraft des Menschen erwachsen sollte. Von einer gerechten Welt und einer Friedenszeit auf Erden hat auch der Marxismus geträumt. Karl Marx kam aus dem Judentum und kannte die Zukunftserwartung der Propheten. Er übernahm das biblische Hoffnungsgut auf ein solches Reich. Aber es sollte ein Reich des Menschen werden; nicht durch Gott, sondern durch die Macht der Menschen. Die biblische Hoffnung wurde säkularisiert. »Die politischen, sozialistischen wie kommunistischen Bestrebungen, diese Vorläufer des Tausendjährigen Reiches, sind nichts anderes als ein grober Chiliasmus« (H. L. Martensen, Dogmatik).

1534 versuchten Schwärmer in Münster mit der Errichtung ihrer Herrschaft dieses Reich vorzubereiten. – Weniger durch Revolution, sondern mehr durch eine Entwicklung in Richtung auf Gerechtigkeit und Frieden versuchte eine protestantische Theologie zu arbeiten. Sie vertrat und vertritt eine säkularisierte Hoffnung. Ein protestantischer Pfarrer in Bethlehem brachte es so auf den Punkt: Was Gott zu tun habe, habe er getan. Unsere Aufgabe sei es, diesen Frieden auf Erden nun zu realisieren. Auch eine säkularisiert-religiöse Hoffnung will die Erde durch den Einsatz der Menschen heilen.

Die marxistischen und die christlich-säkularisierten Bemühungen setzten auf den Menschen. Aber der Mensch wird verzehrt vom Unfrieden im eigenen Herzen, und in der Hand trägt er die Waffen der Hölle. Wie kann er so den Frieden schaffen?

Stimmen der Zeugen

Die meisten Zeugen der nachapostolischen Zeit bis zur Zeit Konstantins rechneten mit einem Friedensreich auf Erden, das mit der sichtbaren Rückkehr Jesu anbrechen würde. So sahen es z.B. im 2. Jahrhundert Justin der Märtyrer, Papias u.a. Auch die von der Kirche verfolgt wurden, konnten verständlicherweise in ihrer Leidenszeit kein Friedensreich sehen, sondern warteten weiter auf die Rückkehr Jesu. Sie glaubten dem Schriftzeugnis und fanden es auch folgerichtig, dass Gott aller Welt vor Augen führen wird, wie gut es sich auf seiner Erde leben lässt, wenn seine Gebote gehalten werden.

Sowohl die Propheten wie auch Jesus selbst haben vom kommenden Reich Gottes auf Erden gesprochen: »Er wird richten unter den Heiden und zurechtweisen viele Völker. Da werden sie ihre Schwerter zu Pflugscharen und ihre Spieße zu Sicheln machen. Denn es wird kein Volk wider das andere das Schwert erheben, und sie werden hinfort nicht mehr lernen, Krieg zu führen« (Jes 2,4; Mi 4,3).

Jesu Botschaft befasste sich in hervorragender Weise mit dem Reich Gottes. Nach seiner Auferstehung »ließ er sich unter ihnen sehen vierzig Tage lang und redete mit ihnen vom Reich Gottes« (Apg 1,3). Anschließend fragten ihn seine Jünger: »Herr, wirst du in dieser Zeit wieder aufrichten *das Reich für Israel*?« Jesus hat der Frage nicht widersprochen und sie damit für verfehlt erklärt, sondern akzeptiert und gesagt: »Es gebührt euch nicht, Zeit oder Stunde zu wissen, die der Vater in seiner Macht bestimmt hat« (Apg 1,6f).

Das Zeugnis der Propheten und das Wort des Auferstandenen stehen für ein kommendes Gottesreich auf Erden. Die Friedensbotschaft von Bethlehem wird sich dann erfüllen, wenn »die Erkenntnis Gottes die Erde bedecken wird, wie Wasser das Meer bedeckt« (Hab 2,14). Denn vor dem »Frieden auf Erden« steht unabdingbar: »Ehre sei Gott in der Höhe!«

Sollte Jesu machtvolles Wiederkommen darin bestehen, dass er die Seinen rettet, um gleichzeitig das Signal zum Untergang der Welt zu geben? Dann wäre die Erde wirklich abgeschrieben. Sollte er wirklich als der »Kaputtmacher« wiederkommen?, fragte Blumhardt d. Ä.

Nein! In der Zukunft liegt noch das »Gnadenjahr Gottes«. Erich Sauer meinte, dass es noch sichtbar werden müsse, dass Jesus »die Leitung der Weltgeschäfte besser versteht als alle Größen und Gewaltigen der Erde, die ihn als König verworfen haben«. »Das Reich Gottes, das kommt, ist zuerst ein wirkliches und leibhaftiges Reich« (Hartenstein). »Das Ende der Wege Gottes ist Leiblichkeit« (Ötinger). »Auch über diesem Sabbat der Geschichte soll stehen: Und Gott segnete den siebenten Tag« (Lilje, Anm. zu Offb 20,1-10). Klaus Berger: »Das Tausendjährige Reich wird noch in dieser Weltzeit angesetzt, weil es eben nicht um Vertröstung geht.« Klaus Jürgen Diehl: »Im Chiliasmus bleibt die Hoffnung der Erde treu. Sie verkommt nicht zu einer blassen Jenseitshoffnung und vertröstet die in diesem Leben zu kurz Gekommenen nicht auf einen in weiter Ferne liegenden Himmel, sondern weiß, … dass diese Erde unter der Herrschaft seines Messias noch einmal aufatmen wird.«

Sogar der krisengeschüttelte Vordere Orient, das Gebiet Kanaans und der umliegenden Länder, deren Probleme nicht von Menschen gelöst werden können, werden unter Christus, dem Sohn Davids, aufatmen. Jesaja 19,18-29 kündet an: »… Zu der Zeit wird eine Straße Ägypten mit Assyrien verbinden. Die Assyrer und die Ägypter werden sich gegenseitig besuchen, und gemeinsam werden sie dem Herrn (Jahwe!) dienen. Dann wird Israel der Dritte im Bunde sein, zusammen *mit* Ägypten und Assyrien ein Segen mitten auf der Erde. Der Herr, der Herrscher der Welt, wird sie segnen mit den Worten: Gesegnet ist Ägypten, mein Volk! Gesegnet ist Assyrien, das ich geschaffen habe! Gesegnet ist Israel, mein Erbteil!«

Es soll auf diese Weltzeit der ungerechten politischen und wirtschaftlichen Systeme eine durch und durch gute und gerechte Regierung folgen. Auf die Zeit der Ausbeutung des Menschen durch den Menschen, auf die Zeit der vielen Gefangenen, Hungernden Verzweifelten und Kranken soll eine Zeit der Gerechtigkeit und des Friedens folgen. Aber diese kommende Zeit ist begrenzt, und es handelt sich noch nicht um die zeitlose, ewige Vollendung.

Offenbarung 20,7-15: Letzter Aufruhr, Weltuntergang und Weltgericht

Die Segenszeit der Erde ist begrenzt und gehört noch dieser Weltzeit an. Es handelt sich nicht um die zeitlose, ewige Vollendung, sondern geht über in den letzten Aufruhr gegen Gott: »Und wenn die tausend Jahre vollendet sind, wird der Satan losgelassen werden eine kleine Zeit« (V. 3; 7-10). Warum das?

Der letzte Aufruhr

In der Zeit der guten Christusherrschaft auf Erden wird es eine große Ernte für Gott geben. Viele kommen zum Glauben, ohne dass der Teufel ihre Bekehrung und ihren Glaubensgehorsam behindern kann. Es ist das eigentliche Missionszeitalter der Erde. Aber auch ihr Glaube bedarf einer Bewährung und muss sich der Echtheitsprobe stellen.

Es ist schon erschreckend, dass der Teufel nach den tausend Jahren eine große Anhängerschaft findet, die sich von ihm verführen lässt. Der Mensch wurde zwar nicht mehr von den bösen Mächten verführt, aber in seinem Herzen ist er sündig geblieben und hat für die Stimme des Verführers ein offenes Ohr und Herz behalten (1. Mose 3,1ff). »Tausend Jahre bester Zustände im sozialen, wirtschaftlichen und kulturellen Leben … Und das Endergebnis? Rebellion und wahnsinnige Empörung, sobald Satan wieder Gelegenheit hat, seine Verführung zu entfalten und auszuüben. Die ganze Wohlfahrt jenes goldenen Zeitalters konnte das menschliche Herz nicht ändern. Dies ist der vollständige Bankrott des menschlichen Geschlechts.«[33] Der Geist Gog und Magogs, der die Völker schon tausend Jahre früher nach Harmagedon trieb, wird vom Teufel neu aktiviert. In einer Generalmobilmachung des Bösen führt er die wieder rebellierenden Völker ins Heilige Land und nach Jerusalem. Doch es kommt dort zu keinem Kampf mehr wie einst bei Harmagedon.

Denn: »Es fiel Feuer vom Himmel und verzehrte sie. Und der Teufel, der sie verführte, wurde geworfen in den Pfuhl von Feuer und Schwefel, wo auch das Tier und der falsche Prophet waren; und sie werden gequält werden Tag und Nacht, von Ewigkeit zu Ewigkeit.«

Das ist das Ende des Bösen.

Weltuntergang und Weltgericht

»Und ich sah einen großen, weißen Thron und den, der darauf saß; vor seinem Angesicht flohen die Erde und der Himmel, und es wurde keine Stätte für sie gefunden. Und ich sah die Toten, groß und klein, stehen vor dem Thron, und Bücher wurden aufgetan. Und ein anderes Buch wurde aufgetan, welches ist das Buch des Lebens. Und die Toten wurden gerichtet nach dem, was in den Büchern

[33] F. Hubmer, *Weltreich und Gottesreich*, S. 256.

geschrieben steht ..., und wenn jemand nicht gefunden wurde geschrieben in dem Buch des Lebens, der wurde geworfen in den feurigen Pfuhl.«

Das ist das Ende dieser Schöpfung. Jetzt erfüllt sich, was 2. Petrus 3,10 geschrieben steht: »Es wird aber des Herrn Tag kommen wie ein Dieb; dann werden die Himmel zergehen mit großem Krachen; und die Elemente werden vor Hitze schmelzen, und die Erde und die Werke, die darauf sind, werden ihr Urteil finden.« Gott wird im letzten Gericht, dem Weltgericht, das endgültige Urteil sprechen.

Es ist verständlich, dass die Erde, die so entsetzlich viel Unrecht und Blutvergießen gesehen hat, vergehen muss. Die Gräuel der Sünde haben sie zutiefst verunreinigt, und Gott will sie nicht mehr sehen. Aber warum muss auch der Himmel vergehen? Der Grund könnte dieser sein: Im Himmel hatte Satan Zugang (Offb 12,1ff; Hi 1,6ff). Dort ereignete sich der Abfall eines Teils der Engel, und so ist auch er verunreinigt worden. Jede Spur von Bosheit und Unheiligkeit wird vergehen.

Von diesem Weltgericht muss unterschieden werden das »Offenbarungsgericht« für die Christusgemeinde. Davon steht geschrieben: »Wir müssen alle offenbar werden vor dem Richterthron Christi, damit ein jeder seinen Lohn empfange für das, was er getan hat bei Lebzeiten, es sei gut oder böse« (2. Kor 5,10; Röm 14,10). Zu den Ereignissen am »Tag des Herrn« gehören nicht nur die Entrückung der Gemeinde, sondern auch das »Offenbarungsgericht«. Es wird wohl stattfinden zwischen der Entrückung und der »Hochzeit des Lammes«.

Nicht vom Offenbarungsgericht, sondern vom Weltgericht hat der Herr gesagt: »Wer mein Wort hört und glaubt dem, der mich gesandt hat, der hat das ewige Leben und kommt nicht in das Gericht, sondern er ist vom Tod zum Leben hindurchgedrungen« (Joh 5,24). Wenn nach dem Untergang von Himmel und Erde dieses Gericht stattfindet, ist die Gemeinde Jesu ja längst zuvor vollendet worden.

Im Weltgericht findet im Unterschied zur »ersten Auferstehung« (20,6) die letzte Auferstehung statt, und sie erfasst alle, die je auf

Erden gelebt haben. Das unermesslich große Heer der Toten tritt an zum großen Rechenschaftsbericht vor dem weißen Thron Gottes (1. Kor 15,22-26), denn »es ist dem Menschen bestimmt, einmal zu sterben, danach aber das Gericht« (Hebr 9,27). Große und Kleine, Bedeutende und kaum Beachtete, sie alle sehen, dass es keine Flucht vor Gott gibt. Alle sind unentrinnbar in seiner Macht und werden in die Auferstehung gerissen. Davon steht geschrieben (1. Kor 15,22-28):

> »Wie sie in Adam alle sterben,
> so werden sie in Christus
> alle lebendig gemacht werden.
> Ein jeder aber in seiner Ordnung:
> Als Erstling Christus!
> Danach die, wenn er kommen wird,
> die Christus angehören.
> Danach das Ende, wenn er das Reich
> Gott, dem Vater, übergeben wird,
> nachdem er alle Herrschaft
> und alle Macht und Gewalt vernichtet hat.«

Dann wird der gerechte Richter Gericht halten. Symbolhaft macht es die Farbe des Thrones deutlich, denn die ist weiß. Gott hat Buch geführt, und es stimmt, was am Schluss des Predigerbuches steht (12,14): »Gott wird alle Werke vor Gericht bringen, alles, was verborgen ist, es sei gut oder böse.« Es gibt ein »Buch des Lebens«, und selig sind, deren Namen dort aufgezeichnet sind!

Daniel schrieb, dass die Menschen auferstehen (12,2), »die einen zum ewigen Leben, die anderen zu ewiger Schmach und Schande«. Vor allem hat unser Herr im Gleichnis vom Weltgericht (Mt 25,31-46) davon gesprochen: »Alle Völker werden vor ihm versammelt werden. Und er wird sie voneinander scheiden, wie ein Hirt die Schafe von den Böcken scheidet … Da wird dann der König sagen zu denen zu seiner Rechten: Kommt her, ihr Gesegneten meines Vaters, ererbt das Reich, das euch bereitet ist von Anbeginn der Welt.

Denn ich bin hungrig gewesen, und ihr habt mir zu essen gegeben …! Dann wird er sagen zu denen zur Linken: Geht weg von mir, ihr Verfluchten, in das ewige Feuer, das dem Teufel bereitet ist und seinen Engeln …« Das ist die große, endgültige Scheidung.

Gibt es Gerettete außerhalb der Christusgemeinde?

Wenn am Ende dieser Schöpfung das große Weltgericht stattfindet, ist die Christusgemeinde längst zuvor vollendet worden. Aber über die Geretteten der Gemeinde hinaus hören im Weltgericht viele den Richterspruch Christi: »Kommt her, ihr Gesegneten meines Vaters, ererbt das Reich!« Es gibt also einen Kreis der Geretteten, der viel weiter geht, als die Gemeinde Jesu reicht. Die folgenden Kapitel zeigen, dass die neue Welt Gottes nicht alles einebnet und gleichschaltet. Auch in der Vollendung trifft zu, was Paulus in 1. Korinther 15,41 schreibt: »Einen anderen Glanz hat die Sonne, einen anderen Glanz hat der Mond, einen anderen Glanz haben die Sterne; denn ein Stern unterscheidet sich vom anderen durch seinen Glanz. So ist auch die Auferstehung der Toten.«

Die Heilige Schrift unterscheidet zwischen den »Erstlingen der Schöpfung« (Jak 1,18) und denen, die darüber hinaus Anteil an Christus und seiner Schöpfung empfangen. Das können und werden wohl auch die Geretteten des Tausendjährigen Reiches sein. Ebenso die Gottesfürchtigen, die vor Christus lebten. Darüber hinaus gibt es viele Menschen, die niemals wirklich den Ruf zur Bekehrung gehört haben. Sie hatten keine Möglichkeit, Jesus hier als Retter anzunehmen. In Matthäus 25,31-46 lasen wir vom Weltgericht, wie alle Völker vor ihm versammelt werden. Da wird Christus zu den einen sagen: »Kommt her, ihr Gesegneten meines Vaters, erbt das Reich …, denn ich bin hungrig gewesen, und ihr habt mir zu essen gegeben …« Die Angesprochenen wussten nicht, dass sie mit ihrer

Barmherzigkeit Christus gedient hatten, denn sie hatten nie von ihm gehört. Aber sie waren dem Gesetz ihres Herzens (Röm 2,12-16) in Barmherzigkeit gefolgt. Vor allem zählt, was sie denen taten, die Jesus folgten. Denn der Herr sagte seinen Jüngern: »Wer euch aufnimmt, der nimmt mich auf … und wer einem dieser Geringsten auch nur einen Becher kalten Wassers zu trinken gibt, *weil er ein Jünger ist*, wahrlich es wird ihm nicht unbelohnt bleiben« (Mt 10,40ff). Darauf bezieht sich Jesu Wort: »Was ihr getan habt einem von diesen meinen geringsten Brüdern, das habt ihr mir getan« (Mt 25,40).

1. Petrus 4,6 erinnert daran, dass Jesus nach seinem Kreuzestod zu den Toten gegangen ist und auch dort sein Werk getan hat: »Dazu ist auch den Toten das Evangelium verkündigt worden.«

Es gibt keinen anderen Weg zum Heil als über das Kreuz Christi. Aber es gibt unterschiedliche Zeiten der Einladung und der Zubereitung zum Heil. Wo es also keine Möglichkeit zur Bekehrung gab, aber ein Mensch in Ehrfurcht Gott folgte, soweit er Licht empfing, soll er auch teilhaben an der Barmherzigkeit Gottes. Aber »es wird ein unbarmherziges Gericht über den ergehen, der nicht Barmherzigkeit getan hat« (Jak 2,13).

Von der neuen Erde lesen wir: »Die Völker werden im Licht dieser Stadt leben; und die Könige auf Erden werden ihre Herrlichkeit in sie bringen … zu beiden Seiten des Stromes wachsen Bäume des Lebens … und die Blätter der Bäume dienten zur Heilung der Völker.« Wer sind die Völker, die im Licht dieser Stadt leben werden und zu deren Heilung die Bäume des Lebens im himmlischen Jerusalem dienen? Vermutlich handelt es sich um diejenigen, von denen wir im Endgericht hören, den »Gesegneten des Herrn«.

So muss es auch Johann Christoph Blumhardt gesehen haben, als er sang: »Ja, Jesus siegt, seufzt seine große Schar noch unter Satans Joch, / die sehnend harrt auf das Erlösungsjahr, das zögert immer noch, / so wird zuletzt aus allen Ketten der Herr die Kreatur erretten. Ja, Jesus siegt!«

Wenn Paulus in Römer 8,21 bezeugt: »Auch die *Schöpfung* wird frei werden von der Knechtschaft der Vergänglichkeit zu der herrlichen Freiheit der Kinder Gottes«, dann ist das auch eine Unterscheidung zwischen den »Kindern Gottes« und der »Schöpfung«. Das Wort Schöpfung (lateinisch: *creatur*, griechisch: *ktisis*) meint bei Paulus nicht zuerst Tiere, sondern Menschen.

Aber diese Hoffnung kann nicht die Hoffung der Menschen sein, die in diesem Leben das Evangelium wirklich gehört haben. Wer in diesem Leben die Einladung zu Jesus empfing, ist zum Höchsten berufen worden, das Gott zu geben hat. Wird diese Einladung verworfen, hat der Berufene alles und dies für immer verloren. Für den kennt die Bibel keine Hoffnung, weder in diesem noch in dem zukünftigen Leben.

Das macht die Größe und den Ernst des Rufes zur Bekehrung aus. Es ist wahr: »Gott hat in Christus die Welt versöhnt«, und Gott will alle. Aber nicht alle wollen ihn, und Gott respektiert die Entscheidung der Gerufenen. Gott zwingt niemand, und der Himmel kennt keine Zwangsbekehrten. Der Allmächtige respektiert die Freiheit derer, die er nach seinem Bild geschaffen hat.

Philbert schrieb vom letzten Gericht: »Der Beweise und Definitionen bedurfte man im Gericht nicht. Streit und Kampf gab es vor dem Allmächtigen nicht. Alles war erstaunlich einfach im Angesicht des ewigen Gottes« (S. 255). Das Alte ist vergangen, und der Weg ist frei für die herrliche, neue Gottesschöpfung.

Die siebente Vision

Offenbarung Kap. 21-22

Offenbarung 21,1-22,5: Neuer Himmel und neue Erde

»Siehe, ich will einen neuen Himmel und eine neue Erde schaffen, dass man der vorigen nicht mehr gedenken und sie nicht mehr zu Herzen nehmen wird. Freuet euch und seid fröhlich immerdar über das was ich schaffe«, hatte Gott durch Jesaja gesprochen (65,17). Das zeigt sich in diesen Kapiteln als erfüllt: »Und ich sah einen neuen Himmel und eine neue Erde; denn der erste Himmel und die erste Erde sind vergangen, und das Meer ist nicht mehr.« Vergangen sind die Schrecken der alten Welt, und keiner trauert ihrer Schönheit nach. Die Neuschöpfung Gottes ist so großartig, dass das Alte wie Plunder wirkt.

Man könnte erwarten, dass nun die Beschreibung der neuen Schöpfung folgt. Aber die Gestalt der neuen Erde wird nicht beschrieben. Der Blick ruht auf dem, der »alles neu« schuf, und auf dem himmlischen Jerusalem. Weil unser Vorstellungsvermögen viel zu schwach ist, um die kommende Herrlichkeit zu fassen, darum wird vor allem erwähnt, was nicht mehr sein wird.

Auch das Meer ist nicht mehr. Das wird die Freunde des Meeres befremden und sie werden nach dem Warum fragen. Warum also? Das Meer hatte in der alten Welt nichts mit Vergnügen und Freizeitspaß zu tun. Es trennte Völker und war nur mühsam und gefahrenreich zu überwinden. Wer auf dem Meer fuhr, war nicht zu Hause, sondern auf gewagter Reise. Das Meer bot keine Heimat. Johannes litt unter diesem Meer, denn es hielt ihn auf der Insel Patmos gefangen und trennte ihn von den geliebten Gemeinden. Das Meer stand für Trennung, Gefahr und für das Fernsein von der Heimat. Das wird, so sagt das Wort, vergangen sein. Ungetrennt werden wir bei Gott sein und ungetrennt voneinander. Keine Gefahr wird mehr drohen, und wir sind daheim im ewigen Jerusalem. Dort fließt der »Strom des lebendigen Wassers«.

Die Braut des Lammes

»Und ich sah die heilige Stadt, das neue Jerusalem, von Gott aus dem Himmel herabkommen, bereitet wie eine geschmückte Braut für ihren Mann.« Das neue Jerusalem trägt die Züge einer realen Stadt, wenngleich seine Maße alle Vorstellungen der Zeit brechen. Hebräer 11,10 spricht von einer Stadt, die »einen festen Grund hat, deren Baumeister und Schöpfer Gott ist«. »Er hat ihnen eine Stadt gebaut« (V. 16; Joh 14,2).

Das neue Jerusalem wird mit einer Braut verglichen, weil es die Wohnstadt der »Braut des Lammes« ist. Bewohner und Stadt gehören untrennbar zusammen. Die Hure war der Metropole »Babylon« zugeordnet, teilte ihren Namen und war der Ort der Überheblichkeit und Selbstbehauptung gegen Gott. Darum fließen die Namen »Hure« und »Babylon« in der Sprache der Offenbarung ineinander. Das ist nun vergangen. Ewig aber bleibt das neue Jerusalem, das von seinen Bewohnern den Zusatznamen trägt: »Braut des Lammes«. Seine Mitte, sein Glanz und seine Herrlichkeit ist Gott:

> »Siehe, jetzt wohnt Gott bei den Menschen!
> Er wird bei ihnen wohnen,
> und sie werden sein Volk sein.
> Und er selbst, Gott mit ihnen,
> wird ihr Gott sein!«

Das ist der Gipfel der Verheißungen, die Gott bis hierher gegeben hatte. Dazu hat er uns erwählt (1. Kor 1,26ff): »Dieser nimmt die Sünder an und isst mit ihnen« (Lk 15,2). So groß ist Gottes Wille zur Gemeinschaft mit den Menschen, dass er bei ihnen wohnen wird.

Nicht die Einsamkeit entspricht dem lebendigen Gott, sondern die vollkommene Harmonie seiner Dreieinigkeit. Zur Gemeinschaft mit ihm selbst hat er sich sein Volk geschaffen, das nun eingegangen ist in die Liebe der vollen Einheit mit ihm.

Es war ein weiter und tränenreicher Weg. Aber er führte zum Ziel und zeigt den heiligen Gott in seiner Vatergüte. Wie eine Mutter ihr Kind tröstend umfängt und die Tränen von den Augen wischt, so wird Gott »abwischen alle Tränen von ihren Augen«. Die Tränen der Reue darüber, dass so vieles versäumt wurde und auch die Überwinder mit ihrer eigenen Schuld zu kämpfen hatten, werden von Gottes Vatergüte getrocknet. Tränen, die um der Ungerechtigkeit willen geflossen sind, werden nicht weiter geweint, weil der Hunger nach Gerechtigkeit für immer gestillt ist. Die Tränen aller Leiden weichen der ewigen Freude. Denn: »Der Tod wird nicht mehr sein, noch Leid noch Geschrei noch Schmerz wird mehr sein; denn das Erste ist vergangen.« Leid, Geschrei und Tod sind Zeichen der gefallenen Schöpfung und gehören zur Trennung von Gott. Diese böse Vergangenheit kehrt nie zurück. Ungeschieden von Gott blühen Freude, Frieden und ewiges Glück. Danach sehnen sich unsere Herzen und ahnen, dass es ein solches Paradies geben muss. »Weh spricht: Vergeh! Doch alle Lust will Ewigkeit, will tiefe, tiefe Ewigkeit!« Gott wird bei ihnen wohnen. Das ist die Erfüllung der Sehnsucht.

Was Johannes bisher mitteilte, wurde durch Engel, himmlische Stimmen und auch durch Jesus gesprochen. Jetzt, in Kapitel 21, am Ziel angekommen, hört er die Stimme des Vaters und das herrliche Schöpferwort:

> »Und der auf dem Thron saß sprach:
> Siehe, ich mache alles neu!
> Und er spricht: Schreibe, denn
> diese Worte sind wahrhaftig und gewiss!«

Es ist die Botschaft an die noch ringende und angefochtene Gemeinde, damit sie aufsehe und das Ziel fest ins Auge fasse.

Bei Gott ist alles schon geschehen, und was wir Zukunft nennen, ist bei ihm schon perfekt. Nicht die Satten und Selbstzufriedenen, sondern die es »hungert und dürstet nach der Gerechtigkeit, … sollen satt werden« (Mt 5,6). Auch die unter sich selbst und ihrer Unvollkommenheit leiden. Gott ist die Quelle des Lebens, und er gibt den Überwindern alles umsonst: »Wer überwindet, der wird es alles ererben!«

Jung-Stilling schrieb: »Selig sind, die das Heimweh haben, denn sie sollen nach Hause kommen!« Jeder Brief an die sieben Gemeinden schloss mit einem ähnlichen Verheißungswort und alle diese Verheißungen umschließt der Zuspruch: »Ich werde sein Gott sein, und er wird mein Sohn sein.«

Weil es um ein so hohes Ziel geht und so viel auf dem Spiel steht, darum steht neben der Verheißung das drohende Wort: »Die Feigen aber und Ungläubigen und Frevler und Mörder und Unzüchtigen und Zauberer und Götzendiener und alle Lügner, deren Teil wird in dem Pfuhl sein, der mit Feuer und Schwefel brennt. Das ist der zweite Tod.« Das richtet sich zuerst an die Gemeinde Gottes, damit sie nicht zurücksinke in heidnische Lebensart, sondern sich scheide von diesen Werken des Teufels. Himmel und Hölle werden sich nie vereinen. Die Kluft zwischen Gott und Teufel, Gut und Böse wird ständig größer bis zur letzten, ewigen Scheidung. Der Himmel wird in vollkommenster Weise Himmel sein, und die Hölle vollendet sich in tiefster Hölle. Darum ist es auch unsere Bestimmung, immer eindeutiger zu werden, zum Guten oder zum Bösen. Kompromisse zwischen gottfeindlicher Welt und Christus sind nicht möglich.

Alles neu!

»Siehe, ich mache alles neu!« Karl Heim nannte diese Verheißung das »siebente Schöpfungswort«. Das neue Jerusalem ist ja keine entstofflichte Welt, sondern realer als alles, was wir kennen. Bei der Schilderung der Heiligen Stadt zeigt sich eine Qualität der neuen

Schöpfung, die auf Erden unbekannt ist. Das wird an den Vergleichen deutlich. Sie sprengen unsere Vorstellungen, denn wo gibt es auch in unserer Welt »Gold, gleich reinem Glas«, Mauern aus Edelstein und Perlen so groß wir Stadttore? Es ist lichtverklärte Materie. Lilje (Kap. V. S. 5, Anm. zu Offb 21,9ff) schrieb von den Edelsteinen der Stadt: »Das Ganze vermittelt den Eindruck von prächtiger Feierlichkeit und zugleich stiller Schönheit.«

Gleichzeitig gehen reale Welt und Bildhaftigkeit ineinander über, und die Schilderung ist sehr symbolkräftig. Die Perlentore, auf denen Engel stehen, tragen die Namen der zwölf Stämme Israels. Auf den Grundsteinen der Mauern stehen die Namen der zwölf Apostel Jesu. Das zeigt an, dass es am Ziel keine zwei Heilsordnungen gibt, sondern es ist *eine* Gemeinde aus Juden und Heiden (Eph 2,11-22!).

»Und die Stadt liegt viereckig angelegt«, quadratisch im Aufriss, mit gewaltigen Maßen. Zwölftausend Stadien »nach Menschenmaß« für Länge, Breite und Höhe ergeben in jede Richtung etwa 2 200 km. Jesus hat gesagt: »In meines Vaters Haus sind viele Wohnungen« (Joh 14,2).

Die Maße dieser Stadt veranschaulichen, dass es bei Gott genug Raum gibt. Ein Mathematiker teilte mir mit: Ein Würfel von je 2 200 Kilometern Länge hat einen Rauminhalt von 10 648 000 000 Quadratkilometern; das sind 10,648 Trillionen Kubikmeter. Raum- und Wohnungsnöte sind im neuen Jerusalem unbekannt:

»Die hatte die Herrlichkeit Gottes und ihr Licht war gleich dem alleredelsten Stein.« – »Die Stadt bedarf keiner Sonne noch des Mondes, dass sie ihr scheinen; denn die Herrlichkeit Gottes erleuchtet sie, und ihre Leuchte ist das Lamm.«

Das Größte an dieser Stadt aber ist die Gegenwart Gottes. Darum sah Johannes »keinen Tempel darin; denn der Herr, der allmächtige Gott, ist ihr Tempel und das Lamm«. Der Gegensatz zwischen Himmel und Erde ist aufgehoben und es erfüllt sich, was Sprüche 8,31 von der Weisheit schrieb: »Meine Lust ist bei den Menschenkindern!« Nun sind alle Dinge zusammengefasst, »beides, das im Himmel und auf Erden ist, durch ihn« (Eph 1,10).

Für wen stehen die Tore offen?

Der Zugang zur Heiligen Stadt ist offen: »Und ihre Tore werden nicht geschlossen!« Was bedeutet das? Innerhalb der Tore und Mauern wohnt die Christusgemeinde aus Juden und Heiden, denn sie ist die »Braut des Lammes«.

Aber auf der neuen Erde ist keine menschenleere Wüste. Dort sind die, die im Weltgericht das Reich empfangen haben. Sie zählen nicht zum inneren Kreis der Erwählten, aber zu dem weiteren Kreis der Erlösten aus allen Völkern (Röm 8,19-21). Sie bringen »die Pracht und den Reichtum der Völker« in die Heilige Stadt. Sie haben Anteil an Christi Kreuz und Auferstehung, sind gereinigt, vom Übel geschieden und eingeschrieben in das »Lebensbuch des Lammes«.

Wer hier zur Gemeinde berufen wurde, empfing auch die Gnade der Heiligung. Denn wie auf eine Geburt das Heranwachsen folgt, so folgt auf die Wiedergeburt das geistliche Wachstum, damit Christus eine Gestalt in uns gewinne (Gal 4,19). Diese Gnade der Formung durch den Heiligen Geist scheint den Begnadigten des Weltgerichtes gefehlt zu haben, denn wir lesen, dass sie der Heilung bedürfen.

Auch dafür hat Gottes Gnade gesorgt: »Und er zeigte mir einen Strom des lebendigen Wassers …, der ausgeht von dem Thron Gottes und dem Lamm. Mitten auf dem Platz und an beiden Seiten des Stromes Bäume des Lebens, die tragen zwölfmal Früchte, jeden Monat bringen sie ihre Frucht, und die Blätter dienen zur Heilung der Völker!«

Gleichheit für alle fordern die Revolutionen der Neuzeit. Dieser Gedanke ist der Bibel fremd. Sogar auf Gottes neuer Erde ist nicht alles gleich. Es gibt »Könige« und »Völker« und mancherlei Unterschiede (1. Kor 15,41ff).

Jesus hat in den Gleichnissen von den Talenten und Pfunden (Mt 25,14-30; Lk 19,12-27) die unterschiedliche Vergabe von Aufgaben angekündigt.

Auch 1. Korinther 3,12-15 unterstreicht, dass es in der Vollendung verschiedene Stufen der Herrlichkeit gibt.

Ist das nicht zu stofflich-materiell gedacht? Müssen die Visionen nicht gleichnishaft verstanden werden, um ewige Wirklichkeiten in die Sprache der Zeit zu dolmetschen? Das tun sie sicher auch, aber die neue Welt Gottes ist nicht gestaltlos. Eine Geringschätzung der Verleiblichung kennt die Bibel nicht. Warum sollten der »Strom des lebendigen Wassers« und die Bäume an seinen Ufern nur Bilder sein? War der »Baum des Lebens« im Paradies auch nur ein Gleichnis? Warum sollte in Gottes neuer Welt kein Strom fließen, obwohl dies ausdrücklich gesagt ist? Warum sollte es dort keine verklärten Pflanzen und Bäume geben?

»Alles Vergängliche ist nur ein Gleichnis« (Goethe).

Aber Gottes Welt ist das absolut Reale. Auch die Stiftshütte hatte ihr Urbild und Original im Himmel (2. Mose 25,9). Wie blass und blutleer sind unsere klugen Vergeistigungen! Gottes Neuschöpfung bringt keine entmaterialisierte Welt, sondern eine verklärte und vollendete Materie.

Die Würde seiner Knechte

»Seine Knechte werden ihm dienen und sein Angesicht sehen, und sein Name wird auf ihren Stirnen sein!« Knecht zu sein ist für den, der die Freiheit liebt, eine Last, und es kann schlimm sein, menschlicher Willkür ausgeliefert zu werden. Aber die Erfahrungen von Machtmissbrauch dürfen nicht auf unser Gottesverhältnis übertragen werden. Der Herr hat alle Macht und missbraucht sie nie. Wahrhaft väterlich setzt er seine Macht ein, um uns zu formen, uns tüchtig zu machen und zu vollenden. Darum gibt es nichts Besseres, als ihm zu gehören. »Größeres gibt es auch in der Ewigkeit nicht, als Gottes Willen zu tun und ihm zu dienen.«[34]

[34] R. Schmitz, *Die Offenbarung Johannes*

Man könnte darüber streiten, ob es höher zu bewerten ist, »Kind Gottes« oder »Knecht Gottes« zu heißen. Beide Namen sind voller Glanz und Würde und ergänzen sich. In 1. Korinther 12,3 hat der Apostel geschrieben. »Niemand kann Jesus den Herrn nennen außer durch den Heiligen Geist.« Der Heidelberger Katechismus ergänzt: »Darum er mich auch durch seinen Heiligen Geist des ewigen Lebens versichert, und ihm forthin zu leben von Herzen willig und bereit macht.« Seitdem Jesus Christus in den »Knecht-Gottes-Liedern« des Jesaja den Namen »Mein Knecht« getragen hat, ist der Name »Knecht Gottes« voll Hoheit und Würde.

Der unvollendete Mensch hätte Gottes Anblick nicht ertragen können. Darum wurde Mose gesagt: »Du darfst hinter mir her sehen; aber mein Angesicht kann man nicht sehen« (2. Mose 33,23). Nun aber ist die Verheißung erfüllt: »Wie wir getragen haben das Bild des irdischen (Adam), so werden wir auch tragen das Bild des himmlischen (Jesus)« (1. Kor 15,49). »Wir werden ihm gleich sein; denn wir werden ihn sehen, wie er ist« (1. Joh 3,2). »Selig sind, die reinen Herzens sind, denn sie werden Gott schauen« (Mt 5,8). Der Hohepriester trug auf seiner Stirn den goldenen Stirnreif mit dem Wort »Heilig dem Herrn« (2. Mose 28,36). Die Würde der Überwinder ist höher. Denn der hohe Name Gottes ist auf ihren Stirnen zu lesen. Es ist Gottes Ruhm, dass er aus sündigen Menschen Träger seines heiligen Namens machte. Worauf ich meinen Namen schreibe, das gehört mir. Gott zu gehören und sein Eigentum zu sein, ist die größte Gnade. Er hat die verlorene Gottesbildlichkeit herrlicher wiederhergestellt, als sie es je war.

Der gefallene König der Erde (1. Mose 1,26) ist zum gottbegnadeten Priesterkönig (Offb 1,6) einer besseren Schöpfung eingesetzt worden. Der neue Auftrag wird gelingen, »denn Gott der Herr wird sie erleuchten, und sie werden regieren von Ewigkeit zu Ewigkeit!«

Offenbarung 22,6-21: Der Schluss des Buches

Zu Ende ging die Reihe der großen Visionen. Durch schwere Gerichte hat sich der allmächtige Gott Bahn gebrochen, damit »alles neu« werde. Ja, er hat alles gut gemacht!

An die Stelle einer blutbefleckten Erde voller Ungerechtigkeit trat eine neue Schöpfung. Die Zeit des Teufels und des Antichristen wich der Ewigkeit Gottes. Der untreuen Gottesgemeinde, die zur Hure degeneriert war, folgt für immer die »Braut des Lammes«. Das Wort von 1. Korinther 15,28 findet seine Erfüllung:

> »Wenn aber alles ihm untertan sein wird,
> dann wird auch der Sohn selbst untertan sein dem,
> der ihm alles unterworfen hat,
> *damit Gott sei alles in allem!*«

Das prophetische Buch wird mit einem Vorwort eingeleitet und schließt nun mit einem Nachwort. Wie bei einem Abschied, wo jeder noch sagt, was ihm auf dem Herzen liegt, mischen sich die Worte Jesu, des Engels und des Apostels zu einer Botschaft an die Gemeinde Jesu.

Ein zuverlässiges Wort

Nachdrücklich wird die Echtheit und Wahrheit der gegebenen Botschaft bestätigt (V. 6.10.16.18f). »Diese Worte sind gewiss und wahrhaftig; und der Herr, der Gott des Geistes der Propheten, hat seinen Engel gesandt, zu zeigen seinen Knechten, was bald geschehen muss.« Es ist derselbe Gott, der durch die vielen Propheten geredet hat, und ihre Botschaften »sind von einem Hirten gegeben« (Pred 12,11).

Es ist nicht recht, die Endzeitreden Jesu, die Botschaften durch Johannes, Paulus oder Petrus gegeneinander zu setzen.

Es gibt sicher unterschiedliche Schwerpunkte und je einen besonderen Stil. Aber darüber steht der eine »Gott des Geistes der Propheten« als Geber und Quelle (siehe Exkurs über die unterschiedlichen Endzeitaussagen).

Jede Unterbewertung der Offenbarung, die ihren Inhalt relativiert, kommt in Konflikt mit dem auferstandenen Herrn. Jesus selbst begleitet dies Buch mit seiner Autorität: »Ich, Jesus, habe meinen Engel gesandt, euch dies zu bezeugen für die Gemeinden.« »Selig ist, der die Worte der Weissagung in diesem Buch bewahrt!« (22,7; 1,3).

Ein geringschätziger Umgang mit diesem Buch steht unter der Drohung der Verse 18-19: »Wenn jemand etwas hinzufügt, so wird Gott ihm die Plagen hinzufügen, die in diesem Buch geschrieben sind. Und wenn jemand etwas wegnimmt von den Worten dieser Weissagung, so wird Gott ihm seinen Anteil wegnehmen am Baum des Lebens und an der heiligen Stadt.« Das erinnert an die Autorität, die der Offenbarung des Gesetzbuches in 5. Mose 4,2 und 13,1 gegeben wird: »Ihr sollt nichts dazutun zu dem, was ich euch gebiete, und sollt auch nichts davon tun!« Unser Umgang mit dem Bibelwort ist nicht in unser Belieben gestellt, sondern stellt uns in die Begegnung mit Gott selbst. Wie wir darum mit seinem Wort umgehen, so geht er auch mit uns um. Darum ist die angemessene Antwort auf sein Reden unser Respekt und unser Glaubensgehorsam.

Die Botschaft ist nicht für die Neugierigen bestimmt, nicht für jedermann, sondern um »zu zeigen seinen Knechten, was bald geschehen muss«. Die ihm dienen, die stärkt er auch für ihren Weg. Denen schenkt er sein Wort. Es bleibt ein Herzensgebet für die, die ihm redlich dienen, dass sie recht reden von ihm und seinem Wort. Sie fürchten sich vor einem leichtfertigen Umgang mit dem anvertrauten Gut. Sie wollen nicht Herren der Schrift sein, sondern »Diener am Wort Gottes« (Lk 1,2). Diesen legt er es ans Herz, dass die Erfüllung nicht bis zum »Nimmerleinstag« dauert, sondern nahe ist.

Darum sollen die Worte nicht versiegelt werden (V. 10), und es soll keine »geheime Offenbarung« sein. Das prophetische Wort muss in der Nacht dieser Weltzeit hell leuchten.

Jesus selbst

Jesus selbst ist das Wichtigste an unserem Glauben. Aber das bedeutet nicht, dass wir Gottes Wege nicht zu lernen brauchen. Wir sollen wissen, was kommt. Dazu gehören auch die schrecklichen Gerichte, die über die Erde kommen werden.

Dies Wissen ist nur erträglich, wenn wir sehen, wer der Kommende ist: »Ich bin die Wurzel und das Geschlecht Davids, der helle Morgenstern« (V. 16). »Es wird geschehen zu der Zeit, dass das Reis aus der Wurzel Isais dasteht als Zeichen für die Völker … und die Stätte, da er wohnt, wird herrlich sein« (Jes 11,10). Lange vor David und aller Geschichte ist er, »dessen Ausgang von Anfang und von Ewigkeit her gewesen ist« (Mi 5,1). Er trägt den Namen »der helle Morgenstern«, weil mit ihm der ewige Tag anbricht (21,23).

Aber am schönsten leuchtet seine Liebe auf in dem Wort »Braut«. Er selbst hat sich mit einem Bräutigam verglichen, und seine Gemeinde wird *»Braut des Lammes«* genannt. Durch seinen Heiligen Geist sammelt er sich seine Gemeinde, und wie früher ein Brautwerber für den Bräutigam arbeitete, so wirkt Gottes Geist, um Jesus Christus eine reine Gemeinde zuzuführen. Durch ihn ist die Liebe Gottes in die Herzen der Seinen gekommen (Röm 5,5). Er sehnt sich nach dem Tag der Vollendung und hat die gleiche Sehnsucht in das Herz der Gemeinde Jesu gesenkt. Darum rufen der Geist und die Braut: »Komm!«

Der Ruf soll gehört und aufgenommen werden von denen, die der Herr noch herzurufen wird zur Gemeinde. Ihnen gilt die Einladung: »Wen dürstet, der komme; und wer da will, der nehme das Wasser des Lebens umsonst!«

Die Zeit ist nahe

Die Zeit vor dem Wiederkommen Jesu ist entscheidungsschwer, und auf Scheidung läuft es hinaus. Mehr, als Gott für uns getan hat, konnte er nicht tun. Er gab seinen lieben Sohn ans Kreuz, »Jesus, der uns von dem kommenden Zorn errettet« (1.Thess 1,10). Wer ihn anruft, soll errettet werden.

Aber es naht auch die Zeit, wo die Tür zum Heil verschlossen wird, und es eilt die Stunde herbei, in der jede Haltung endgültig sein wird. Darauf bezieht sich der schwere Satz: »Wer Böses tut, der tue weiterhin Böses. Und wer unrein ist, der sei weiterhin unrein«.

»Aber wer gerecht ist, der übe weiterhin Gerechtigkeit, und wer heilig ist, der sei weiterhin heilig« (22,11). »Siehe, ich komme bald. Selig ist, der die Worte der Weissagung in diesem Buch bewahrt« (22,7). »Siehe, ich komme bald und mein Lohn mit mir, einem jeden zu geben, wie seine Werke sind. Ich bin das A und das O, der Erste und der Letzte, der Anfang und das Ende« (22,12f).

»Es spricht, der dies bezeugt: Ja, ich komme bald!« Diese Worte sind wie ein Zwiegespräch der Liebe zwischen Bräutigam und Braut, und die Liebe zu Jesus antwortet:

»Amen, ja, komm, Herr Jesus!«

»Die Gnade des Herrn Jesus sei mit allen!«

Sie sei auch mit allen Lesern dieses Buches!

»Noch eine kurze Zeit, dann ist's gewonnen.
Dann ist der ganze Streit in's nichts zerronnen.
Dann wird die Gnade mich der Pein entheben,
und ich darf ewiglich mit Jesus leben.«

(Kierkegaard, nach E. Hirsch)

LITERATURVERZEICHNIS

Carl August Auberlen, *Der Prophet Daniel und die Offenbarung Johannis*, Basel ^{2}1857.

Johannes Behm, Die Offenbarung des Johannes, in: *Das Neue Testament Deutsch*, Teilband 11, Göttingen ^{4}1949.

J. A. Bengel, *Gnomon. Auslegung des Neuen Testamentes in fortlaufenden Anmerkungen*, Berlin ^{6}1952.

Karl Heussi, *Kompendium der Kirchengeschichte*, Tübingen ^{18}1991, § 68.d.

Fritz Hubmer, *Weltreich und Gottesreich in Prophetie und Erfüllung*, Stuttgart 1958.

Jakob Landes, *Erfüllte Prophetie in der Geschichte. Die Sprache Gottes im Weltgeschehen*, Metzingen 1982.

Hanns Lilje, *Das letzte Buch der Bibel. Eine Einführung in die Offenbarung Johannes*, Berlin ^{2}1940, S. 67/Kap. III.1.

Gustav Friedrich Nagel, *Heilige Rätsel und ihre Lösung. Oder: Das jüdische Volk und die christliche Gemeinde in ihren gegenseitigen Beziehungen und in ihren Zielen. Ein biblisch-historisches Zeugnis*, Witten 1899.

Bernhard Philberth, *Christliche Prophetie und Nuklearenergie,* Stein am Rhein ^{9}1975.

Adolf Schlatter, *Erläuterungen zum Neuen Testament, Bd. III*, Stuttgart ^{5}1938.

Richard Schmitz, *Die Offenbarung Johannes. Ein Durchblick durch das letzte Buch der Bibel*, Witten 1952.